文明十讲

刘东 主编

译林出版社

图书在版编目（CIP）数据

中华文明十讲 / 刘东主编 . —南京：译林出版社，
2023.11
ISBN 978-7-5447-9933-1

Ⅰ.①中… Ⅱ.①刘… Ⅲ.①中华文化 – 青少年读物
Ⅳ.①K203

中国国家版本馆 CIP 数据核字（2023）第 190977 号

中华文明十讲　　刘东/主编

责任编辑　刘　静
装帧设计　侯海屏
校　　对　梅　娟
责任印制　董　虎

出版发行　译林出版社
地　　址　南京市湖南路 1 号 A 楼
邮　　箱　yilin@yilin.com
网　　址　www.yilin.com
市场热线　025–86633278
排　　版　南京展望文化发展有限公司
印　　刷　南京新世纪联盟印务有限公司
开　　本　718 毫米 ×1000 毫米　1/16
印　　张　18
版　　次　2023 年 11 月第 1 版
印　　次　2023 年 11 月第 1 次印刷
书　　号　ISBN 978-7-5447-9933-1
定　　价　39.00 元

目录

◎刘东
序：回到轴心时代

　　再没有别的什么话题，会比本书的题目更让中国人长久而普遍地动感情了。自从英国武装贩毒集团摧枯拉朽地打破国门以后，这个既好像已经离开人们远去，又好像无时不在包围着人们的古老文明，就一直被朦胧地认定与各种切肤之痛直接或间接相关。于是，即使是了解传统不多的人，也总是毫不犹豫地对这个本来是最需要学术根基的课题大发议论。他们要么将自己介身其中的困境归咎于传统，要么将之归咎于传统的丧失，因而要么宣称过去的历史错了，要么针锋相对地宣称对过去历史的中断才错了。

　　而在另一方面，以研究传统文化为业的专门家们，对于门外汉们老是把架吵到自己的领地来，又常常怀有天然的反感。他们或许会善意地为此再开出一份更详尽的"国学基本书目"来，却很少会转念承认：即使就这个热门话题所发表的最外行的看法，也照样有其积极的意义，并非仅仅在为学术界添乱。他们似乎没有领悟到：当人们试图回答"传统是什么"的时候，骨子里都是想要说清"现实不应是什么"；而一旦思想借此被提升到"应该如何"的层面上，高出现实的理想参照系就必然随之萌生，种种纷争不已的歧见也就悄然统一到对人生价值的呼唤上来了。正因为这样，对于那些自以为掌握了在这方面的发言特权的人，就有必要提醒一句：即使从专业的角度来挑剔，那些在往返论辩中各走极端的意见是犯了所有可能犯的错误，它们也仍然正确地共有着对文化环境的现实危机感；而且，如果没有被醉心于细节考证的学者所遗忘的话，这种危机感才应是他们检省和整理传统的主要动因。在这个意义上，也许有点儿令那些醉心细部以逞一技之能的专家难堪的是，长期以来，正因为议论传统文化的人远不限于他们狭小的圈子，人们才没有沉湎于仅仅去"玩"文化，在这方面形成的"热点"也才会支撑起民众心理中一个普遍存在的超越支点；尽管由此所反映出来的对于现存状态的批判意识是模糊不清的，但毕竟时时矫正着只把对传统的考索当成一个纯粹技术过程的意义迷失现象，因为它暴露日常世界的无根与失范，从而凸显了让生活重获价值的终极关切。

当然，问题并不到此为止。经由对社会的精神分析而诊断出对传统的误读乃深源于对现实的强烈不安和超越企望，这只能证明人们的生命本能躁动的真实性，却不能证明由之升华出的梦呓也同样真实。因此，渴望在过去与未来之间为自己找到确切定位的现代中国人，就没有理由满足于依赖随意的联想来补充自己对传统的一知半解。须知，历史文本中所埋藏的答案，绝不仅限于人们已经失去了什么，还更包含他们将可能得到什么；因为尽管人们可以凭空虚构出千百种未来生活的前景，但到头来真能为历史选中的，却唯有能从已化为下意识生活态度的共通文化心理中自然引申出来的那一种。从这个意义上讲，对置身在历史延续性之中的人们来说，要想创造传统，就必须先有效地激活传统，而要想激活传统，又必须先全面地认识传统。如果人们看不到，这种确乎有限的历史主动性恰恰又是他们唯一现实的历史可能性，那么，他们尽可以跳至方外指手画脚地说中国缺这少那，但就是说不清中国可以得到什么，无力把握住这个民族真正的生存机会；缘此，又必须同样公正地讲，只要人们还仅仅热衷于抓住传统文明系统的这个或者那个片断，去以偏概全地进行水火不容的褒贬，他们就只不过是在喋喋不休地重复着摆脱现实困境的要求，而并没有朝着问题的解决跨出哪怕一小步。

正是基于上述判断，产生了有关本书的基本构想——既然一般读者在没有可能倾毕生精力去涵泳其间的情况下又总要表明对传统的态度，而专家们又往往囿于现代学术的分工而不得不偏守可以"安身立命"的一隅，那么，为两方面计，都有必要系统地拟出涉及所有重要关节点的题目，约请各方面的专家，在一个不太难卒读的篇幅内通力描绘出中华文明的全景。在目前尚未对传统进行大规模"年鉴学派"式研究的情况下，这起码是暂时唯一可行的替代办法，因为尽管这仍嫌不能清晰地勾勒出一个文明系统的内在构成关系，毕竟已经足以使读者们只要一册在手，便不至于再对传统文化的各个环节顾此失彼，只能借题发挥出自己的主观取向了。当然，为了趋向这种认识上的客观和全面，本书的写作态度首先就应是严格价值中立的；它的全体作者从一开始就被明确要求了这一点。大家清楚地意识到，在一个和别人的现实生存状态密切相关的问题上，任何人都不可能也不应该仅仅靠自己的知识优势就越俎代庖地下判断。不过，如果读者们不是把本书冷落成放在案头备查的工具书，而是把它当作一整本必须从头念起的对于传统文本的全面导读，它就仍然有可能向人们提供一个陟罚臧否前的全方位知识背景，以免他们把神圣的独立思考权利运用得过于草率和不负责任。这是因为，只要人们能够系统地读完本书八十一篇有机相联的文章，他们就一定会从各个不同的角度惊讶地发现：原来在自己明确赞赏（或者弃绝）传统文化的某些要素的同时，竟又不自觉地在对它的另一些要素进行悄悄的抵触（或者保留）。由此，就算论辩对手的立场仍是从情感上难以接受的，却也会变得在理智上容易理解了。

　　这样一来，每一位读者的心情都会变得踌躇和沉重起来，绝不会再像过去只抓住传统的东鳞西爪时那样，可以匆忙和率性地对它要么全称肯定，要么全称否定。沿着本书并列出的众多文化因子的辐射与相通，人们有可能逐渐体悟到作为其无形经纬的精神网络，从而确信存在着一个其意义大于各部分之总和的整体文化背景。准此，他们又必然会发现，在一个发育得如此圆熟的文明系统中，尽管其各个构成因素对后人可能显现出截然相反的正面或负面含义，但在前人那里都同样具备着服务于总体结构的功能，也同样渗透着具有内在整一性的传统价值观念。设若认识上升到了这一步，那么，在本书所横向展现的古代生活的全盛总貌面前，过去那种亦步亦趋于各种外在的偶变，而把一部中华文明史竖着归结为其必然颓败史的虚假历史主义逻辑，就显然只属于对经验事实的盲目崇拜了。对读者们来说，问题的关键还不在于已经通过宏观的鸟瞰而认识到，让自己觉得可爱或可恨的两种东西在古代传统中是缠在一起的，而在于通过微观的解码而认识到，这两种东西其实是服从于一种深层价值追求的，因而说到底又只是一种东西；故此，除非人们已经找到充足的理由来全盘否决古代文明的价值内核，否则，从另一种精神传统中派生出来的对于中国精神传统的总体拒绝，就很难令人相信是纯粹出于理性的选择。

不过，认识到历史在其有限的展开中是会犯错误的，绝不意味着人们从此就有理由去厌恶和逃避历史；恰恰相反，正是为了让历史的现象向着理性上升和靠拢，人们就更应该积极地投身于修正和创造历史。此念一生，对于过去的充满悲切的追悔，顿时化作了对于未来的满怀激情的瞻望；而中华文明在过去一个半世纪间的逐渐解构，也就从压在中国人身上的无可奈何的宿命，变成了赋予他们巨大选择可能的契机。历史阵痛最剧烈的时代，往往也正是历史惰性最小的时代。纵观孔子、苏格拉底、释迦牟尼和耶稣之后的全部世界史，也许再没有哪个时代的哪个民族，会像近、现代中国人这样苦难深重地游离于各种既成的文化秩序之外；但也正因为这样，也就再没有谁会比他们更容易从心情上接近敞开着最大创造机会的新的"轴心时代"。为了不辜负这样千载难逢的反本开新的历史良机，或者更干脆一点儿说，为了不白遭这一场大罪，当代中国的真正主题，就既不是像某些人提倡的那样，使中国文化逐渐从实质上变种为西方文化的走了样的"亚文化"，也不是像台湾等地的那种做法，把中国传统精神中的某些本质侧面降格为现代化起飞时的工具性经济伦理，而在于平心静气地参考着中国、西方及其他文明历程的全部正反经验，敏锐地去体察已经对全人类构成巨大挑战的所有当代问题，去比较和检讨过去那几个伟大先知的一切长短得失，借此思想出融汇了东西文明之优点的更正确的价值理念，并把它有效地注入正待激活的中国传统之中。只有在成功地进行了这种文化基因改变之后，中华文明才能够获得比迄今为止的所有文明都更长久的内在文化冲力，而在此之前和在此之后的中国历史才能不被讥讽为一场持续不断的错误；也只有这样，中国人才不至于老是被按着"前现代—现代—后现代"的西方中心主义逻辑教训说——你们的今天正是别人的昨天，而你们的明天又是别人的今天。

历史从来都是依赖着对它的不断创造性阅读而保持其富有突破活力的连续性的。一方面，历史文本所显示的价值取向和心理惯性，会影响释读者的立场，从而使过去无可避免地渗入现在与未来；另一方面，释读者于其生存体验中所爆发出来的本真欲求，也会影响对历史文本之价值取向的开掘、理解和修正，从而使现在和未来一再地重新赋予看似死去的历史以新意与生机。正是在这种对于双向交流的自觉之中，我们才有可能同时向历史虚无主义和历史宿命论挑战和抗争。只要我们省悟到，经过我们的努力选取和运思，传统还有可能转化为一种有益的资源（而且是我们唯一的资源），那么，我们就还有可能指望，中国过去和现在历史的高度，取决于我们自己的精神高度。我们正在脚踏实地、自我作古地对中国文化进行解构和重建，新的传统正在我们手中呼之欲出。因此，我们根本不必害怕去回顾五千年的文明进程——那中间恰恰孕育着真正属于自己的未来！也正因此，我们更没有必要从这里逃向世界——踩在我们脚下的，恰恰是真正属于自己的世界！

儒家道统

◎ 牟钟鉴

儒家道统是儒者关于"圣贤之道"即儒学基本原理传授系统的学说。儒家学者在圣贤崇拜心理的支配下，对于儒学精要进行长期的反思，在外部同众家异说和佛老划清界限，在内部同异端思想及各种偏向划清界限，以保持儒学基本精神的纯洁性、稳定性和连续性，从而推动了儒家哲学发展主脉的形成。

早期儒家即已崇拜古圣王贤臣，认为尧、舜、禹、汤、文、武、周公能够敬天惠民，合乎儒家的理想，而把自己当作古圣贤之道的继承者。孔子是儒家的创始人，他"祖述尧舜，宪章文武"，认为尧、舜、禹、汤、文、武都是顺天应运的古圣王，顺次第相传接。孔子称赞说：尧之为君，"巍巍乎，唯天为大，唯尧则之"（《论语·泰伯》）；舜能"无为而治"（《论语·卫灵公》）；禹则"菲饮食而致孝乎鬼神，恶衣服而致美乎黻冕，卑宫室而尽力乎沟洫，禹，吾无间然矣"（《论语·泰伯》）；周之文武乃是盛世，"周之德，其可谓至德也已矣"（《论语·泰伯》），"周监于二代，郁郁乎文哉！吾从周"（《论语·八佾》）。孔子以复兴周礼、继承和发扬周代礼乐文化为己任，在匡地遇险时说："文王既没，文不在兹乎？天之将丧斯文也，后死者不得与于斯文也；天之未丧斯文也，匡人其如予何？"（《论语·子罕》）足见他已经把自己创立儒学看作是先贤之道的延续。

　　孟子是儒家道统的重要先驱者，他为了"闲先圣之道，距杨墨，放淫辞"（《孟子·滕文公章句下》），对于尧舜之道及其传授世系，作了更进一步的阐述。他指出："尧舜之道，孝弟而已矣"（《孟子·告子章句下》），"尧舜之道，不以仁政，不能平治天下"（《孟子·离娄章句上》）；尧舜之后是夏禹，"禹之相舜也，历年多，施泽于民久"（《孟子·万章章句上》）；汤又继禹，行王政，伐不义，"诛其君，吊其民，如时雨降"（《孟子·滕文公章句下》）；乃至周代，"文王发政施仁"（《孟子·梁惠王章句下》），"视民如伤"（《孟子·离娄章句下》），武王"救民于水火之中，取其残而已矣"（《孟子·滕文公章句下》），"周公思兼三王，以施四事"（《孟子·离娄章句下》）。孟子特别推尊孔子，称他是"圣之时者也，孔子之谓集大成"（《孟子·万章章句下》），"自有生民以来，未有孔子也"（《孟子·公孙丑章句上》）；他还引宰我的话，说孔子"贤于尧舜远矣"（《孟子·公孙丑章句上》），从而确立了孔子在儒家道统中的至上地位。

　　孟子所理解的尧舜之道，其中心就是仁政，即仁义之心发为治国之政。他认为，尧舜之道历代必有圣贤出来为之推动，而圣贤不世出，"由尧舜至于汤，五百有余岁"，"由汤至于文王，五百有余岁"（《孟子·尽心章句下》）。按照他这种"五百年必有王者兴，其间必有名世者"的说法，"由周而来，七百有余岁矣"（《孟子·公孙丑章句下》），论年数则超过，论时势则当可，而孔子又不曾为世君所用，未能实现其治国平天下的理想，如果天"欲平治天下，当今之世，舍我其谁也"（《孟子·公孙丑章句下》）。显然，孟子以孔子未竟之业的继承人自居，希望通过自己的努力，实现儒家的社会政治理想。

　　孔子后学的另一重要代表荀子，同样以"上则法舜、禹之制，下则法仲尼、子弓之义"为仁人之务，却又不赞许孟子，认为孟子"略法先王，而不知其统"（《荀子·非十二子》）。诚如《韩非子·显学》所云："孔墨之后，儒分为八，墨离为三，取舍相反不同，而皆自谓真孔墨，孔墨不可复生，将谁使定世之学乎？"

　　两汉经学有今古文之争，汉魏有郑学与王学之争，都重经而轻道，或论阴阳立神学，或考章句订文字，在正统儒者看来都有所偏失，故难入道统之列。扬（杨）雄不满意当时儒家经学的烦琐、蔓衍和神秘，斥之为"羊质而虎皮"。他要效法孟子，起来捍卫圣道："古者杨墨塞路，孟子辞而辟之，廓如也。后之塞路者有矣，窃自比于孟子。"（《法言·吾子》）但他不赞成孟子"五百年必有王者兴"的观点，指出道统之传，不必拘泥于年数。他极力推崇孔子，认为仲尼之道"关百圣而不惭，蔽天地而不耻"（《法言·五百》），"众言淆乱则折诸圣"（《法言·吾子》）。他的卫道精神受到后儒赞赏。唐代韩愈在《读荀》中说："晚得扬雄书，益尊信孟氏；因雄书而孟氏益尊，则雄者亦圣人之徒欤。"

魏晋时期，佛道兴起，两汉的儒学独尊变成了儒释道三教并存。直至隋唐，儒家创不出新的哲学体系，道家、道教和佛教的哲学反而兴旺发达，在思想文化高层次上占领了一大片阵地，形成对儒学的巨大压力。一些儒者由此产生了危机感，企图重整旗鼓，恢复儒学的正宗地位，以适应巩固宗法等级制度的需要，这就是唐宋儒家道统重新被提出和被强调的社会文化背景。如果说孟子提倡卫道，是为了在诸子争鸣中争取儒家的正统地位，那么由韩愈开端的唐宋道统论，则是为了在抗拒佛、道的斗争中保持儒家的正统地位。韩愈是儒家道统说的奠基人。在此之前，道统之说并不尊显，而自韩愈在《原道》中明确提出儒学之道的传授世系并大力提倡儒学复兴之后，儒家道统说才大行于世，并在宋代为道学家所公认和发挥。《原道》开宗明义地揭明圣贤之道就是仁义，并说它在治国之教方面的具体表现为："其文《诗》《书》《易》《春秋》，其法礼乐刑政，其民士农工贾，其位君臣、父子、师友、宾主、昆弟、夫妇，其服麻丝，其居宫室，其食粟米、果蔬、鱼肉，其为道易明，而其为教易行也。"这个儒家之道体现了《大学》修身齐家治国平天下的礼乐文化传统，而根本不同于否定教化的老庄，以及"外天下国家，灭其天常"的佛教。此道由来已久，"尧以是传之舜，舜以是传之禹，禹以是传之汤，汤以是传之文武周公，文武周公传之孔子，孔子传之孟轲"。而自孔孟之后，此道隐埋，"火于秦，黄老于汉，佛于晋魏梁隋之间，其言道德仁义者，不入于杨，则入于墨，不入于老，则入于佛"。《原道》一出，道统中圣贤的序位就此正式排定，即：尧、舜、禹、汤、周文、周武、周公、孔子、孟子，两汉与魏晋儒者一概排除在外。从此，孔孟并提，儒学被称为孔孟之道。韩愈卫道的感情十分强烈，他"抵排异端，攘斥佛老"，"障百川而东之，回狂澜于既倒"（《进学解》），立志扶树名教，并以孟子之后道统的继续者自居。他在《与孟尚书书》中说："使其道由愈而粗传，虽灭死万万无恨。"韩愈并崇孔孟、阐扬《大学》、梳理道统、排辟异端的言行，都对宋代的儒学产生巨大影响，成为从汉学过渡到宋学的重要环节。

宋儒对于韩愈排定的道统序位再无异议，但对孟子以后，继其正道者为何人，则众说不一。宋初孙复在《信道堂记》中说："吾之所谓道者，尧舜禹汤文武周公孔子之道也，孟轲、荀卿、扬雄、王通、韩愈之道也。"其道统范围稍宽。但此后荀、扬、王、韩便少有列入之议。一般学者都把宋学看成超越汉魏隋唐而直接上承孟子之真传，而在宋学内部，又有推尊程朱理学者、推尊陆王心学者，及混而称道者。

道统说大倡于朱熹。朱熹在《中庸章句序》中说："盖自上古圣神继天立极，而道统之传有自来矣。"明确使用了"道统"二字。接着，他赋予圣贤之道以中庸之义："其见于经，则'允执厥中'者，尧之所以授舜也；'人心惟危，道心惟微，惟精惟一，允执厥中'者，舜之所以授禹也。"确立了宋儒所推扬的十六字心传。朱熹进而将道统与政统相区别，指出继承尧舜之道者，既有汤文武那样的圣君，亦有皋陶、伊、傅、周、召那样的贤臣，尤其孔子，"虽不得其位，而所以继往圣、开来学，其功反有贤于尧舜者"。他认为，孔子传颜回、曾参，再传子思，传至孟子而后中绝。及至北宋，二程兄弟赖《中庸》一书，"得有所考，以续夫千载不传之绪；得有所据，以斥夫二家（指佛老）似是之非"，这就肯定了二程在道统中的地位。朱熹的后学又以朱熹为道统在二程之后的传承人。其门人黄榦说："道之正统待人而后传，自周以来，任传道之责者不过数人，而能使斯道章章较著者，一二人而止耳。由孔子而后，曾子、子思继其微，至孟子而始著。由孟子而后，周、程、张子继其绝，至熹而始著。"（《宋史·道学传·朱熹传》）此说将周敦颐、张载列入道统，而将朱熹上比孟子。魏了翁在《朱文公年谱序》中说得更直切："韩子谓孟子之功不在禹下，予谓朱子之功不在孟子下。"元代撰写的《宋史》，判《儒林》《道学》为二，正是为了突出程朱理学，以为代表儒家正统，其说大致沿袭黄榦，以周敦颐接孟子，添列张载，称赞二程，"表章《大学》《中庸》二篇，与《语》《孟》并行，于是上自帝王传心之奥，下至初学入德之门，融会贯通，无复余蕴"。而"新安朱熹，得程氏正传"，使得"颠错于秦火，支离于汉儒，幽沉于魏晋六朝"的孔孟之道，"至是皆焕然而大明"（《宋史·道学传序》）。

陆王一派的道统论与程朱有同有异。王阳明亦以十六字为儒学之精髓，更强调其心学特征。他在《象山文集序》中说："圣人之学，心学也"，"孔孟之学，惟务求仁，盖精一之传也"。周、程二子追寻孔颜之宗，定之以仁义中心。但承接周、程的不是朱熹，而是陆九渊："自是而后，有象山陆氏，虽其纯粹和平，若不逮于二子，而简易直截，真有以接孟子之传。"阳明又直认"明伦"为孔孟之道，"外此而学者，谓之异端；非此而论者，谓之邪说；假此而行者，谓之伯术；饰此而言者，谓之文辞；背此而驰者，谓之功利之徒，乱世之政"（《传习录》）。黄宗羲在《明儒学案》中，谓阳明"致良知"之说，"震霆启寐，烈耀破迷，自孔孟以来，未有若此之深切著明者也"。于是王阳明亦被其后学视为孔孟之道的正宗继承人。

清代一些学者，以为程朱与陆王之学小异而大同，皆不失为圣人之徒，故将其俱列入道统。如孙奇逢著《理学传心纂要》，"录周子、二程子、张子、邵子、朱子、陆九渊、薛瑄、王守仁、罗洪先、顾宪成十一人，以为直接道统之传"（《清史稿·孙奇逢传》）。又有一些学者认为宋儒皆背离儒圣正传，如颜元说："仆妄论宋儒，谓是集汉晋释老之大成者则可，谓是尧舜周孔之正派则不可。"（《存学编》卷一）清末大儒康有为，以孔门圣人自居，以为"孔子之道，有三世，有三统，有五德之运"。他用今文经学家的眼光理解孔子，为其维新变法作论证。于是众说纷纭，儒宗统绪，莫辨其正。

近世儒家学者亦多有以孔孟嫡传者自居，却少有为世所公认者。流行于港台的当代新儒家，其共同特征之一是"以儒家为中国文化的正统和主干，在儒家传统里又特重其心性之学"；其共同特征之二是"肯定道统，以道统为立国之本，文化创造之源"（韦政通《当代新儒家的心态》）。"从哲学上讲，现代儒家，包括新儒家，是以陆王为主的"，如牟宗三便认为"陆王系统才是中国的正统"（余英时《从传统迈入现代的思想努力》）。

可以看出，道统论主要与儒家心性之学相联系，或从经学的角度说，主要与义理派相联系。故论者不把训诂经学置于道统之中。因此，道统论不显于汉学而发达于宋学。宋以后的各派儒家学者，都用道统论为本派学术争得正宗地位，视别家为旁支。在论辩中，儒学的伦理型人学的基本属性得到维护和发扬。当有些儒家学派偏离了儒学的基本方向时，学者们总要回到孔子、孟子那里去，进行正本清源的工作，以避免儒学蜕变成神学，或者变成单纯的政治工具，或者过于驳杂，从而在大体上保持住儒学忠恕之道、民本主义和德治主义的本来面目。但由于各派对儒学核心思想的理解和侧重不同，门户之见遂起，自是而相非，世人难以定其优劣。实则是见仁见智，各有所得，各有所偏，亦各有创新，这是学术发展的常规，不必要亦不可能确定谁为正统，谁为衍支。道统论者在学派内外排除异端，敌视或歧视众家诸说，不符合"和而不同"的传统精神，不利于百家平等争鸣的开展。但道统论者强调王霸之分，宣扬从道而不从君，故而道统中的圣贤，既有圣君，也有贤臣，亦不乏造诣高深的学者，其取舍标准不在社会地位，而在道德学问，从而形成了儒家的学统，取得了对于政统的相对独立性。不论世情如何起伏、权力如何更替，儒学的传统始终绵延不绝，成为几千年中思想文化的主干和中国人的重要精神支柱。

释氏空门

◎ 赖永海

　　昔日夫子扬德音于华夏，释氏振法鼓于天竺，两个思想巨匠，在东方两个文明古国的宗教、文化史上，各开创了一个新的纪元。孔夫子创立的儒学经汉武帝定为一尊后，逐渐衍化为中国传统文化的主流；释迦创立的佛教经阿育王鼎力弘护之后，逐渐变成一种世界性的宗教。两汉之际，佛法东渐，受中国传统思想的影响进而与中国传统思想相融合，佛教逐渐变成中国传统文化的一个重要组成部分。

　　佛教东渐之初，原是大、小二乘并传；在往后的传布、发展过程中，也是空、有二宗兼弘。但如果从总体或主流立论，在中土流传的主要是大乘佛教。而在大乘空、有二宗中又以空宗影响为大。

　　所谓"空宗"，亦即古印度佛教思想家龙树创立的性空般若学。般若学的中心思想是以诸法无自性说"空"。此"空"，与世俗所说的"空"或"虚无"不尽相同，并非指一无所有，而是指因缘无自性。按照佛教的基本教义，世间一切事物都是因缘而起的。既是因缘而起的，故都是无自性、无自体的。既是无自性、无自体的，因此诸法本空。对于因缘性空的思想，龙树所著之《中论》有一个最精辟的概括，曰："因缘所生法，我说即是空，亦为是假名，亦是中道义。"此谓一切诸法都是因缘而起的，故无自性，因无自性，故空；但是世间诸法，森罗万象，不能充耳不闻，视而不见，从俗谛的角度说，作为一种假相、幻影，它们是存在的；人们看待任何事物，都既要看到它是因缘性空的一面，又要看到它作为一种假相是存在着的，只有这样去认识事物，才算真正懂得佛教中的道义。

性空般若学之传入中土，可溯至东汉支娄迦谶的传译《道行般若经》。后经罗什、僧肇等高僧的大力弘扬，至魏晋遂蔚成大宗。魏晋二代，名流辈出，玄学盛行。当时之佛界高僧与清流名士相酬唱，性空般若学也与玉柄麈尾之玄风相激扬，出现了一种般若学与玄学相互交融、相得益彰的局面。一方面，玄学家以"涅槃"释"无为"，另一方面，众高僧以"本无"论"性空"；一方面，名士清流以参禅学佛为高尚，另一方面，诸大德既风神类谈客，理趣更符老庄。真真是名人释子共入一流；真乘佛印，与"三玄"齐彰。

本来，相对于玄学而言，般若学是一种外来文化。为了求得自身的生存与发展，它在初传时是依附于老庄、玄学的。但是，由于玄学发展到向、郭之义注时已达到饱和的程度，而般若学在理论思辨程度方面又高出于玄学，因此，至僧肇时，般若学却取代了玄学，成为了玄学的出路所在，般若学也因之在中国古代理论思维的发展过程中留下了光辉的一页。

中国佛教至南北朝之后又转一方向。由于当时战乱频仍，天下分崩，一般小民，或死于干戈，或毙于饥馑，幸存者十无一二；庶族下品也难逃战祸，只希苟全性命于乱世，不求闻达于诸侯；统治阶级内部也相互倾轧，人人自危。这一切，使人间充满着世事无常、人生如寄之悲感。既然佛教的般若学不能渡人出生死无常之苦海，说空谈玄也不能使人避免朝不保夕的厄运，注重解脱的涅槃佛性说就成为陷于绝境时的一线希望；以此为契机，佛性理论自南北朝之后就开始入主佛学界，成为隋唐二代佛教之主流。

所谓佛性理论，简单地说，就是关于佛性问题的思想、学说或理论，它主要研究：何谓佛？佛的本性是什么？众生能否成佛？若能成佛，其根据是什么？众生成佛是在今生今世抑在遥远的未来？成佛的方法是直下顿了，抑须历久修持？众生成佛是全凭自力，或须仰仗他力？等等。隋唐佛教虽然宗门林立，派别繁多，究其旨归，都是围绕着这些问题展开的。

与南北朝的佛教多表现为学派不同（如涅槃学派、成实学派、地论学派、摄论学派等），隋唐时期则出现了许多佛教宗派，对此时期的佛教宗派，国外学者有十宗、十三宗诸说，国内多数学者则认为只有三论、天台、唯识、华严、禅宗、净土、律宗、密宗八宗，而其中天台、唯识、华严、禅宗又是学界公认的四大宗派。

天台宗是天台山智𫖮法师所创立的，其所依据的经典是《妙法莲华经》。就思想理论说，该宗以"实相论"为基础，认为一切诸法，都是"实相"的体现；同时又从诸法互具的立场出发，倡"性具善恶"，也就是说，佛性不但具善，同时也具恶。此说一反佛教佛性纯是至善的传统说法，在中国佛教史上独树一帜，从而使得天台宗成为一个独具特色的佛教宗派。天台宗学说的另一个重要特色是其"止观"学说。在智𫖮之前，由于天下纷争，南北割据，中国佛教出现一种"南义北禅"的局面，亦即南方注重义理，北方注重禅定。隋统一中国之后，智𫖮顺应南北统一的时代潮流，在修行方法上提倡"止观并重，定慧双修"，把止观二法视为鸟之双翼，车之二轮，认为只有定慧双修，才能见佛性得解脱。这种修行方法对以后的中国佛教产生了深远的影响。此外，天台宗思想还有一个十分重要的特点，即它不像南北朝许多佛教学派那样注重某一佛教经论，围绕着这些经论来阐发自家的思想，而是如智𫖮所说的，多是在"说己心中所行法门"，因而使得天台宗思想颇具创造性，成为第一个富有中国特色的统一的佛教宗派。

与天台宗的性具实相论不同，华严宗倡如来性起。此种"性起"说的中心内容是把"如来藏自性清净心"（或称之为"一真法界"）视为生、佛诸法之本原，认为世间、出世间的一切诸法包括佛与众生，都是此"清净心"缘起的产物。而此"清净心"的最大特点是至纯至善，毫无染垢，这与天台宗佛性具恶的思想适成鲜明的对照。华严宗学说的另一个重要内容是主张缘起的重重无尽，从方法论的角度说，亦即圆融无碍思想。在华严宗人看来，世间一切事物的差别和对立

（如色与心、能与所、一与多、生与佛）只是表面的假象，实际上它们都是相融互即的；也就是说，色也就是心，能也就是所，一也就是多，众生也本来就是佛。华严宗圆融无碍的思想是建立在这样一种理论之上的，亦即一切诸法都是"如来藏自性清净心"的体现（"唯心现故"），因此在本质上是没有区别的；同时，他们用"法性融通故"来解释诸法的圆融无碍，亦即认为，任何事物都是理体随缘的产物，每一事物都不能离开理体而存在，它一旦存在，就包含了理之全体。正是以每一事相包含理之全体为契机，华严宗创立了"事事无碍"的学说，亦即此就是彼，一即是多，法法平等，事事圆融，与一尘而尽宇宙，舒一念而该九世。

隋唐时期有唯识宗，是当时佛教诸宗中最没有中国特色的佛教宗派。该宗的创始人玄奘虽然在翻译佛经及中印文化交流史上具有十分重要的地位，但在创宗弘法上并不成功，他创立的唯识宗仅传二世，至弟子窥基就告衰亡。唯识宗"二世而亡"的原因也许很多，但其中的一条重要原因，无疑是几乎完全照搬印度的法相唯识学，而没有多少自家的特色。这说明宗教的传播和发展，与其他社会文化形态一样，相当程度上取决于当时的社会需要。

与唯识宗正好相反，禅宗是一个最具中国特色的佛教宗派，也许正因为如此，它在中国流传的时间最长，影响也最大。

佛教史上常以"释迦拈花，迦叶微笑"作为禅宗之始，实际上禅宗的真正创始人是唐僧慧能。慧能对于传统禅学的变革，佛教史上称之为"六祖革命"，其中心内容大体包含这样三个方面：一是倡"即心即佛"，二是主"顿悟见性"，三是强调"即世间求解脱"。其"即心即佛"的思想，把生、佛诸法归结于自心，从而把传统的注重对佛陀崇拜的外在宗教变成一种注重自心的内在宗教；其"即世间求解脱"的思想又把佛教进一步世俗化，使得传统的注重出世的佛教一变而成为强调不离世间的入世宗教。慧能创立的禅宗由于适应了当时社会需求，因此自宋元之后，一枝独秀，成为中国佛教的代名词。

中国佛教在隋唐盛极一时之后，自会昌毁佛始，便开始走下坡路。

明代戴进《达摩六代祖师像》局部一

宋元之后的佛教有一个重要的特点，即出现了由博而约、由繁而简的趋势。随着禅宗的勃兴与发展，一个真常唯心取代三藏十二部经；而随着净土宗的崛起与盛兴，一句"南无阿弥陀佛"概括了八万四千法门；宋元之后的佛教，实已成为提倡简便易行的禅净二宗之天下。而禅净二宗之间又日趋融汇，结果，"有禅有净土，犹如戴角虎"的禅净双修道路，几乎成为宋元之后佛教各宗的共同归趋。

纵观佛教在中国的历史发展，人们可以发现，印度长期流传的小乘佛教在中国几无地位，而印度传统佛教的大乘空有二宗作为独立的派系，在中国流传的时间也不长，相反，于印度佛教中不太引人注目的佛性理论，自晋及刘宋之后就入主中国佛教界，成为中国佛教界的主流。此中之缘由，除社会的历史条件之外，中国传统思想文化的影响，无疑是一个重要因素。实际上，佛教自传入中国之日起，就逐渐走上了中国化的道路。隋唐佛教，更深受传统儒学的影响，特别是深受儒家人本主义和入世精神的影响，因此隋唐时期的佛教诸宗派，都有两个重要特点：一是注重人性、心性；二是强调入世、济世。而不像传统佛教那样，注重抽象本体，强调脱尘离俗。这一点在天台、华严、禅宗的思想中均有突出的表现。如天台虽然常以中道实相说佛性，但最后又总是把诸法实相归结于一念心，认为"心是诸法之本，心即总也"（《法华玄义》卷一上，《大正藏》第33卷，第685页）。华严学说的唯心倾向更为明显。本来，华严宗是以《华严经》为宗本的，《华

明代戴进《达摩六代祖师像》局部二

严经》的基本思想之一，是在"法性本净"的传统看法基础上，进一步阐明一切诸法的圆融无碍。可是华严宗人在解释法界缘起时，却常常从"各唯心现故"角度去说明诸法的相即互融。至于禅宗，其受儒家人性、心性理论和入世精神的影响就更加明显了。禅宗作为归结一切诸法的"自心""自性"在相当程度上就是儒家所说的"心性""人性"。它所强调的"佛法在世间，不离世间觉"（《坛经》）的思想，更是儒家注重人生、强调入世精神的反映。至于后期禅宗所提倡的"饥食困眠，随缘任运"，"本自天然、不假雕琢"的纯任自然、无证无修的作风，则深受老庄"自然无为"思想的影响。

与此同时，中国佛教自隋唐之后，又反过来对中国古代的传统产生了极其广泛、深刻的影响。如果说，"无佛学，即无宋学"这句话在相当程度上概括了佛教对宋明理学的影响，那么，佛教对中国古代诗、书、画、小说、戏曲、语言文字、雕刻、建筑等方面的影响更是触处皆是、难以尽说。以往有些人常把佛教作为一种外来宗教、外来文化去看待，实际上这是一种误解。与传统的印度佛教不同，中国佛教其实是印度佛教与中国传统思想相互交融汇合的产物，是中华民族传统文化的一个十分重要的组成部分。

道教修炼

◎ 葛兆光

说道教修炼，不妨先从佛门坐禅说起：它讲究平心静气摒除杂念，或万虑皆空一念不生，或专注一物静观求证。最早汉译的佛典之一《安般守意经》便教人以这一法门，"摄心还念，诸阴皆灭，谓之'还'也，秽欲寂尽，其心无想，谓之'净'也"（见《出三藏记集》六）。如何"还"？如何"净"？方法之一便是与道教呼吸吐纳相似的"数息"，"数"是心数呼吸次第，"息"是平稳地呼吸，《安般守意经》说"有声为风，无声为气，出入为息，气出入不尽为喘"，其中"出入"便是真正的"息"。

不过，佛教"坐禅""数息"主要是让人心理宁静，杂念平息，由"坐禅"回归永恒宁静的心境，其中并没有生理修炼以求长生不死的意思。就是后来禅宗初期的"凝住壁观"（《菩提达摩二入四行论》），"端身正坐，宽衣解带"（《楞伽师资记》记道信禅法），"远看一字，自有次第"（同上，记弘忍禅法），虽然有"身心调适"的说法，但最终也只是要达到"内外空净，心性寂灭"，从而"发起性上无漏智慧"，绝不像道教那样明明白白地要以长生不死为目的。

但是，道教养气修炼诸求，却不光是个智慧或心理的问题，还兼有个长生不老的生理在内。《养性延命录》说"人所贵者，盖贵为生"，《坐忘论》也说"人之所贵者生也"，这分明是想不死。《太平经》卷七三至八五说"长存不死，与天相毕"，《抱朴子·对俗》引仙经说"还精胎息，延寿无极"，这分明是想成仙。按照《太平经·不用大言无效诀第一百一十》的说法，"凡天下人，死亡非小事也，一死终古不得复见天地日月也，脉骨成涂土……人人得一生，不得重生也"。为了达到这个目的，道教修炼便囊括了古代吐纳、导引、食疗、按摩、房中各种方法，要求修炼者不仅要摒除杂念、进入境界，而且要懂得经络运行次序、知晓医药知识，最终做到健康长寿乃至长生不老。如果除去它神秘主义的外衣，那么，它是以养气、保精、全神为主，体操、按摩、服药、饮食为辅的生理保健技巧。和佛教比起来，佛门坐禅侧重心理而道教修炼侧重生理，佛教徒坐禅仿佛将活人坐成"有气的死人"，而道教徒修炼仿佛将活人修成神仙。

道教修炼不仅有它独特的目的，而且有它自成体系的一套理论，这理论的核心便是"人与宇宙的同一"。首先，按照道教经典的说法，天、地、人都是由"气"生成的，而"气"又是由"无"中而来的，这是《老子》"道生一，一生二，二生三，三生万物"理论的引申。《云笈七签》卷五十六《元气论》就说，混沌开辟，是一片空无，"寂兮寥兮"，经过"太易""太初""太始""太素"时代，宇宙形成了它的质体，叫作"太极"，这时便有了"气"；"气"分出清浊阴阳，清气上升为天，浊气下降为地，天阳地阴，阴阳化合成为人；天、地、人称"三才"，它们都有同一的本原就是"气"，所以对于一切人来说，"生成长养，最尊最贵者，莫过人之气也"。其次，人与宇宙天地既然源出于一，那么，它们也有同一的结构，天地之气分阴阳、衍四季、化五行，人的气也分清浊、生四肢、备五脏。《太清中黄真经·序》就说："元气浩然，凝结成质，育之以五脏，法五行以相应，明之以七窍，象七曜以昭晰。"再次，由于人与宇宙天地这种同源、同构的关系，道教悟出一个玄妙的道理，即人要想与宇宙天地一样绵绵不绝永恒长存，就应当"返本复初"，回归到元气初结的原初状态。而回归到元气初结的状态的方法，就是仿效宇宙天地默默无为，虚空寂寥，周流不殆，元气永存，并吸取宇宙天地间充满生命力的精气。据说，人一旦进入生命流程，就有所嗜欲、有所作为、有所追求，而这种与生俱来的嗜欲、作为、追求就在不断消耗人禀生以来的"气""精""神"，像《养性延命录·序》所说的"恣意以耽声色"，从而丧失元精；如果人"役智而图富贵"，就会消耗元神，这就是《玉清胎元内养真经》说的"外为酒色之所贼，内为思虑之所萦"。于是，人禀生之初的那点元气就不断地散失殆尽，人的生命也就走到了尽头。就连人们平时饮食中生冷荤腥辣酸之物，也会使人的元气受到污染或鼓荡，正像《胎息秘要歌诀·饮食杂忌》所说"荤茹既败气，饥饱也如斯，酸咸辛不宜，萝卜羹须忌"。因此人应当使自己像宇宙天地一样虚空寂寥、默默无为，"去肥浓，节咸酸，减思虑，损喜怒，除驰逐，慎房室"（《云笈七签》卷三十二），保住人身中的那点元气，进而应当像宇宙天地那样周流不殆，元气长存，而且不断吐故纳新，保养与补充元气。当人保住了固有的"气"，又不断地吸收了新鲜的"气"之后，就能像宇宙一样绵绵不绝，永恒长存了。

既然人长生要养气，而且要养"先天纯粹之气"，那么首先当然要"致虚极，守静笃"（《老子》十六章），这就好比只有把仓库里的垃圾杂物清扫出去才能装新东西一样。不过这与佛教的"心空"稍有不同，佛教要求"心空"是因为佛教着眼在智慧，在佛教看来真正的智慧是思维原初状态的"空"，一切后天的知识都是"分别"，是"渗漏"，是心灵的污染。而道教却着眼在生命，在道教看来生命的本原是"气"，仓库腾得再空还必须有一点真气，否则生命就不存在了，正如张伯端《悟真篇·七言绝句之五》所说："咽津纳气是人行，有物方能万物生。鼎内若无真种子，犹将水火煮空铛。"不过，如果人体内杂念太多，情欲沸腾，浊秽充斥，便会妨碍真气，故必须把它们一扫而空，回归"无"的状态，就像返老还童回归婴儿状态一样。《老子》十章说："专气致柔，能如婴儿乎？"二十章又说"我独泊兮其未兆，如婴儿之未孩"，就是因为婴儿既没有受到精神污染又没有受到情欲撩拨，元气保存完足，所以才有旺盛而持久的生命力。《元气论》中说这叫"无为"，"无为者，乃心不动也，不动也者，内心不起，外境不入。内外安静，则神定气和。神定气和，则元气自至"，这就像"空谷来风"或"水往低处流"的道理一样，所以《玉清胎元内养真经》说"先学定心，心定气住"。但光是存在了"气"还不够，人从小到大，已经消耗了不少精、气、神，哪怕你是练童子功、从小常吃素，总不免在人间厮混熏染，所以其次还要补足元气。这是道教修炼中最重要的一环，其中第一步是要会"食气"。据说《楚辞·远游》"餐六气而饮沆瀣兮，漱正阳而含朝霞"就是说的服食"朝霞"（平旦之气）、"正阳"（夏天日中）、"沧阴"（日暮之气）、"沆瀣"（冬天夜半）、"天玄"、"地黄"六种气来补充元气；而《云笈七签》卷三十六《食气法》则记载："从夜半至日中六时为生气，从日中至夜半六时为死气，唯食生而吐死，所谓真人服六气也。"因为人体是小宇宙，天地是大宇宙，天地从夜半到日中，仿佛由死而生一样逐渐明亮，到日中则逐渐暗淡，仿佛人由成年、老年而死亡一样，所以人这个小宇宙要与大宇宙互相同步，彼此感应，服食新生时充满了生命活力的气，吐掉衰亡、浊秽、无生命力的气，这就是"吐故纳新"的吐纳之术。吐纳只是一步，同时还有第二步"运气"。运气时不仅要掌握吹、呼、嘘、唏、呵、呬六种方法，而且要用意念引导气在全身循经络运行，运行的次序与经络中最有名的当然是所谓"周天"，即沿任、督二脉绕行，身后经督脉上升，打通尾闾、夹脊、玉枕三关，这就好像使气在人体内运行了三百六十度，如天体一昼夜运行三百六十度一样，所以叫"周天"。据说这样一来，元气便能在人的丹田内积蓄起来，并使全身都充溢着活力。"运气"的同时，还有第三步"思神"。如果抛开"思神"中的神秘主义内容，那么"思神"就是使意念集中的方法。在吐纳、运气的时候，意念不能分散或转移，要紧紧地与"气"结合在一起沿经络游走：你要用意念想象，肾部的气是水，在八卦中属"坎"（☵），在外丹中是"铅"；心部的气是火，在八卦中属"离"（☲），在外丹中是"汞"。气的升降，使水火相和、坎离交济、铅汞互熔，正如《性命圭旨》所说，使心火下降，肾水上润，有如"降龙（心火）伏虎（肾水）"，这样，气就能在人的丹田内凝结成"大丹"，又叫"圣胎""大药"，就能使人元气完足，回复婴儿时代充满活力的原初养成，祛除疾病，健体强身，乃至长生不死。再次，修炼者还得不断地保养，这叫"圣胎长养"；还得不断地导引按摩，这叫"知龟鹤之遐寿，故效其道以增年"，还得不断地服食各种药物，这叫"知上药之延年，故服其药以求仙"（《抱朴子·对俗》）……道教相信，当人真正地做到了这一切之后，就会与宇宙合为一体，绵绵不绝永恒长存了。

公正地说，道教修炼是一套行之有效的生理与心理保健方法，它包含着中国古代人类对宇宙与人生的独特智慧，它的一整套理论与方法至今仍启迪着人们对宇宙与人类的思索。但是，长期以来，它却逐渐从生理保健学向神秘主义发展，其中的合理因素由于得不到合理解释而被裹上了一层厚厚的迷信外壳，而其中的神秘因素却渐渐滋长蔓延成神秘主义。来自阴阳五行八卦及外丹术的那些诡谲术语被挪借于养气修炼之中；而破译名词成了道士的专利，仿佛把修炼方法锁进了箱子，而密码却只有道士知晓，旁人窥不见箱内的秘密。于是，秘密越发神秘。为意念集中而设计的"思神"方法被无限制地滥用与夸张，什么"存思玉女在双眼中""元始天尊在头顶""丹田有一火珠"之类，简直把医学变成了神灵崇拜，把人体变成了神坛。本来是养生保健的方法被神化为飞升成仙的阶梯，结果成仙得道的梦幻反而掩盖了修炼的真实意义。因此，摆在我们面前的任务，也许正是恢复道教修炼方法的本来面目，阐释其中理论的智慧精华。

◎ 王毅

人格神崇拜

人格神崇拜是中国宗教的特有现象，它是中国民众伦理精神在宗教领域中的反映和表现。所谓"人格神"，是指祖先神、至上神、行业神、图腾灵异等等神格之外，以崇高的人格精神为其神格基本内涵的神祇。

众所周知，古代中国文化的基础在于以血亲为核心的宗法制度。中国文化的这一特点促使以维系宗法关系为目的的伦理思想高度发达，并始终在中国文化体系中占据着举足轻重的地位。在士大夫文化中，上述伦理精神主要表现为"修齐治平"的理想以及对"孔颜"人格的弘扬；而在广大的下层民众中，伦理精神之社会意义最高和最集中的表现形式，是对人格神的信仰和塑造。

从演化过程来看，中国人格神的发展大致经历了秦汉以前的孕育、秦汉以后的广泛蘖生以及宋明以后的日趋高度典型化这样三个阶段。经过这漫长的过程，人格神从原始崇拜中脱胎出来。但是，它并没有真正构建起一个彼岸世界，相反，倒是塑造出了与现世伦理精神高度契合的神圣偶像，从而大大神化了宗法原则，并反过来给予中国社会及民众心理以广泛的影响。

中国人对鬼神的信仰源于上古的原始崇拜，而在原始崇拜中，祖先神、动物神、山川神、人鬼等之间的界限并不十分清楚。在自然崇拜和祖先崇拜的基础上，人们往往将自然神和图腾加以人格化和社会化，赋予他们某些更具普遍意义的品质和性格。例如在古代神话中，伏羲就是"蛇身人首有圣德"的神。在氏族社会中，氏族领袖往往既是氏族的行政首脑，又是负责沟通全氏族与神界联系的大巫师，他死后还很可能成为被后世崇奉的祖先神。多重社会职能集于一身，要求这些氏族领袖和祖先神必须充分具备与全氏族整体和长远利益相适应的道德禀赋。所以在神话中，他们通常不仅掌握某种超自然的力量，而且是道德的典范，例如"尧眉八彩，九窍通洞，而公正无私"（《淮南子·修务训》）；而当氏族遇到不幸需要他们率领、代表人民祀神祈福时，这些首领和巫师也必须最严格地反躬自省，检视是否因自己的道德失范而触怒了神明（后来皇帝们的"罪己诏"即源于此）。所以早在上古时代，中国文化中就已出现了人格神的萌芽。及至国家产生和发展以后，这一传统依然被继承延续，例如《诗经》和《尚书》的许多篇都强调了周文王之"明德"闻于天，上帝遂命其代商兴周。以后，"前哲令德之人"也就成了国家规定的祭祀对象之一。战国思想家更把对国君的道德要求视为完整国家理论的组成部分，如荀子就说过"志意致修，德行致厚，智虑致明，是天子之所以取天下也"的话，《易传》也说"夫大人者，与天地合其德，与日月合其明，与四时合其序，与鬼神合其吉凶"。可见，这时虽然没有出现单独的人格神，但是，将某种符合宗法制度需要的人格精神，推崇到与天地日月、鬼神四时同样的无上地位，已经是中国文化发展的必然需要了。

秦汉以来，中国的民间宗教有了很大发展，即如鲁迅所说："中国本信巫，秦汉以来，神仙之说盛行，汉末又大畅巫风，而鬼道愈炽。"儒家理论也认为："明则有礼乐，幽则有鬼神。"两者的关系是异体同构，相互补充的。因此，在民间宗教不断膨胀和儒家伦理思想成为国家法定意识形态的同时，它们两者之间也有越来越密切的联系。许多神祇或者直接因为儒家伦理的需要而设，或者不断被人们改造着品性面目，从而被赋予更多的宗法理想及其人格精神。比如春秋时的伍子胥被谗而死后，吴人怜之，为他立祠于江上，遂被奉为江神，他的神性也主要表现为"驱水为涛"。但是后来,"忠孝"逐渐成了伍子胥神格的主要内容,梁朝的皇帝萧纲(503—551年)的《祠伍员庙诗》开篇就说:"去国资孝本,循忠全令名。"也正因为伍子胥由原来囿于一地的江神,变为具有普遍道德意义的人格神,所以他不仅在吴越世代享祀,亦为北方人民所广泛庙祭尊崇(见《魏书·地理志》)。又如许多帝王都曾竭力推崇殷代比干尽忠而死的人格精神,北魏孝文帝曾亲自著文祭吊,并立碑刊文,以彰其德。唐太宗为了旌扬比干的"正直之道""忠勇之操",诏令追赠他为太师,谥为"忠烈公",并"封崇其墓,修葺祠堂,州县春秋二时祀以少牢"。不难看出,这时的比干虽然依旧兼有祖先神的性质(中国的林氏统称"西河林氏",奉比干为始祖),但由于帝王们的需要,他已经主要是以人格神的面目出现了。到了盛唐时代,中国人格神的神系已相当庞大,仅唐天宝七载诏令"所在宜置祠宇,量事致祭"的人格神,就有子产、乐毅、屈原、诸葛亮等忠臣十六人,伯夷、叔齐、鲁仲连等义士八人,以及孝妇、烈女数十人(见元马端临《文献通考·宗庙十三》)。以后,人格神的神系仍在不断扩充、膨胀,著名的例子如唐宋时以身殉国的颜真卿、张巡、南霁云、雷万春、康保裔等忠臣烈士,都被世人尊崇为神,并分别建庙祀奉。

宋明以来,进入自身发展后期的中国古代文化,为了维系整个传统社会而大大强化了传统的宗法伦理关系。这种努力既包括严格清理妨碍宗法伦理的种种因素,同时更包括从正面对宗法伦理的积极构建。在士大夫文化中,这种强化和构建主要表现为理学的产生并成为统治性的意识形态;而在世俗宗教文化中,很大程度上则表现为人格神的进一步发展。宋明以来人格神的发展集中在三个方面:第一,人格神在整个神系中的地位不断提高,最后几乎到了无以复加的程度;第二,人格神的道德境界越来越崇高、完美、全面,成为宗法社会中万能和最高的人格楷模;第三,人格神的影响日益广泛,人格神崇拜甚至成为全社会最普遍的宗教活动之一,并且在整个民族的价值观念、文学艺术、城市风貌等等众多领域中留下了深深的烙印。

宋明以来人格神的发展，依然是在中国宗教文化传统的影响下进行的。例如，上古时代那种以祖先神和大酋长为全氏族道德楷模的传统不仅仍然根深蒂固，而且通过国家形态的"放大"表现得更为突出。宋徽宗上神宗谥号为"体元显道法古立宪帝德王功英文烈武钦仁圣孝皇帝"，加哲宗谥号为"宪元继道显德定功钦文睿武齐圣昭孝皇帝"，明代嘉靖帝自加"九天弘教普济生灵……开化伏魔忠孝帝君"等等众多尊号，都是典型的例子。同时，这些越来越冗长的尊号也说明，社会的确比以往更加需要这样一些至高无上的人格神。正是在这样的文化背景下，宋明以后的人们不仅继续神化着帝王孔孟等大教主，而且将一些原本地位并不显赫的人格神，极力推崇、擢拔到与帝王孔孟同尊等贵的地位，其中最典型的莫过于对岳飞和关帝的崇拜。

南宋抗金名将岳飞（1103—1142年）矢志驱除外虏的业绩和壮志未酬被谗而死的遭遇，久已为世人仰慕和同情，历代帝王遂因此而神道设教，尊之为神。据明人田汝成《西湖游览志》记载：岳飞被害约二十年后，"金人益猖獗，太学生程宏图讼飞冤，诏还飞宗属徙边者。孝宗诏复飞官，谥'武穆'……废智果院为祠，赐额曰'褒忠衍福寺'。至今墓上之木皆南向，盖英灵之感也。嘉定四年封'鄂王'，宋亡寺废"。显然，作为人格神的岳飞，这时地位并不显赫。但经过明清两代众多帝王将相的推尊褒扬，情况就大大不同了。据《西湖游览志》和《西湖志》记载：明洪武四年（公元1371年），朱元璋敕令修建岳庙，并正式列入国家祀典，由有司春秋致祭。明代宗景泰年间（公元1450—1457年），朝廷再赐春秋之祀及"忠烈庙"题额。明武宗正德八年（公元1513年），铸秦桧、王氏、万俟卨等奸佞的反绑跪像，置于殿前露台；十二年（公元1517年），庙中增塑岳飞父母、妻子儿女诸像，一并享祀，并题匾曰"一门忠孝"。清代顺治八年（公元1651年），康熙二十一年（公元1682年）、三十一年（公元1692年）、五十四年（公元1715年），雍正九年（公元1731年），岳庙又在许多封疆大吏的主持下，被频繁翻修扩建，以致规模越来越大。更主要的是，通过这一次次的神化和翻建，岳飞作为人格神的特质被越来越强烈地表现出来，以至于岳庙周围及庙中景物的命名、建筑的修造，都完全被用来服务于这唯一的目的。例如岳墓墓门外的桧树因与秦桧之"桧"同字而被劈开树身，并被名为"分尸桧"；墓旁之木被名为"南枝树"，以颂扬岳飞为南宋尽忠；墓门内的水井被名为"忠泉"，墓前立华表及镌有"精忠报国"四个大字的石碑；祠前甬道上建石坊，额曰："碧血丹心"；等等。所有这些，都是通过十分具体的手段对人格神的不断塑造。这种塑造方式，反过来也非常鲜明地反映了中国人格神的文化内涵、功用以及崇拜者的文化心理。明清以来，岳飞崇拜通过小说、戏曲等众多形式在民众中有广泛的影响。它甚至成为忠君报国等伦理观念最典型化的表现形式。明代人在不断扩建岳飞庙的同时，还在帝王庙中塑岳飞神像，将其作为忠臣的典范陪祀历代帝王。岳庙的修建也不仅限于南方，如近代著名诗人黄节《岳坟》一诗云："中原十载拜祠堂（自注：十年前余两过朱仙镇。谒岳王庙，均有诗，今不存），不及西湖山更苍。大汉天声垂断绝，万方兵气此潜藏。"另外，随着作为人格神的岳飞地位不断提高，他与神系中其他神祇也有更多的联系，同时亦被崇拜者赋予更多的超自然神性。例如明代人传说，岳飞是张飞、张巡转世而生，他曾代替关羽为佛寺护法伽蓝。近代又传说：岳飞为东岳速报司之神，其灵最著，凡负屈含冤、心迹不明者，只要在东岳庙速报司岳神前盟心投诉，无不速得神应。当然，尽管有种种附会，在中国民众眼里，岳飞主要还是一位道德崇高的人格神。

与岳飞崇拜相比，关羽崇拜是人格神中地位更为显赫、影响更为巨大的例子。关羽本是三国时蜀国名将，与孙吴作战而死后，谥为壮缪侯，当地人立祠祭之，亦不过是传统的人鬼崇拜，而另无深意，直至唐代，其地位和影响都十分有限。但宋代以后，关羽开始平步青云。北宋末年，始封为公，但仍然仅是张天师属下的神将之一。宣和五年（公元1123年）敕封为"义勇武安王"，配祀于武成王姜太公庙。南宋以后列入国家祭典。明代以后，其地位更是登峰造极：明万历年间（公元1573—1620年），敕封关羽为"三界伏魔大帝神威远镇天尊关圣帝君"，兼赐帝王服饰，并辅以丞相二人，妻、子皆得厚封，从此关羽遂被称为关帝。清顺治九年（公元1652年），敕封为“忠义神武关圣大帝”，乾隆二十三年（公元1758年）又加封为“忠义神武灵佑关圣大帝”。由于关羽的炙手可热，所以佛道两家也争相以其为本教神祇。佛教把关羽列为护法伽蓝，并于十八罗汉像之余增塑关羽像以事供奉，道教不仅称关羽前身为雷首山泽中的老龙，更编出许多神话大事渲染。

关羽的人格神化是帝王们神道设教和下层民众将宗法伦理高度理想化的双重结果。对于历代帝王来说，关羽勇武忠义、不为高官厚禄所动而以死报主等品质，无疑是最有效的统治工具之一，《大清会典》中记述朝廷太常寺祭祀关帝的祝文就是：“惟帝纯心取义，亮节成仁，允文允武，乃圣乃神，功高当世，德被生民，两仪正气，历代名禋……”显然，这种对关羽的高度神化，也就是对君臣大义的高度神化。而对于广大下层民众来说，关羽的重信义又是一种最可贵的道德品质。几千年来，信义对维系农民等小生产者之间稳定的宗法伦理关系，一直起着非常重要的作用，所以“言必信，行必果”“人而无信，不知其可”始终是人们恪守的古训。尤其是宋明城市经济发展以后出现了大量社会地位低微的小商人、手工业者和游民，以及以他们为骨干的各种行会、帮会。不论是在社会经济生活还是政治生活中，建立起能够维系他们之间团结的精神纽带，都是生死攸关的头等大事。只有具备了这种精神纽带和共同的伦理理想，这些下层人物才能靠忠贞义气、危难相助以求生存。正是因为有了这种广泛、迫切而又持久的社会现实需要，关羽崇拜才盛极不衰。明代后期，关帝崇拜在风靡下层社会的同时，对上层士大夫文化亦有相当大的影响。据史料记载，当时士大夫阶层中盛行结社，而许多士人结社时，必须集体到关帝庙中焚香盟誓，以示对社规圣训的忠贞不贰。清代以后，统治者把关帝列为与文圣孔子同尊的武圣，而民间各行各业甚至视关帝为人神之首，对他的顶礼膜拜更甚于孔子崇拜。关帝崇拜的日盛一日还表现在明清以后，关帝的神格已远非人格神所能包容，他的神权所辖包括司命禄、佑选举、治病除灾、驱邪辟恶、诛叛讨逆、巡察冥司，乃至招财进宝、庇护商贾、兴云布雨等等，凡是众神所司，他几乎无所不能。由于这诸多原因，所以关帝庙不仅遍及天下，而且在许多地方成为数量最大的祠宇，例如清代临榆县一城之中就有关帝庙五座，连观音庙都不能与之相比。清代史学家赵翼也曾记当时关帝崇拜之极盛："今且南极岭表，北极寒垣，凡儿童妇女，无有不震其威灵者。香火之盛，将与天地同不朽。"直到近代，哥老会、青红帮等帮会依然极为尊崇关帝。而许多海外华人至今祀奉不绝。

总之，中国人格神崇拜在宋代以后发展到了高度典型化的阶段，成为影响广泛而深刻的一种文化现象，不论是其积极的价值抑或消极的作用，都是今人应当研究的。

二 社会与阶层

宗法制度

◎ 阎步克

在中国古代，亲缘关系一直是足以支配政治、文化与社会的能动力量，并使得中国社会呈现出独特的面貌与特征。这种亲缘关系的主要表现形态就是宗法制度和宗法政治了。

对于所谓的"宗法"，可以有狭义和广义两种理解。狭义的宗法，是指西周、春秋时代与封建制度互相配合的那种以确立大宗、小宗、权利、义务为内容的宗统体制。广义的宗法，则还包括一般性的以维护族权、父权与夫权为中心的宗族关系规范体系，即所谓的"族规""家法"之类。这两个意义上的"宗法"并非一事，但也不是全无关系。它们是宗族亲缘关系在不同历史阶段的不同表现形态，变化之中又具有源远流长的一贯性。

"宗"的初意是祖庙，"宀"像宫室，"示"为神主；引申之则祖先以及其继承人都谓之"宗"。"族"之字形为旗下一矢，原是兼为军事组织的氏族组织之称。宗族，就是由拥有共同祖先的人们构成的亲缘组织。

中国历史最早也如其他民族一样，各地遍布着林立的氏族。商代的甲骨文中屡见"三族""五族""王族""子族"的记载；有人还认为其中至少能找到两百个以上的族名。商王朝就是建立在商王族对各氏族的统属、联盟与征服的基础之上的。换言之，在中国早期国家形成之初，"族"并不是一个趋于衰落的消极因素。相反，它由于具有了政治意义而变成了一个相当能动的力量。

周初大封建，"立七十一国，姬姓独居五十三人"。周之同姓子弟及甥舅功臣被封往各地立国建邑，成为诸侯。诸侯可封土于大夫，大夫亦可封赐田土于士。受封者多为领主之同姓；其异姓受封者也都属于或拥有其"族"的组织。宗族因子孙繁衍不断分裂、增殖，也就不断有新的宗族产生，它们经过"胙之土而命之氏"，成为新的封建和亲缘单位。由此而形成的复杂亲缘系统中的各个宗族与个人，在涉及权力、地位和财产的权利义务上，也形成了复杂的关系。

正是在这一背景之下，宗法制度应运而生了。根据《礼记》之《大传》及《丧服小记》，这一制度规定，嫡长子继承父位，其余诸子则另立为"别子"；继承别子的嫡长子为宗子，其世代相袭构成了"百世不迁"的"大宗"；大宗以外的亲系中也由嫡长子继承其父，但相对于大宗他们就称为"小宗"了。小宗以外的庶子既要尊奉小宗，又要尊奉大宗。五世以后小宗与大宗关系疏远了，就要另立宗统，这就是"五世则迁之宗"。大宗与小宗，均谓之"宗主"。

对这一制度也存在着不同的理解。除了对周代宗法是否如此严整不无疑问之外，对宗法的适用范围更聚讼纷纭。一种意见认为宗法不涉及君统。王国维就说它"通之大夫以下"，而不上及天子诸侯。但许多学者则认为，宗法应该包括君统在内。按这种意见，天子对同姓诸侯为大宗，诸侯对其同族是大宗，对天子则为小宗；诸侯之别子为卿大夫，对诸侯是小宗，对其宗族则是大宗。反过来说，士为小宗，以大夫为大宗；大夫亦为小宗，以诸侯为大宗；诸侯亦为小宗，以天子为大宗。换言之，大宗、小宗是相对的。灭商前周人只是一邦，邦君当然是大宗，其支庶为小宗。当周天子成了天下共主，同姓支庶被大量分封到各地做封君，但大小宗关系并未因此而中断。这样，天子当然就成了同姓诸侯的大宗了。故王国维也承认，"天子诸侯虽无大宗之名而有大宗之实"。

尽管对礼书中"五世则迁"、庶子不得祭祖等等细节，学人多有辨正，但大小宗主对族人的统属权利以及其间的尊卑、亲疏和继统关系，大致说来还是可信的。这种宗法制度，确定了大宗、小宗和族人的权利义务，使贵族统治者子孙由亲疏而区分出尊卑，使嫡长子拥有了宗主的统辖权、支配权，并使权力、地位和财产的转移，严格遵循由亲系所确定的秩序。每位宗主之下，都有一个由宗庙、邑居、田土和族人组成的宗族共同体。政治等级中的天子、诸侯、卿大夫和士的名位，原则上由作为嫡长子的宗子继承。宗法的等级与封建政治等级密切配合而相得益彰。

固然，周代发达的国家体制已经具有了公共政治职能，我们不能说它仅仅是"家的放大"。但是在此，亲缘关系和政治关系，确实缺乏充分的分化；不仅如此，二者的混融还发展为一种精致的宗法封建制度。在这一制度下，治家和治国，"亲亲"和"尊尊"是一个问题的两个方面。周代的亲系，是一种不完全的父亲单系世系或不对称的双系世系，它特别地强调父统和父权。嫡长子的宗主身份，即是自父系与父权而来的，所谓"尊祖故敬宗，敬宗，尊祖之义也"。在宗法封建制下，君主即是宗主，君权也是从父家长的权力引申而来的。古天子、诸侯、卿大夫有土者皆谓之君。各级君臣关系，也就是大宗、小宗与族人的关系，所谓"有父子而后有君臣"，"父子有亲然后君臣有义"，绝非虚辞。那么，统治者也就必然要以"父母"姿态君临天下了。《尚书·洪范》："天子作民父母，以为天下王。"《左传》："民奉其君，爱之如父母。""孝"于是便成了神圣的政治原则，如《尚书·康诰》所宣称，"不孝不友"则"刑兹无赦"。

固然宗法不及于异姓，但异姓宗族也通过由婚姻而形成的"甥舅"关系，从而纳入了亲缘的网络。周代天子、诸侯、大夫称同姓领主为伯父、叔父，称异姓领主为伯舅、叔舅。同姓领主互称"兄弟"，异姓领主或为"婚姻"。这种关系含有实际的权利义务，如互助、奔丧以及政治盟友的优先资格。"兄弟昏姻，无胥远矣"，是一种基于亲缘的政治约束。章太炎称《大学》"齐家治国平天下"一语为"封建时代的道德"，正是为此。《尚书·尧典》："克明俊德，以亲九族；九族既睦，平章百姓；百姓昭明，协和万邦。""协和万邦"首先要"以亲九族"，治国必须自治家始，这就是宗法政治的突出特征。

战国至秦，宗法封建制趋于瓦解，变法运动使国家充分地官僚制度化了。郡县制这种纯粹地域性的行政体制取代了分封制，专职领俸文官开始成为行政的基本承担者。在这一过程之中，亲缘关系与政治领域日趋分离。吴起变法，废公族之疏远者；商鞅变法，刑公族以立威；秦始皇制四海于掌内，而子弟为匹夫。尤可注意的是法家对"孝悌"的激烈否定态度。商鞅列"孝悌"于"六虱"，韩非谓"父之孝子，君之背臣也"。他们并非如人之所误解，是笼统地反对"孝"，秦帝国也并非就不保障父权，问题在于从社会分化的角度看，亲缘道德已不应成为行政运作和文官选拔的依据了，在官僚制度下其所遵循的应是纯粹管理技术的考虑。

在另一方面，儒家则积极继承和发挥了宗法政策传统。孔子的中心思想是"仁"，而"孝悌也者，其为仁之本与"。所谓"孝乎惟孝，友于兄弟，施于有政，是亦为政"，这就是"为政以德"。"德"之本意是指一个氏族特有的习俗道德，所谓"同姓则同德""异德则异类"，就是这个意思。孔子又言"克己复礼为仁"，"礼"亦源于氏族生活中的礼俗仪典，尊卑长幼亲疏贵贱蕴于其中。孔子所尊奉的，正是那种宗族亲缘与政治行政混融不分的"君君、臣臣、父父、子子"的宗法秩序。

儒家后学对这一思想做了充分的发挥。如《大戴礼记·曾子本孝》把居处不庄、事君不忠、莅官不敬、朋友不信、战陈无勇，统统视为"非孝"，"孝"依然维持了其无所不包的性质。《白虎通义》申说君臣、父子、夫妇为"三纲"，诸父、兄弟、族人、诸舅、师长、朋友为"六纪"，这也是基于君臣关系与父子、兄弟、族人、诸舅等关系高度混融的宗法政治传统。"孝道"在汉儒那里与神学化的"天道"配合起来了；在宋儒那里它则得到了基于"天理"的论证。

自汉武帝"独尊儒术"后，帝国政治最终又为宗法精神深深浸染。"以孝治天下"成了王朝的信条，"孝廉"科目成了选官主科，褒彰孝义成了经常性活动，"三纲五常"的伦理变成了帝国的正统意识形态。较之秦代那种纯粹基于暴力服从关系的君主专制，"孝道"为君权提供了一种基于父权的合法性论证，即所谓"资于事父以事君"。君、臣、吏、民关系被认定是等同于父母子女的天然血亲关系，从而具有了不可逾越的性质。同时，在国家与社会因分化而处于对立地位的情况之下，来源于血族中对待族人的规范的"仁"，也是一种基于深厚传统的约束力量。相对于"孝悌"，"慈爱"成了君长的义务和臣民可以要求的权利，这多少也制约了统治者的强权。那个时代技术与经济水平的低下，本来远不足以负担深入社会底层每一角落的巨量官署吏员；文化贫乏和宗族关系分外牢固的乡村共同体，对"法繁于秋荼而网密于凝脂"的纯官僚法制式控制也有格格不入之处。在此，体现于礼俗之中的孝、悌、慈、爱、和、敬、忠、信等等宗法伦理却构成了一种整合社会的适宜方式，它以基于同胞骨肉式情感的理解与沟通来维系人际、群际关系和化解其间的冲突，通过"礼义积而民和亲"的方式润饰了政治秩序。这种宗法政治传统，与中国社会的政治文化背景，具有高度的适应性。

官僚帝国时代的家、国分离，并不意味着"家"在社会上的作用的衰微。中国社会的家庭形式，主要是个体小家庭（包括核心家庭和初级扩大家庭）。但社会往往通过亲缘关系的推衍，由宗族共同体的形式把众多家庭联结到一起。聚族而居，自汉以来就是个日益发展的现象。汉代蔡邕、樊重皆三世同居共财，晋代氾稚春七世同居；北魏博陵李氏七世同居共财，家有二十二房；宋、元、明、清有九世、十世、十五世甚至十九世同居共财者；同居而不共财的聚居宗族，分布更为广泛。这些宗族有《红楼梦》中的贾府那种官僚大家族，也有遍布乡村的"大者万丁、小者千户"的共同体。其内部结构因地因时而异，包含的亲系或多或少；有的具有相当强大的凝聚性：有主持宗族事务的族长，有共同的祭祀祠堂和公共墓地，有严密编制的族谱，有各种族规、家法与习俗惯例，有族田、族仓、义学之类的公共财产，并且依亲疏远近而有长房、次房之类区分。在婚丧、继嗣、财产、争讼的处理以及对侵犯族规者的惩治上，族权往往发挥着决定性的作用。

这种宗族，是家、国分离后宗法关系在社会上的变化发展了的形式。族规家法仍然被称为"宗法"，长房、次房仍被比拟为大宗、小宗，维系宗族的仍是那种以"孝悌"为中心的、确定尊卑上下亲疏长幼的礼俗秩序，就反映了这一点。瞿同祖说："（周代）宗法组织消失以后，起而代之的为家长或族长。……一般习惯，族长是公推的，多半择辈尊年长德行足以服众者任之，整个的族事都由他处理。"就上述意义而言，宗族依然是中国社会的基本单位，这也就是说，中国依然是一个宗法社会。其社会秩序，便是费孝通所说的那种不是基于个人，而是基于族属亲疏的"差序格局"。

宗族共同体业已成为与国家分立的社会力量，在其可能危及官僚控制的地方它就要受到国家压制。在汉代，民间"武断乡曲"的强宗豪族，就已经成为与政府颉颃和受政府打击的力量了。中古豪族势力最盛，在北魏一度出现过"宗主督护制"，但它最终仍被"三长制"这种官僚式行政管理所取代。但另一方面，国家在意识形态上和控制、整合社会上，又不能不借助宗法伦理和宗族力量。因此在特定范围内，或者说基于一种使宗族、家庭成为官僚体制的延伸的方式与目的，国家不仅在意识形态上维护宗族伦理，而且在法律上承认族长与家长对亲属的支配权与处置权。"不孝"在隋唐刑律中正式被列入"十恶"；而保障族权、父权与夫权的法律条文，在历代也日益细密完备。如瞿同祖所述，家族实被认为是政治、法律之基本单位，以家长或族长为每单位之主权，而对国家负责。特别是明清绅士阶层形成之后，国家、宗族与社会的结合达到了更为精致的程度。宗族中的地主使其子弟通过科举入仕朝廷，乡居的秀才、举人和退职官员又以准官僚的身份与宗族力量相结合参与处理地方事务，从而既使宗族获得了政治性利益，又达到了使宗族成为官僚控制的社会延伸这一目的。

但是在官僚帝国时代，如果不考虑世袭皇权与皇族，那么家与国毕竟还是有了充分的分化。章太炎说："我们且看唐太宗的历史，他的治国，成绩却不坏，世称贞观之治。但他的家庭，却糟极了，杀兄，纳弟媳。这岂不是把《大学》的话根本打破吗？"治家与治国事实上已非一事，亲缘关系对政治的浸透，最终也不能不以君主集权专制和官僚机器理性运作的需要为转移。在社会上，不允许宗族成为超行政控制之外并与国家分庭抗礼的自主实体，这一点已如上述。在朝廷之上、国务之中，任人唯亲、庇护亲朋亦已为法制所禁。地方官不得在原籍任职，目的即在于防止其与宗族家属因缘为私。任子、门荫一类依亲缘确定任官资格的特权制度，已让位于强调才绩的科举制和考课制。诸如王国割据、外戚专权以及中古的门阀士族，最终也受到专制皇权的抑止。

帝国政治的宗法性，最为关键的还是君臣父子一体化的政治精神，这首先是一种"移孝作忠"的意识形态。一方面是家与国的分离，以及国家对社会的全能主义控制的发展；另一方面却是意识形态对"家国一体"的认定和标榜。这实际隐含着一个"转移"过程，亦即，通过意识形态的力量，把"父子"的价值行为模式转换到"君臣"关系之中来。我们不妨从如下假设中理解这种"转换"：在中国，即使技术水平业已允许官僚体制施展其无所不在的全能主义控制，而官僚国家得以打击扫荡社会宗族势力了，宗法政治也未必会全然消失，因为此时的各级各类组织可能依然像是一个个宗法单位，其首长依然像是一个个父系家长。换言之，它将依然深深地渗透着宗法精神。这种宗法政治传统，我们可以一直追溯到中国历史早期的国家形态。

礼乐文明

◎ 吴予敏

当孔子面对滔滔江水，感叹历史和人生无可挽回的流逝时，他内心里仍然持守着一个坚毅的信念：在充满战乱的春秋时代，复活已经衰落的礼乐文明。他赞叹道："周监于二代，郁郁乎文哉！吾从周！"西周灿烂的礼乐文明，如同一个遥远的梦，寄寓了这位中国古代圣人的社会理想。

从孔子删改诗书开始，儒家学者们从事着一项存亡继绝的浩大工程，力求通过文献考释，在概念上复活礼乐文明，以它作为当时政治制度和人们思想行为的规范蓝本。如果没有这些学者的努力，我们今天难以得见古代礼乐文明的梗概和全貌。不过，令人困惑的是，历史事实的记述往往和儒生们主观的臆测、理想化的夸饰混淆在一起。近代持激进的反传统立场的经今文学派和疑古派史学家们据此贬斥儒家学者给历史作伪，于是古代是否有过礼乐文明就成了绝大的疑问。但是，经过最近几十年的历史科学的研究，不断发掘地下考古材料，同文献经典相对证，学者们采取客观分析的态度，把文献中的事实陈述与后人的附会臆测区别开来，使古代礼乐文明的基本面貌逐渐确定而清晰了。

中国古代礼乐文明源远流长。早在新石器时代，氏族部落生活的各个方面，例如劳动、分食、居住、婚配、丧葬等活动，都通过一定的原始礼仪来组织。在黄河流域的若干仰韶文化遗址，考古学家发掘出大量的陶器、装饰品和墓葬坑，依稀可辨原始氏族礼仪生活的痕迹。部分岩画和陶器装饰图案还描绘了原始氏族的图腾崇拜仪式和巫术歌舞。原始公社向文明社会过渡的进程中，礼仪制度不仅是氏族成员共享的生活形式，还进一步成为氏族首领人格权威的象征。近年在河南濮阳发掘出仰韶文化时期的大型墓葬证实了礼仪与父系权威的联系。其中大量的雕塑和玉器，就是礼仪权威的艺术表现。

礼乐文明并不是从单一源头发端的，而是多元的地域文化互相交流、冲突、融合的产物。经过多年的征伐战争、灌溉农业、巫教传播、人口同化，逐渐在黄河流域形成了以华夏氏族集团的文化为基础的文明中心。进入奴隶制社会阶段以后，这里就成了礼乐文明的摇篮。

在流传至今的神话和古史传说中，有两大事件可能与礼乐文明的诞生关系密切。一件是治理洪水。黄河泛滥给各个氏族造成了生存威胁，共同的利益要求他们联合成更庞大、更严密的社会组织，国家便应运而生，礼仪成为各个氏族集团之间沟通协调的形式，又成为超然于各个氏族之上的国家制度和权威的象征。另一件大事是巫教改革，这是同氏族联合、建立国家的总趋势相适应的意识形态的建构。相传颛顼帝主持了这一改革，废除了分散的巫技、神祇，由代表君主首领意志的巫师垄断了人间与冥界沟通的权力。一切社会事务，如定天时历法，测吉凶福祸，管理兵农大事和民间生老病死都依据巫教礼仪来进行。巫教便由"人神不分"、鬼神驳杂的原始形态，发展到"绝地天通"、神职专断的阶段。礼仪制度相应地就由分散的民俗形式，发展为集中的国家形式。

孔子在研究周礼时曾经提到过夏商二代的礼制，他因为文献不足没有作详尽追述。据今天的考古学家和神话学者的研究，夏朝奉行巫教礼仪是没有疑问的。《山海经》和《竹书纪年》里描绘了夏朝君主主持巫教典礼的情形，还描绘了各类巫师表演巫教歌舞的场面。在夏文化遗址中，学者们找到了夏朝的乐器，有的上面绘有巫教图案。

对商朝礼仪制度的认识是随着殷墟甲骨考释和商代青铜器的考释

获得的。商朝人把夏朝的部落军事联盟奉行的巫教发展成形式更加严密系统的祭祀制度，借以建构宗教观念体系，规定政治和伦理秩序。商人奉行天帝崇拜和先王崇拜。天帝崇拜由原始宗教的自然崇拜发展而来，它制造了一个超然的上帝人格神。"天"即上帝，可以驱遣风霜雪雨，可以决定生死福祸。先王崇拜源自原始社会的亡灵崇拜、氏族图腾崇拜和家族祖先崇拜。已故先王被认为具有惩戒或者恩泽后代的能力。在殷王武丁统治期以后，商人又发展出一个新的概念：先王因为有非凡的德性，可以宾配天帝。两大崇拜趋向合一。商代祭祀礼仪的这一变化，反映了人伦观念的上升，也反映了宗法制度的成长。殷商甲骨卜辞记载着商人在祭祀时按照严格的周祭选祭系统、亲属称谓排列、宗庙宗亲格局来进行。礼仪形式也由简而繁，由疏而密，渐渐表现出"尊尊""亲亲""长长"的观念。

随着西周奴隶制城邦国家的建立，从巫教文化母体中脱胎而出的礼乐文明方才逐渐蔚为大观。礼乐文明在西周的社会制度和意识形态领域里得到弘扬。史书记载，西周初年，周武王去世之后，其弟周公旦摄政，出师东征，平定叛乱，分封诸侯子弟，营建洛邑为东都，而后，制礼作乐（礼是制度规范，乐是宫廷庙堂的礼仪乐舞），奉行文治。周公对于中国礼乐文明的形成有创造性贡献，他将周氏族的历史传统、殷朝的文化遗产继承下来，再适应时代需要做了统合改造。

周礼之赖以建立有三个支柱，即三个基本的社会制度：宗法制、分封制和井田制。宗法制规定了家族内（王室内）嫡长子的继承权，把人伦亲缘关系限定在高祖、曾祖、祖父、父、子五代范围之内。在举行丧礼的时候，贵族要根据世代亲疏、尊卑、长幼的关系，穿着不同的丧服。丧服制是一项重要的礼制，它是伦常概念的象征。分封制也是基本按照宗法关系来施行的，周王把自己的子弟、同姓和戚属，分封为诸侯或公卿大夫，划定他们的封国、封采领地，逐级、逐辈臣服，最终一致臣服于周王。这样，血缘人伦关系又具有君臣政治关系的性质。周礼中各类祭礼典礼和宾礼反映了分封制的内涵。井田制和城邦划分、阶级划分紧密关联。周代的行政地理区划有三个层次，第一个是"国"，也就是城邦，指周王居住的王城和分封贵族居住的都城；第二个是"郊"，是城市附近的地区，居住着身份自由的农民；第三个是"野"，是比"郊"更偏远的山野乡村，居住着农奴。由于水利灌溉和土地丈量分配的缘故，郊野地区的农田都被划为规整的井田。井田，顾名思义，原是和水井有关的。有了水井就有了沟渠纵横、阡陌分明的农田，农民得以世代聚居，产生了村社民间礼俗传统。在城邦、四郊和四野的周代居民们，过着不同等级和不同形式的礼仪生活。在《仪礼》中，详尽地记载着贵族礼仪生活的情形；而民间村社礼俗，则大多保留在《诗经》的民谣当中。周朝统治者在礼仪概念上有文野之别，但是仍旧注意维系地方村社传统；即使在庙堂和贵族礼仪中也吸收了不少民间礼俗的成分。因此，周礼实可分为三个系统的礼仪：与国家各类事务有关的大典，与贵族个人或家庭生存活动相关的仪礼，以及与村社农民的生息配合的礼俗。

国家大典中，最重要的是祭礼，其次有宾礼和军礼。周人祭祀天帝、地祇、人鬼。与殷商不同，周人并不执着于对上帝神的迷信，而是敬畏于自然和祖先的恩泽和庇佑。祭祀活动，仪式繁缛，规格谨严，通过祭祀，在普天之下弘扬道德教化，推崇天道人德。周代的宾礼体系，是与不同的贵族等级相配合的。贵族名分，兼指其政治地位和血亲谱系地位。贵族之间交际，名分不同，时间、事项、场合不同，都有不同的宾礼规定。宾礼象征着贵族内部的等级秩序。在晚周时期，分封制度的瓦解，就具体反映为宾礼体系的破坏，这常常又是引发贵族之间战争的口实。周代是一个兵农合一的社会，贵族、平民和农奴，到了战时，都是周王朝或诸侯城邦军队的成员。全民皆兵的社会，制定出系统的军礼，用作训练、演习、阅兵、比武和军事教育。有时军礼也同体育竞赛、农事狩猎活动分不开。周代礼仪同实际的经济生产联系也十分紧密。农事大典是重要的国家大典。春耕时节的籍田礼，上至天子，下至平民，都要参加。此外，夏耨、秋获、冬藏，乃至救赈、尝新，都要举行典礼。典礼是全民生产的动员形式，又是向自然祈福的形式，而且和农业生产管理、田赋税收、徭役劳动组织等有密不可分的关系。

周代的贵族过着丰富而严谨的礼仪生活。《礼记·昏义》概括说："夫礼，始于冠，本于婚，重于丧祭，尊于朝聘，和于射乡，此礼之大体也。"其中祭、朝、聘、射、乡诸礼，是贵族子弟进入社会交往时要学习遵循的基本礼仪。冠、婚、丧礼，则是个人成长各个阶段上要履行的人生仪式。冠礼（成年礼）表达了社会对贵族青年的接纳和期待，赋予他人生的意义，明确他即将承当的社会角色和使命。周代的婚礼，在细节上保留了不少氏族社会礼物交换的形式，礼物暗喻男女之间建立合法性关系和共同育嗣的关系和意义。周礼更加强调婚姻对于家庭兴衰的重要性：生命血统的延续、新的家庭角色和伦理义务的诞生、家族之间联姻通好、缔结新的社会联合体等等。

礼乐文明除了规范国家事务、人际关系及个性生命以外，还建立了贵族教育和国民教育体系，这就是著名的"六艺之教"。六艺是六种教学课目（礼仪制度、礼仪性的歌诗乐舞、射箭和驾驭战车的本领、文字和算术）。六艺汇集了当时水平的德、智、体、美的教育内容。六艺之教的根本目标是要培养出符合周代贵族统治需要的理想人才，他要具备大仁、大智、大勇；他要懂得敬天孝祖，恪守人伦；他要文武兼修，优雅渊博，又威猛奋发，理性与感情、个人与社会达到和谐统一。六艺之教，主要实行于贵族阶级，周王朝专门修建了辟雍（即贵族子弟学校），让贵族子弟寄宿于此，加以教化。《周礼》还记载说，六艺教育的内容也贯彻到乡间教育当中。

东周至战国，社会制度发生了翻天覆地的变化，井田制随着私人土地占有形式的扩大而崩溃。旧的宗法关系和分封制度，在各个城邦连年不断的征伐战争中动摇乃至瓦解。阶级结构的改变，使新贵族崛起，成为政治主宰和价值观念的引导者。旧的礼仪徒有其表，形式与内容分离。一方面新贵族肆意僭越礼仪规范，另一方面新思想又改变了对礼的本质的理解，充实了更富理性色彩的自然物本观念和以"民本论"为代表的政治观念。礼乐文明永恒存在的神话被打破了，忧虑、困惑和对未来新秩序的追求，萦绕在人们心中。孔子恰在这时创立了儒家学派，在礼乐制度的废墟上去召唤礼乐精神。

孔子醉心于揖让周旋之礼，他核定文献，开门授徒，以六艺为教，辅以演习礼乐，诵诗弦歌。孔子的创造集中体现在他以"仁爱"概念解释礼乐的本质。他质问道："人而不仁，如礼何？人而不仁，如乐何？"（《论语·八佾》）孔子标榜的"仁"，包含很多内涵。他解释为"爱人"，"泛爱众"，是普施给一切人的泛爱；又解释为宗"名分"，严格社会贵贱文野等级，不逾越做人的规范；又解释为"忠恕"，待人以宽，"己所不欲，勿施于人"，"和为贵"；又解释为"孝""悌"，即一种生发于宗法血缘关系的亲情和伦理。孔子毕生以"克己复礼"为己任，当他意识到政治制度再不可能回到西周模式的时候，他的期望在于重新塑造人心，维护人际间的血缘性社会关系及伦理亲情的纽带。他的继承者孟子和子思在心理体验、人格涵养方面作了很多发挥。

先秦诸子学派对儒家有很多抨击。墨家从民本主义和功利主义立场，批评礼乐的奢靡无用；道家从自然主义和虚无主义立场，批评礼乐的虚伪饰情；法家从国家主义立场，批评礼乐的蛊惑人心……到了战国，时代要求有一个中央集权的帝国，未来的统治者不仅要建立新法制，还要树立新伦理，荀子的思想便应运而生。

准确地说，"礼乐"作为一个含义深广的文化思想范畴，是经由荀子的概括阐述才确定下来的。荀子写了两篇论文，《礼论》探讨了礼制与社会规范、强制的关系；《乐论》探讨了歌诗乐舞与社会认同、美感教化的关系。从此，"礼乐"不再只是对一种文明形式、制度生活的描述，而成为社会哲学概念。礼，代表规范、区分、界限、制约，作用于人的理性；乐，代表调谐、中和、认同、自由，对人发挥情感教化作用。荀子说，"乐合同，礼别异，礼乐之统，管乎人心矣"。在荀子之后，秦汉之际的儒家学者写了大量论文，探讨礼乐文化的伦理法则和社会功能。《礼记》便是儒家经典论文集之一。

《礼记》是对古代礼仪制度的内涵和功能的阐释，这些阐释表现了秦汉两代的儒家学者系统的礼乐文化哲学观念，深刻地反映了他们为大一统的君主专制政体建构伦理价值体系的努力。

《礼记》吸收了战国阴阳五行思想，将天文、地理、物候现象与人伦关系相比附，论证礼乐的精神是"达天道、顺人情"。礼乐包含着父慈、子孝、兄良、弟悌、夫义、妇听、长惠、幼顺、君仁、臣忠的十大伦理规范，节制人性欲望，使其适应社会秩序达到合理满足。这些伦理规范是天道与人道的统一。《礼记》还提出了一整套"修身、齐家、治国、平天下"的社会治理模式，把这个模式的基点置于人的伦理修养之上，划分出"格物、致知、诚意、正心"的修养层次，将先秦至战国儒家的各派理论整合为系统的道德认知学说。《礼记》发挥了荀子的思想，深刻论述了音乐在道德教化方面的功能。

"以舞相属"画像石，表现汉代宴会上一种礼仪性社交舞蹈

经过《礼记》这一阶段，礼乐文明获得了它的理论阐释系统。这一系统从天道本体、人性根源，一直论述到政法制度、道德规范、认知图式和美感范型，礼乐精神一以贯之。与先秦时代以理性主义和人本主义阐释礼乐文明相比，汉代推崇的"礼乐"富丽堂皇，华贵雄强。庞大的构架，驳杂的内容，独断的风格，显示了帝国的信心和远虑。礼乐文明已经由既往躯壳遗产，转化为体现统治意志的时代宗教。汉武帝平定宇内，文武兼治，提出"罢黜百家，独尊儒术"，他是要利用历史亡灵，上演一出富于时代风格的正剧。诸子百家不再能以平等地位同儒家抗衡，但是凡是有利于君主专制统治的思想都被包容在董仲

舒及其后学弘扬的儒家经学当中。他们包罗万象、杂糅诸子，踵事增华，渐渐将经学的思想统治推衍到极致。礼乐文明发展成经学形式，真正成了官方的宗教，为封建帝国树立起完整的价值体系。到西汉末年，王莽篡权，大兴经学，试图在经学中引出新政模式。他拙劣地模仿周礼，立明堂、辟雍、灵台，置五等爵位，划分行政区域和官阶，更名天下田为"王田"以效法井田制度，等等。王莽似乎是倾慕宗周礼乐文明的，然而他拘于制度模仿，违背历史进程，终陷于泥古不化，其"新政"也成了历史上昙花一现的闹剧。

总之，礼乐文明经历了原始氏族礼俗、巫教礼仪文化、宗周礼乐制度等阶段，在制度上由盛及衰，不复振起；然而从先秦理性批判，再发展到百家合流，终归于经学形式的完成，礼乐文明又以独立的精神形态存在着。在漫长的封建社会里，礼乐精神体现于中华民族的经济、政治、伦理、教育、艺术、宗教乃至于日常生活，塑造着中国人的心智和情感，它从一具衰朽的社会骨骼蜕变为文化精灵了。

◎ 阎步克

政治制度

　　中国历史上国家的出现，一般认为是从夏代开始的。部落联盟首领禹死后，其子启袭承其位并击败了反对者，首领的推选与禅让制遂让位于王位世袭制，这就标志着军事民主制的终结和国家的诞生。刑法、军队与国家机构，在夏、商、周各朝不断完备。夏有"禹刑"；商有"刑三百"，出现了监狱；西周有刑书九篇，以及五刑之属三千。商周军队，其编制为"师"，此外还有王室禁卫军。夏之官制不甚清晰。就甲骨文及金文所见，商代之文职官员有尹、宰、小臣、卜、史等，武职有马、亚、射、卫等。西周之中央机构更为发达，卿士、师氏、大师、尹氏以及"三有事"即司土、司工、司马等等，皆是重臣。

　　夏王朝大约是以"方国"即各方部族拥戴共主的方式对各地进行统治的。商王朝在王畿之外，把某些贵族和方国首领封为侯、伯。周初就进行了大规模的封国建侯、授民授土。据说周公立国七十一，其中周之同姓五十三，其余则是姻亲、功臣。诸侯对天子承担纳贡、藩卫以及从征的义务，在其封地之内则可把田土人民封赐给卿大夫。卿大夫皆有家臣。卿大夫、家臣皆须对其主承担封建义务。等级封建制度，由此而形成了。各级封建领主，世代垄断官爵禄位。以嫡长子世袭特权为中心，以相应于嫡子、别子、大宗、小宗名分的权益为内容的宗法制度，以及以"亲亲""尊尊"为原则的一整套礼乐传统，成为这种制度的主要维系。

春秋战国时代，天子衰微，争雄的列国先后进行了变法，宗法封建制开始解体，官僚制度发展起来。在中央出现了相或丞相，为百官之长，楚国称令尹；武官之长则有将军。各国官职新旧杂出，各有所异。但由于郡县制、俸禄制取代了封土授民制，选贤任能、考课黜陟取代了宗法世卿制，成文法规取代了礼乐传统，这些官员开始变为新式专职专业领俸文官了。至秦始皇统一中国（公元前221年），中央集权的官僚帝国政体正式确立。

秦始皇首创"皇帝"名号，其命为"制"，其令为"诏"，其自称为"朕"；其权力和权威，被认为来自"天"或"天命"，皇帝集立法、司法和行政大权于一身，"天下之事无小大皆决于上"；同时也存在着朝议制度，事关军国大政辄令群臣各进其言，由皇帝做最后裁决。

中央实行三公九卿制。丞相总百揆，太尉掌军事，御史大夫为丞相副贰。其下有奉常、廷尉、少府等九卿，分掌王朝政务及皇室事务。此外设有博士，负咨询顾问之责。天下分为三十六郡，郡有守；郡下有县，县有令。最高司法机关为廷尉，地方由郡县兼职司法。最高监察机关为御史府，出巡地方者称监御史，各郡有郡监居、郡监察。军队平时由郡尉征集训练，将军统领，边防有常驻军队。秦之官员皆由国家正式任命，录用升迁的标准是功劳与吏能。有保任之法，所推荐之官员不善，保举者连同坐罪。

秦之制度，大致为两千年帝国政治体制确立了基本的原则与架构。但在漫长历史之中，各种政治制度又经历了巨大的发展变迁。

在中央官制方面，主要由专制君主与辅佐君主的官僚机构首长丞相总揽大权，政府机构的职能、分工和结构都有进步。汉初承秦三公九卿之制，但汉武帝以来又往往以大将军及尚书等组成"内朝"，以分丞相之权。东汉初三公演变为太尉、司徒、司空；同时原属少府的尚书演为尚书台，设有令、仆射及诸曹尚书、侍郎，变成了实际的中枢机关，三公实际权力大为减少，便于皇帝居间操纵。曹魏时皇帝鉴于尚书令权势太重，另设中书省掌机要，以分其权，尚书省遂变成执行机关了。此后诸代君主又着意扩大以侍中为首长的门下省权力。北魏门下省权势尤重。时至隋唐，三省分立之制成为定型。中书省草诏，门下省审核，尚书省负执行之责。三省长官合议于"政事堂"（后称"中书门下"），同为宰相；皇帝又常以他官加"同平章事"等号入政事堂为宰相。尚书省下分吏、户、礼、兵、刑、工六部，其下各有诸司，分掌庶务，其体制更为完善，遂为历代相承。

宋代别置中书省于禁中，有同平章事，号称宰相，副贰为参知政事，号称执政。此外有枢密院掌军政，与中书省并称"二府"。又有三司使掌财赋，号称计相，与二府合称"二府三司"，互不统属。宰相之权，一分为三了。元代仍以中书省总政务，枢密院掌军务。

明初中书省设有丞相。明太祖着意隆君权、抑相权，遂罢中书省、永废宰相，以六部直承皇帝。又仿宋制设诸殿诸阁大学士以协理机构，称"内阁"。明成祖以后阁权日重，大学士成了事实上的宰相，有首辅、次辅、群辅之分。但制度上内阁不能领导六部，职责仅为"票拟"，相权已颇受限制。清初以议政王大臣会议为决策机构，仍设殿阁大学士居辅政之位。雍正之时，因军事需要设立军机处，其后至于"军国大计，罔不总揽"，凌驾内阁之上。但终清之世，军机处并非正式国家机关，也没有独立的衙门，只相当于皇帝的私人秘书班子。君主专制，因之进一步强化了。

为了维护行政秩序和贯彻法律，王朝设有监察与司法机关。自汉以来，监察为御史台之责。唐御史台下分台院、殿院和察院。明朝改为都察院，下设十三道监察御史；又别设六科给事中专门监察六部，初为独立结构，清代并入都察院。御史代表天子监察百官，也有谏诤言事之责；不避忌讳，不惧权贵，被认为是御史应有的风范。宋制，御史入台十旬无章疏，则谓之"辱台"。但历代也不乏因触犯皇帝或权贵而遭谴黜者。

最高司法机关，在汉仍为廷尉府，后时或改称大理寺。尚书台成为中枢之后，遂分其权。隋唐以来，尚书省之刑部与大理寺共掌司法，狱案由大理寺审判，刑部复核，加之御史台合称三司，要案由三司共理。元代废大理寺，明代复置，但已变成刑部审判，大理寺复核了。明清仍有三司合议之制。中国法制的特点是：各种法典以行政法与刑法为主要内容；特别缺乏权利观念以及对之的保障；同时皇帝与权贵往往越法行事而使之流于空文。此外，儒家道德在很大程度上支配着法律的制定和施行。

由于儒教及儒生士大夫在政治上的特殊作用，文化教育性质的官署官员占有重要地位。汉代为博士置弟子，建立了太学，是培养儒生官僚的重要场所。东汉太学生多至三万人。又为太子置太傅、少傅，进行儒家教育。魏晋南北朝有秘书省掌著述图籍，太学外另设国子学以教贵胄。唐以下各代，中央有国子监，州县亦有学校，培养科举人才。唐有学士院司制诰撰述，宋称翰林学士院。又有史馆掌修国史。宋广设学士之官，"资望峻极"；又有侍读、侍讲学士为经筵讲官，为皇帝宣讲经史。明清翰林院掌修史、著作、图书等，位望至为清华。礼部也是重要的文化事务管理机关，掌礼仪、祭享、贡举等事。这类机构、官员在传播儒家意识形态、维系帝国政治文化传统以及培养官吏人才上，发挥了巨大而独特的作用，而且对政治也往往有直接影响。例如汉之博士可以参与朝议，汉末太学成了政治斗争中心。唐之翰林学士参与机要，有"内相"之称。宋之殿阁大学士至明形成内阁；清之翰林院则是朝廷大臣的重要来源。

宦官制度，以及皇帝为加强专制集权而亲信宦官造成的宦官专权，也颇可注意。宦官出现于商周，秦二世时已有宦官赵高专权之事。东汉宦官中常侍、小黄门等，与外戚迭操朝柄，乱政祸民，与士大夫形成剧烈冲突，酿成"党锢"之祸。唐中后期宦官外出监军，内典禁军，又以枢密使、宣徽使参掌机要，号称"北司"，其权至可废立皇帝，并与朝官之"南衙"形同水火。明代宦官有二十四衙门，司礼监权势最隆，有"批红"即代表皇帝审批票拟之权，其势盛时足可压制内阁。宦官又控制了东厂、西厂、内行厂等特务机关，残酷镇压异己。明后期东林党人反对宦官魏忠贤，许多人惨遭杀身之祸。至清废二十四衙门，其事务转隶内务府，不再以宦官参阅奏章，始革宦官之弊。

在地方行政制度方面，各级行政组织的完善，以及中央集权与地方分权、地方割据的矛盾，是主要线索。西汉一方面承秦郡县之制，同时又分封了一批同姓、异姓诸侯国，他们时或反叛中央。王朝在镇压之余不得不大大削夺其封土及权力，汉武帝为加强对地方的控制，分全国为十三州部，各置刺史以司监察，其秩在郡守之下，收以卑临尊之效。后来州之权力渐大，形成了行政单位。州郡长官兼揽地方行政、司法、财政甚至军事大权。魏晋南北朝之地方单位仍为州、郡、县三级。又常设使持节（或持节、假节）都督某区军事，其督区有一州、数州或数郡不等，也形成一种军政单位。又东晋朝廷对南迁的北方士族及部曲，多设侨州郡县以安置之，为此时期之特有制度。唐地方单位为州、县两级，又分天下为十道监察区，后增至十五道。唐玄宗又于沿边置节度使，其设置后来又延及内地，司一地军政大权，并发展为割据势力，拥兵自重，叛顺无常，最终导致了唐王朝的衰亡。

宋代州府以上行政单位为路，北宋末天下共二十六路。诸路有转运使掌财赋，安抚使掌兵民，提点刑狱掌司法，提举常平公事掌仓政盐茶，分称漕司、帅司、宪司、仓司，互不统属，地方权力有一分为四之势。州之长官为知州，但又派朝官为通判以相制约，这就大大抑制了地方割据倾向，加强了中央集权。元以中书省为地方最高行政单位，明承其制，分全国为十三省，但正式名称为承宣布政使司，掌民政。各省又有提刑按察使司掌司法，都指挥使司掌军务，合称三司。清代省数增至十七，北京地区为直隶，或合称十八行省；机构则只有布政、按察二司了。明代又每因事而于特定地区设总督、巡抚，督区、抚区大小不等。清代有八总督领十五行省，兼理文武军民；又有十六个行省各设巡抚一员，总管民政。明清省下有道，但道种类繁多，或因地域、或因职能而设，辖区时有重叠，职掌则有条不紊。此制为明清特有，前世所无。

历代兵制，变化颇大。西汉以兵役制为主，成年男子均须服兵役两年。军队有南军、北军、八校尉及羽林、期门等等。东汉废郡国兵，以职业军队为主。魏晋南朝有士家制，是一种世代为兵的军户，同时也用征兵、募兵。西魏创府兵制，隋唐沿用其制。府兵平时务农，不纳赋税，征发时自备兵器资粮。唐设有634军府，每府有兵800—1200人，分隶中央十二卫。唐玄宗后其制衰败，改用募兵。

宋以募兵为主，有禁军、厢军、乡军、蕃兵。其主力为禁军，分隶中央殿前司等"三衙"。三衙与有发兵权的枢密院分割兵权。禁军又行"更戍法"，按期更换戍地，以使兵无常帅、将不专兵。明又改用卫所制，5600人为卫，下有千户所、百户所。军士身份世袭，大部分屯田，小部分驻防，实现了资粮自给。明太祖时天下设329个卫，分隶各省都指挥使司，总统于中央五军都督府，战时临时任命总兵官。五军都督府、兵部、总兵官都不能独专兵权。明中叶后卫所制又复衰败，改用募兵。

唐、宋、明之军队布防皆以"内重外轻"为原则，以重兵拱卫京师，视内忧重于外患。又皆有"监军"制，唐用宦官，明以御史居多，称"监军御史"。宋、明王朝形成了重文轻武之风，武人权势颇受抑制。

清代军队制度实行以满制汉之法，有八旗兵、绿营兵之分。主要由满人组成的八旗兵驻守要地，装备待遇远优于汉人组成的绿营兵；绿营兵之要职亦由满人担任。

中国古代的选官制度，从察举到科举的演变是重要线索。汉代实行察举征辟制。百石以下僚属由长官自行辟除，同时刺史、郡守等可以以秀才、孝廉、贤良、方正等名目把人才举荐到中央。不定期的贤良、方正要经"对策"才能授官，岁举的秀才、孝廉则不需考试。但从东汉顺帝到西晋武帝间，孝廉与秀才先后实行了考试之法，一试经，一对策，及格方能授官。南朝时明经科取代了孝廉地位。时至隋唐，实行了王朝设科而士人投考，应试者无须长官举荐，进士科取代了秀才地位，察举制遂演变为科举制。

唐之科目繁多，以进士、明经为主，参试者来自学校生员及自由报名之乡贡。宋代科目渐集中于进士一科。明清科举以考试八股文为主，参试者全部来自学校生员。京城及各省三年一次乡试，取中者为举人，次年京城礼部会试，取中者为进士，进士再经殿试分为三甲，由吏部授官。这种以文化知识考试录用官员的制度，体现了功绩制的原则，也促进了社会流动，是一个巨大的历史成就。时人与后人也指出了它的诸多流弊，这多与整个社会制度结构有关，不完全是科举本身的问题。

历代又都有保障官僚特权的选官制度。汉有"任子"制，二千石以上官员可任子弟一人为郎。魏晋南北朝有九品中正制。中正以下下至上上九品评定士人德才，吏部据以授官。但由于此时期士族占据了支配地位，实际上定品标准是门第高下，居上品者大抵是士族门阀。唐有门荫之制，高官子弟可依父之品阶直接获得任官资格。宋代有"恩荫"制，其法极滥，一次恩荫动辄数千人。明清有"荫生"，一定品阶之官员的子弟可以不经考试而直接入国子监，由之入仕。

卖官鬻爵亦时或形成制度。秦汉有纳粟拜爵之制，汉代又有入奴、入羊、入财拜郎之法。明清有捐监，由出资捐纳而获国子监资格作为出身。清之捐纳制度，最高可捐至道员，由之为官者称"捐班"。这使官位变成了商品。

考课制度源于先秦，其周备程度与时俱进。汉代以长官考下属，每年一小考，三年一大考，郡国计吏每年赴京上计，总之于丞相，优者迁赐、增秩，劣者降级、免官。唐代考课大为严密，以吏部考功郎中主之，行积分之法，根据"四善二十七最"评官员为九等。宋有审官院考京朝官，考课院考幕职州县官。明有考满、考察之分。官员三年一考，六年再考，至九年通考分等黜陟，称考满；京官六年京察，外官三年外察，合称考察。其制颇密。清代京官有京察，外官有大计。历代之考课，往往是王朝前期尚有成效，中期以后即趋颓败而流于形式了。

官员体制等级严明，有秩、品、阶、勋等等名目。汉代以俸禄若干石计"秩"，且以之定官位等级，如万石、二千石、六百石之类。魏晋别设九品以别官位高下，北魏品分正、从，四品以下正、从又分上下阶，共30等；唐宋与之略近，隋及元、明、清则简化为九品及正、从，共18等。阶官是确定官员身份等级的，唐文散官29阶，武散官45阶。宋称寄禄官。明清阶官为18等，与品大致一致了。勋官用以酬功劳，崇资历。唐勋官自上柱国以下12转，至明有文勋10级、武勋12级，清废。此外还有爵，是周代分封制的遗存。汉代爵实际只有王、侯二等，相当于周之诸侯。历代爵级爵号不尽相同，一般是皇帝同姓封王，异姓只封公、侯、伯、子、男。原则上封爵者有封土或食邑，后来大抵成了虚名。

大致说来，中央集权的专制君主，以及由职业官僚构成的官僚机器，在相当长的历史时期，较为有效地为这个小农经济的社会提供了安全、秩序、调节与管理。但其内在的弊端，也经常使这一体制周期性地走向解体。特别是，由君主官僚共同构成的统治阶级，使社会付出了沉重的代价——残酷的政治压迫和经济掠夺。当工业制度与现代文明开始改变旧有的社会背景时，帝国的政治体制就不能不因之而发生深刻的变迁，向现代政治体制艰难而缓慢地转型了。

伦理教化

◎ 沈善洪　何隽

在中国的传统文化中，伦理观念占有特殊重要的地位，而其中儒家的伦理观念又居于主导位置，故在一定意义上说，儒家的伦理观念也就是中国人的伦理观念。把这种伦理观念通过政教风化与教育感化贯彻于世俗生活之中，就是伦理教化。

儒家的伦理学说，形成于春秋战国时期，至西汉中叶取得了意识形态领域中的支配地位，并通过多种教化手段对社会各阶层起着潜移默化的作用。这种作用随着中国社会的发展不断得到强化，到宋代则形成一套完备的体系，对中国传统文化和民族性格产生了深刻影响。

儒家的主要伦理观念是仁、义、礼、智，其中仁是根本的观念。仁有多方面含义，就个人修养来说，它要求人们谦虚谨慎、诚实刚毅。就人与人的关系来说，它要求尊重和顾及他人权益，自己企求达到的愿望希望别人也能达到，自己不喜欢的事也不强迫别人去做，一言以蔽之：仁者"爱人"。只是这"爱人"首先是爱自己亲人，而后推及他人。就人与社会的关系来说，它要求"克己复礼"，即克制自己而服从于社会的规范。儒家所谓义，是指达到仁的道路，即依仁而定的为人处事的具体准则；所谓礼，是体现仁的外在规范与仪式；所谓智，是达到仁所要具备的智慧与知识。仁、义、礼、智四者既是儒家的主要伦理观念，也是其要求的道德行为规范。而作为道德行为规范，则需要有更为明确的可遵循性。因此，在伦理教化中，虽然也宣扬仁、义、礼、智，但更多的则是宣扬忠、孝、节、义。无疑，两者的内涵是基本一致的，只是后者更加明确，更易于为社会成员所遵循，所以被作为主要的道德行为规范而广泛宣扬。

二十四孝之七：汉文尝药

忠、孝、节、义的含义，历来有多种解说，并因不同的时代、不同的社会阶层的需要而灌注进不同的内容。总体上说，对传统文化及国民性格影响较大的有以下几方面：忠，本义是指诚实无欺，作为道德内涵来说，是指处理个人与国家民族以及政权代表者君主的关系。其具体内容就是忠于君主和社稷、民族。忠君与忠于社稷、民族在许多场合下是一致的。当两者发生冲突时，有识之士往往选择后者。孝，系宗族、家庭伦理，具体讲即子、弟要敬爱父、兄。在传统的伦理教化中，要求晚辈绝对遵从父辈的意志，按宗族、家庭世代相传的规矩办事。节，是个人的道德修养，指始终不渝地坚持原则。教化中宣扬的主要有四：一是民族大节，歌颂为国家、民族捐躯的英雄，谴责投降变节的叛徒；二是赞扬坚持自己理想信念、洁身自好的君子，谴责看风使舵、卖身求荣的无耻小人；三是所谓君臣大节，宣扬君要臣死、臣不得不死的盲目服从；四是指妇女贞节，要求"从一而终"，反对寡妇再嫁，甚至宣扬"饿死之事小，失节之事大"。义，在忠孝节义四者联用时，指的是人与人交往的道德规范。它要求人与人一旦结交，祸福与共，生死不渝。也就是通俗小说中所宣扬的有福同享、有祸同当，不求同日生、但愿同日死，等等。由上述可见，作为伦理教化主要内容的忠、孝、节、义，对于民族共同体的稳定和发展，对传统文化的保存与发扬，都起过积极作用，而其消极作用则是长期维系了宗法血缘等级制，抑制了人的个性、创造性的发展。

那么伦理教化是如何进行的呢？一方面是利用政权的力量，使上层建筑各个领域均以道德准则为依据，并使道德教化渗透到意识形态的所有方面；另一方面，通过教育、文艺等手段专门从事伦理教化。

突出伦理教化，首先是给封建政治涂上一层浓厚的道德色彩。具体地讲就是将家庭、家族与国家联系起来，将血亲关系与等级关系等同起来，造成国家与家庭、家族的同构，从而使用于维系家庭、家族进而维系社会人与人关系的道德规范扩展成国家制度，达到政治制度的伦理化。政治制度伦理化的确立，一方面使国家事务的操作过程着意于礼仪，以体现尊卑等级，维护国家体制，以及示教、化育天下百姓。另一方面，在人事的安排上，则标榜"以德取士"。从两汉的察举孝廉，中经魏晋的"九品中正"，直至发轫于隋唐、完善于宋代的科举制度，都把"德行"放在首位。而在科举确立以后，儒家经典则成为考试的主要内容。因此，政治制度的伦理化除了直接使儒家伦理外化为有形的制度本身之外，又通过礼仪与人事将其贯彻于社会生活之中。伦理教化不但要"教"，而且要"化"，要使人在大量的、经常的感性知识积累中潜移默化地形成道德的自觉。因此，伦理教化中把教育与文艺作为直接的手段，其中尤其注重蒙童教育与通俗文艺。

中国古代教育中，始终把德育放在首位，甚至在知识领域也把"德性之知"抬高到压倒一切的地位。陋儒们甚至宣称对自然界的认识是可有可无的，把科技知识贬为"奇技淫巧"。这种压低知识的倾向，无疑是极其有害的，并历来遭到进步思想家、教育家的抵制。但是，始终把德育放在首位也反映出中国古代教育着力于伦理教化的苦心。中国历来重视蒙童教育，《礼记》所载的"保傅之教"正是古代的婴幼儿教育。从蒙养教材的内容看，除去一部分专为伦理教化而编，如宋以后成为重要蒙养教材之一的《性理字训》之外，在以识字和掌握生活常识为主的蒙养教材中，儒家思想与伦理观念的贯彻仍然占重要地位。在最著名的蒙养教材"三、百、千"即《三字经》《百家姓》《千字文》中，除了《百家姓》纯为记诵姓氏外，《三字经》与《千字文》

都兼有伦理教化的作用。

在文学领域里，历来提倡"诗言志"和"文以载道"，文学成为直接宣扬道德伦理的工具而得到利用。这一方面固然使文学自身的发展受到了某种限制，但另一方面也确实起到了在愉悦性情的文学欣赏中培植道德理想的作用。"寓教于乐"的原则使通俗文艺成为伦理教化的有力工具；在历来的话本、戏曲、小说中，可以说多数充满了忠、孝、节、义的说教。这对于伦理教化在世俗各阶层中的传播起着有效而深远的作用。

此外，社会教育，即主要通过伦理楷模来教化民众是一个不可忽视的方面。这个方面可粗略划分为四种表现形式。其一，是把皇帝装扮成既是君主又是"圣人"，这种集权力与道德于一体的形象不仅使皇帝成为全社会的道德榜样，而且也是伦理化的政治制度的重要组成部分。其二，是使神与有德之人结合，使人神化，又使神道德化，以此来感化民众。如宣扬忠、义的岳王庙与关帝庙就是这方面的突出表现。其三，是从朝廷对"忠义""孝烈"的褒扬旌表到民间的广立节孝牌坊。其四，是在社区推举贤人。

伦理教化对中国社会的发展产生了重大而深远的影响。儒家伦理的根本着眼点在于建立合乎道德的理想社会，其基本形式表现在国家的统一、有序，以及基于其上的和平和发展，而达到的手段主要是依靠"修文德"。因此很显然，借助教化而渗透到中国社会各方面的儒家伦理自然以它的道德精神的实际应用起着促成和团结中华民族的作用，并使中国社会在有序的稳定中得到渐进的发展。同时，伦理教化使伦理在现实生活中发挥的巨大作用，促使象征着突破有限的事实环境、创造理想的应有环境的道德精神在中国社会始终处于最高的地位，这不仅给中国社会带来了"礼义之邦"的荣誉，而且更为重要的是决定了中国人的精神。在最低的层面上讲，它培养起社会成员的社会责任感、义务感；在最高的层面上讲，它引导人倾向于在历史的观念上去获得生命的真正意义，即超越有限的现实，以道德生命的完善自由来求得自我实现和引导人类进步。粗略而概括地讲，伦理教化的贡献在于使社会获得了实益，使精神归依到根本。

　　但是，在社会获得实益、精神归依到根本的同时，伦理涵盖一切的功能所反映出来的道德万能主义也造成了负面的效应。社会管理不能完全由道德承担，它必须依赖可操作的制度，依赖政治的、经济的和法律的手段。制度的伦理化使道德混于制度之中，并构成制度的原则，因而极大地削弱了制度赖以存在的自主性和在社会管理中的独立性。这就造成了历史上中国社会在制度建设上的严重不足。同时，由于上述在国家事务操作过程中的礼仪要求，变成形式化的繁文缛节并影响到整个民风世俗。因此，在既需要激活传统又需要对之进行调整的今天，如何对伦理教化的内容、手段和范围进行新的解释和界定，把伦理至上精神和道德万能主义区分开来，仍然是一个需要认真思考的课题。

法律体系

◎ 梁治平

中国古代法律的起源极其久远。追溯其源流，大体可以划分为三个阶段，即中国青铜时代法律传统的创立，春秋战国之际新旧继替的过渡，以及秦汉以降法律传统的再造与完成。

中国最古而可考的历史为夏（约公元前2070—前1600年）。据现代学者的研究，传统上称为三代的夏、商（公元前1600—前1046年）、周（公元前1046—前256年）实际构成一个完整的文明形态，即中国青铜时代。在这个时代里，新生的政治组织——国家，与旧有的亲属集团——氏族，保有一种严密的结合：统治的关系依据亲族姓氏来划分，权力的分配按照血缘亲疏来安排。这种格局的特点是家与国合而为一，政与教相互贯通。其中，祭祖的仪式为确定权力等级、加强统治者内部联系的纽带，而征伐刑威乃是保护统治者威权、维护政治与社会秩序的手段。这就是青铜时代的宗教与法律。前者称之为"祭"，后者名之为"刑"。

"刑"的本义为杀戮、砍磔，最初只用以对待异族，这表明"刑"与古时的战争有着共同的起源。古人所谓"刑起于兵""兵刑合一"，正是这一种特殊经验的反映。虽然，因为社会及其观念的日渐复杂，早先只用以对待异族而与战争同形态的"刑"，逐渐发生变化，而包括流、鞭、扑、赎等手段，亦多用于社会内部，但因其源于战争而只具有暴力的性质这一点，却不曾改变。中国青铜时代的法律，先与古代战争混而不分，继则成为统治者贯彻其意志的暴力手段，终究不出"刑"的范围。这种特殊经验凝固而成为中国古代最久远的传统，隐藏于观念，表现于制度，对于中国数千年间法律的发展有着根本的影响。

"刑"缘"兵"而产生，法以"刑"为核心，这固然是中国古代法律发展的特殊路径与形态，实行这种法律的社会却并不因此一定是暴虐无道的。统一家、国，贯通政、教的宗法制度，其主旨在于"纳上下于道德，而合天子、诸侯、卿、大夫、士、庶民以成一道德之团体"（王国维语）。三代的制度和礼，皆是道德之器械。礼的贯彻，正要靠"刑"来补足。这种结合礼、刑，纳法律于道德的传统，同样产生于三代，流衍于后世。

青铜时代的法律典章，见于历史文献的，有禹刑（夏）、汤刑（商）、九刑、吕刑（周）等，可惜这些文献都不曾流传下来。比较可以确知的，是周代的法律制度已具有相当的规模，其时不但有专司狱讼的刑官，有确定的诉讼程序、监狱及狱囚改造制度，而且有了成文的法律和法律公布的制度。

大约在公元前8世纪，因为铁器的出现和普遍应用于社会生活，青铜时代遂近于终结，中国古代社会因此进入剧烈变动的转型时期。这一时期的特点是，以往处于从属地位的诸侯、大夫、士等相继崛起，他们僭取权位，自封尊号，以实力相较量。旧有之礼教刑政丧失其权威，青铜时代之格局随之解体。由此带来社会观念与社会制度的深刻变异。身处变局的新兴统治者，以富国强兵为宗旨，以赏功罚罪为手段，自然更重视法律的运用。这一时期的法制变革，或确证新兴君主的合法性，或贯彻君主之意志和推行新政，是以更加公开、明确、注重实效。战国（公元前475—前221年）时郑之刑书、晋之刑鼎都是新法中的代表者。战国末叶，魏国人李悝综理各国法律而撰成《法经》六篇，称盗法、贼法、囚法、捕法、杂法、具法。《法经》六篇久已失传，然而古代法典之影响后世蔚然成一传统的，却要首推《法经》。李悝虽未能首创一套中国的成文法，却为后来人视为中国古代法典编纂的开山鼻祖，正是因为这个缘故。

青铜时代，学在官府。待到"礼崩乐坏"的春秋战国，私学勃兴，于是有自由的思想家。他们关于法律的思考和论述对后人的影响，其意义的重大不输于李悝的《法经》对于后来法制的影响。其时，曾有"法治"（"刑"）与"礼治"（"德"）的对立与论争，争论的焦点在于法律的实际效用，即只依靠法律政令能否实现理想社会一类问题。但法即是刑、是专属于王者的暴力工具，却是一个不曾遇到挑战的传统，成为争论中的共识。先秦思想家和立法者就这样一面创造性地传递了传统，一面开启了即将到来的新世纪。

公元前4世纪中，商鞅入秦国为相，以《法经》六篇治秦，而改"法"为"律"，开创了中国法律史上的"律统"。这可以看作中国古代法律发展进入第三阶段的标志。在这一阶段里面，古代的法律体系渐次完善，蔚为大观。至清朝末年的法制变革前，它以其独特的面貌，独立于世界法制之林。

公元前221年，秦始皇统一中国，为此后绵延两千年而不绝的大一统帝国的新格局奠定了基础。然而这只是新秩序的开端。在经过五百余年的社会大变故之后，如何吸收与融合旧传统和新经验，建立新秩序，使之丰富而完满，乃是秦（公元前221—前206年）汉（公元前206—公元220年）人的首要目标。

秦帝国的统治未及二十年，然而其法令繁多，且及于社会生活的各个领域。对于后人来讲，秦人在这方面的经验是非常珍贵的。汉人立国，首先继承了秦人的制度。汉相萧何在《法经》六篇的基础上，增加了兴律、厩律、户律三篇，合称"九章"。汉代的法律就在此"九章"的基础上发展起来。在后来魏（公元220—265年）、晋（公元265—420年）以及南北朝（公元420—589年）的数百年间，法律在传袭的过程中不断得到完善，法律的原则愈加成熟，法典的体例也逐渐确定。这样到了隋（公元581—618年）、唐（公元618—907年）时期，人们就有可能综合前人经验，写出空前成熟完备的法典来了。这就是唐律产生的背景。在中国法律的发展史上，唐律（也是现存最早的古代法典）占据了一种承上启下、规范划一的显要位置。唐律的基本精神，体现在唐律中的基本原则，唐律的结构和体例，以及确定于唐律的一般法律概念，一直沿用至明（公元1368—1644年）、清（公元1644—1911年）而无显著的变化。不仅如此，唐律产生之后，其影响并不以疆域为限，而及于当时的安南、朝鲜、日本等国，蔚然成一法系（"中华法系"）。

唐律虽然重要，却不是唐人凭空的创造。它直接由隋律（583年）发展而来。隋律本于北齐律（564年），北齐律源自北魏律（431年），北魏律则上承于汉律，由此，我们可以知道在中国古代法源流上《法经》的重要，汉律的重要，以及中国古代"律统"的绵延不绝。

还是在汉代，在立法活动开展的同时，对于法律的研习、解说和讲授也逐渐发展起来。由这里，产生出中国古代的律学和律家。秦人杜绝私学，学习法律须以吏为师，但是到了汉代，却有以研习、讲授法律为传家之业的。尤其是到了后来，一些儒学的宗师，以经学家的身份而为法律作注释与讲解，从而将律学的发展推向高潮。中国古代的律学虽然在汉末盛极而衰，其流风余韵却不曾完全止歇，在唐代法律的"疏议"和清代律例的"讲义"里面，仍然可以见到它的痕迹。

汉代的儒生参与立法（如叔孙通）、司法（如董仲舒）和领导律学潮流（如郑玄），表明先秦时代儒法两家关于"德"与"刑"的论争已经不具有截然对立的意义了。在汉人那里，早期儒家的理论（以三代的旧传统为基础）和法家的主张（主要是春秋战国时期的新经验）得到了某种融合。以礼教为本，以刑罚为用，靠了辅以刑罚的礼教来确定根本上乃是道德的秩序，这便是经汉人改造过的新时代的旧传统，以后几代人的努力，只是充实和丰富这个传统，直到它最终在唐律里面获得完美的实现。

现代人论及中国古代法，或以为中国历来不重法律，中国社会乃是"礼治"的社会，或以为古人判案不严格依据法律，而以抽象含混的"情理"代之。诸如此类的议论，虽然不是全无根据，却与历史事实有相当的距离。中国古代法的真精神，应当由中国文化的设计与格局去认识，依其本身的经验去阐述。所以，关于中国古代法的本质特征，可以这样去描述。

先由哲学的立场看，古人造法是要效法自然，以法律的应用去求自然秩序中的和谐。一方面，古人相信法律作为社会制度的一种，在大自然的冥冥之中自有其依据，是以法律之用当与自然相调和，古人行刑尽秋冬之月即以此。另一方面，古人相信天道与人事共其因果，同其道理，政事不修必致天谴。因此之故，遇灾而赦的记载不绝于史，罪与罚的相应相称，更获得一种自然的也是哲学上的必然性。

其次从社会方面说，中国古代法律以伦常为纲，根本上是一种"伦理法"，家族组织在社会生活中的重要性，孝悌原则在政治生活中的重要性，都是青铜时代以来家国合一、政教贯通传统的延续。在这种传统下成长起来的法律，实际是礼与刑的结合。于是，表明血缘关系亲疏远近的"服制图"成了法律上定罪量刑的重要依据之一，社会的伦理的要求多成为法律以强力执行的原则。《四库全书总目提要》谓"一准乎礼"的唐律堪称这种"伦理法"的典范。

再从文化的角度讲，法律虽为文明社会所必需，古人却由其文化的根本理想出发，尽可能将法律的应用降低至最低限度。中国古代法律以伦常为其归依，旨在社会关系之协调，并以排除一己的主张来实现这种社会的和谐。因此，各民族法律虽然同是以社会和谐为其目标，但以权利义务为经纬的法律，只能解决纷争于事后，唯中国古代讲求礼义，旨在消灭争端于事先。施行权利之法，必不以多讼为怪，而中国古法的精神却正是要达到"无讼"，任何民族的法律都要服从此民族文化的追求，中国古代法所揭示的正是中国古代文化的基本构想。

最后由技术的方面看，中国古法历史悠久，变化万端，异象纷呈。然而变中有不变，繁多正蕴含了统一。自公元前4世纪商鞅"改法为律"，"律"便成为中国古代法律的主干。"律"之外可以看作是法律的，有令、格、式、典、科、比、敕、例等等，它们调整的社会关系领域极为广泛，其效力的高下则因时而异。现代学者很容易把它们统统归入"刑法"一类，但事实上，它们与现代社会中的"刑法"并不是正相对应的。中国古时法律没有公法与私法的分别，刑律之外，无所谓民法，而刑律中涉及民事行为的条款，也都附有刑罚。在这种与现代法律观念、结构全不相同的面貌后面，正隐含着中国古代法自身的统一性。

古代法既然以礼为最后的根据，自然不乏评判事物的统一标准，由此标准出发，按照道德上的重要性评定行为，设立罪名，使与分为五等的量刑标准（即称为"五刑"的笞、杖、徒、流、死）相适应，这样便造就一张疏密相宜、条理井然的道德法网（所谓"出于礼则入于刑"）。为使这种理想的法律能够奏效，统治者又依刑罚的轻重来确定司法上管辖权限的等级，具体地说，低级的司法（同时也是行政的）机构，依法可以自行处断依道德判断不算严重的罪行（如财产纠纷、打架斗殴等），并对是否使用笞、杖一类较轻的刑罚有决定权；重刑以及与重刑相应的较为严重的罪行（即道德上认为重要者），归高级的司法机构掌管；通常，死刑的审核要直接上达皇帝。与此相应，轻罪的处断，程序简单，比较地具有随意性，重刑的运用手续繁冗，要严格按律文处刑。最后，因为司法与行政合而不分，司法的统一便由统一的行政当中自然产生了。长期以来，帝国各级官吏由具有一定资格的读书人充任，这些读书人虽然不是技术专家，却饱读诗书，熟知古来圣贤教诲，他们靠自己的修养去补足法律的不足，并且依靠道德上共同的自觉意识来最终实现中国古代法的统一。

19世纪中叶以降，中国面临西方文明的挑战，变法图强势在必行，这样到了清末的法律变革，古代法数千年的传统竟而成为绝响。"传统"与"现代"的分界由此而产生。对于今天的中国人来说，逝去的传统并不只是往昔的记忆，它还是今人的生存背景。它对于今人的意义，将最终取决于他们自己的判断、取舍和努力。

士绅阶层

◎ 张仲礼

中国古代的士绅阶层是受过教育的社会上层集团，具有人所公认的政治、经济和社会特权，并有着特殊的生活方式。士绅阶层高踞于无数的平民之上，支配着民间的社会和经济生活。政府官吏也均出自这一阶层。

"绅"的字面含义是一种腰带或饰带，即古代士大夫束在衣外的大带，以后演变为指有较高功名的人以及退职在乡的官吏。"士"在春秋（公元前770—前476年）以前是最低级的贵族阶层，一般受过六艺教育，能文能武；春秋时极为活跃，凭借其六艺知识，或从事政治活动，或聚徒讲学；春秋中期以后从贵族中分离出来，逐渐成为上层知识分子的通称。中国古代社会后期，"士绅"或"绅士"常常合为一词，以使整个受过教育的上层集团区别于他人。

汉武帝（公元前156—前87年）"独尊儒术"，于是士绅成为由儒学教义确定的纲常伦纪的卫道士、推行者和代表人物。这些儒学教义规定了中国封建社会以及人际关系的准则。士绅所受的即是这种儒学体系的教育，并由此获得管理社会事务的知识，具备这些知识正是他们在中国封建社会中起领导作用的主要条件。

隋（公元581—618年）以后各封建王朝实行设科考试选拔官员的制度，即科举制度。于是士绅的地位主要通过取得学衔、功名和官职而获得。凡属上述身份者即自然成为士绅阶层成员。

学衔是通过政府科举考试后取得的。这种考试是证明受教育者资格的正式方式，由此人们常将经科举考试而成为士绅的那些人称为"正途"。

然而，功名也可以由捐纳获得。虽然捐功名的人也是有文化或受过一定教育的，但是他们不是通过科举考试而取得士绅资格的。这些士绅，人们常称之为"异途"。

在晚期几个朝代中，士绅的地位和条件都变得固定化了。政府掌握的科举和功名制度使士绅阶层的成员人数基本确定下来，这样士绅阶层也就更容易辨别和区分。一系列明文规定的特权，使他们不必从事体力劳动，并给予他们以威望及同官府交往的特殊地位。士绅的特权主要有以下一些方面：

一、可与地方官平起平坐。与平民百姓不同，士绅可自由见官。当一个士绅拜会官员时，他不必行平民百姓必须行的特定的下跪礼。

二、可用某种标志显示特殊地位。同官吏一样，其特殊的称号、饰物、顶戴、服装都不同于平民百姓。例如，士绅和官吏的帽子都有顶子。这些顶子依戴帽者的地位而有不同的质料和形状。上层士绅可用金顶，下层士绅则为银顶。服装也有差别。

三、拥有参加某些礼仪的特权。例如只有士绅身份者可参加文庙的官方典礼。家族的各种祭礼必须由有士绅身份者主持。

四、在法律上享有不受侵犯的特权。平民殴詈士绅，要加重刑。士绅与平民发生诉讼案件，无须亲自出庭，可由家人代理。士绅犯罪受审，可免受肉刑，即使判刑，也常可缴纳赎金赎免。

五、享有一些十分重要的经济特权。首先，一切差徭，士绅是优免的。由于这一原则，士绅也免去了人头税，即丁税，免纳徭役折成的税额。实际上他们的好处更大，因为他们的特权地位常常使他们免缴苛捐杂税，少纳或不纳他们理应缴付的田赋。

从以上各方面可看到，士绅享有的特权，使他们不同于其他阶层。正如明清之际思想家顾炎武（1613—1682年）所指出的："一得为此，则免于编氓之役，不受侵于里胥，齿于衣冠，得于礼见官长，而无笞捶之辱。故今之愿为生员（士）者，非必其慕功名也，保身家而已。"（《亭林文集》卷一，第17—18页）

士绅作为一个居于高层地位和享有各种特权的社会集团，也承担了若干社会职责。他们视自己家乡的福利增进和利益保护为己任。在官员面前，他们代表了本地的利益。他们在文化上的导引作用，包括弘扬儒学社会所有的价值观念，以及促进这些观念的物化。

士绅所承担的事务若非士绅担当，则须由官吏办理。然而官吏的幕属太少，经费不足，不能承担所有这些必要的事务。并且，官吏还因任期太短，地方情况不熟，而难以办理。政府条例对官吏在某一地方任职时间有限制，并规定官吏必须回避原籍。这些措施既有阻止官吏结交地方权势和各种关系的作用，却也使许多事务不得不由士绅来承担。士绅承担的主要事务有以下一些方面：

一、卫护传统的纲常伦纪。这是士绅在中国古代社会中发挥作用的主要方面之一。士绅的整个生涯都致力于表现中国文化的倾向。例如他们捐献了大量财物兴办书院。书院的山长都是"正途"出身的上层士绅。士绅如想成为真正的学者，常常设法进入这些书院，著书立说。最精深的学问往往是在这些书院里做的。士绅还捐资维修文庙、先贤祠等。

二、参与公共工程。地方志中有无数记载表明士绅在修路造桥、开河筑堤和兴修水利等公共工程中所从事的社会福利事业。有的士绅对维修水利工程的职责是这样说的："前贤创之，后人不能守之者，邑绅士之过也。"（《临漳县志》卷十六，第26页）

三、主管常平仓。在许多地方，士绅还负责修建和主管常平仓。维持常平仓是为了能稳定农产品价格，以及在必要时能救济贫民。

四、总揽地方福利事务。士绅在地方福利事务中也起了主要作用，成立济贫、义葬、育婴堂或其他诸如此类的组织。清代江苏巡抚丁日昌（1868—1870年在任）引宋代苏东坡（1037—1101年）所说，胥吏之辈，"贵不可得而至矣，则将惟富之求"，认为诸种善举由士绅经营将比由胥吏经营，贪污要少得多。

五、调解纠纷。从严格意义上说，士绅是不掌握司法权的，但是他们可作为仲裁人，调解许多民事纠纷。因此人们断言，由士绅解决的争端大大多于知县处理的。（《保定县志》卷六十三，第15页;《天津府志》卷四十四，第64页）

六、维修官学校舍和贡院等。某些地方志（如《博白县志》）关于官学修造的历史一直追溯至唐朝。在较早的各个时期，这项工程由知县经办，到清朝则由士绅承担了这一职责。一般认为，为本地的考试而修造贡院也是士绅的职责。客居异地的士绅也捐资修建会馆，作为接待同乡包括考生的地方。

七、修纂地方志。士绅还是地方志的修纂者。士绅们认为地方志的修纂有助于维持道德规范和他们的名望。

八、参与保卫治安。在封建社会相对稳定时期，政府控制着军队和治安力量，但危机时期，士绅就渗入这些领域。例如，几乎所有清末民初的地方志都记载了19世纪中叶地方团练的兴起，从中可以发现，其组织者和首领主要是士绅。政府不得不坐视其势力的剧增，并利用他们去镇压当时的太平军和其他起义军。

19世纪中叶，在封建政权遭受危机时，为了从士绅阶层中寻求支持力量，扩大了士绅队伍（太平天国革命前，全国士绅人数约110万，太平天国失败后约为230万人，比此前增加一倍以上），也造成了士绅权力的扩张。这主要表现在以下一些方面：

一、控制镇压农民的武装，凌驾于地方官之上。州县官吏之命运，如禄位之久暂，官爵之升降，每每取决于地方士绅之喜怒。

二、直接、间接干预地方行政。有的州县实权甚至完全被士绅掌握。地方士绅"有利要兴，有害要除。小事使小绅言之，大事使大绅言之。挟制官长，事在必行"（李翰：《牧沔纪略》卷下，第4页）。

三、干预和把持地方司法权。一些地区的情况是，"无论何事，须由绅董讯明曲直……至绅董不能判断，始许禀官"（《旱报》光绪十九年三月二十九日）。

四、掌握地方财政，横征暴敛，搜刮农民。各地勒索农商的厘金局，也多操于士绅之手。

五、把持地方垦政权，掠夺农民。凡清产招垦之类的机构，都操纵其手。否则，"官不能收赋税，民不获事耕耘"（《京报》光绪八年四月初十日）。

以上是士绅阶层在中国古代社会最后几十年中的某些特征，不难看出，受到整个制度急速衰败的影响。光绪三十一年（公元1905年）推行学校教育，废除科举制度，中央王朝通过铨选确定成员资格的士绅制度也就不复存在了。民国时期的士绅或绅士主要是指豪绅地主集团。

三

都市与建筑

城池与长城

◎ 王鲁湘

　　城是中华文明的特色之一。中国自秦废封建，改行郡县制。郡县治所为地方行政中心，通常筑有城；在县城以下，还有厅、军、堡、城、镇等城；另外，也有民间为自卫而筑的堡或寨。

　　中国人筑城的历史可以追溯到远古时代。陕西省临潼出土的姜寨遗址表明：当时的居民聚族而居，村外挖有环村的壕沟，仅余几个出口以供出入。这大概就是最早的"池"了。据记载，夏朝曾修建了城郭沟池。随着夯土技术的发展和城市的兴起，筑城遂成为一项普遍的公共工程。西周以后，春秋时代的统治阶级营建很多以宫室为中心的大小城市，城壁用夯土筑造，宫室多建在高大的夯土台上。据《左传》记载，筑城工程是在司徒的领导下按照周密的计划进行工作的。春秋时代有一百多个国家。那时，一座城，包括其周围地区，大概就是一个国家。由于建城实为建国，城失则国亡，通常也就称"城"为"国"了。

　　筑起难攻易守的高大城墙，沿城外围开凿护城河（"池"）以倍城墙之险固，再在城外筑外城（"郭"），这成为统治者一种主要的保民护乡手段。孟子就说过，只要把城筑好了，把池凿好了，老百姓就会替君王拼死效力，而不忍弃城而去。于是，城池的统治者也就能留住人口。中国以农立国，故保护农民安居乐业，才会有国家的一切。秦以后在县治所在地皆设立城郭，于四面留有城门、郭门，昼夜击柝严守，以备不虞，看守全县粮食，不使为强盗所掠。农民平时出城农耕，于四野也都筑有围寨，可为一时安全之计。一旦有了敌警，便回到城中，以为抵御。城内也可派兵适时支援遭到劫掠的四野乡村。这种防盗安民保粮的功用，就是城池的最原始的功用。

城池的主要作用在于坐镇要冲，保境安民。建城的指导思想是防御性的。因此，具有此种功能的附属建筑也特别多，如瓮城、城堞、藏兵洞、敌楼、炮台、马道等。大的城门均有前后两重，即在箭楼下和城楼下各设一门，中为瓮城。战争之际，两门洞开，进可迎击敌人，若不慎失利，退则紧闭双门，固守高城；若敌破前门，瓮城之中，亦可歼敌，所谓"瓮中捉鳖"。以明南京城聚宝门（即今中华门）为例：城门平面呈长方形，南北长128米，东西宽118.5米，总面积为15168平方米。城门结构复杂，规模宏大，是我国现存最大、最为完整的堡垒瓮城。头道瓮城东西两侧各设马道，供守军骑马登城。城四重，有拱门四道，各门除有双扇木质铁皮包裹的大门外，还建有千斤闸一道。又建有藏兵洞二十七个，供守城部队休息和储藏战备物资之用。城堞，又称雉堞，即城垛，是城墙上端的齿状掩体，守城士兵在堞口处可用弓箭、刀枪反击攻城之敌，堞孔处可用长柄武器击杀攀城之敌。城垣马面上的敌楼、炮台可以还击攻城之敌。壕沟、护城河增大了进攻的难度。

从防御的角度，城池不但当扼要冲，而且最好凭险。据传朱元璋造好南京城墙后，就带着他的儿子和大臣们登上钟山，得意地对大家说："你们看孤王的都城建得如何？"群臣无不点头称赞。唯独年仅十四岁的王子朱棣说："紫金山上架大炮，炮炮击中紫金城。"一语道破了都城规划建设中的缺陷。朱元璋经朱棣点醒，也发现了将钟山、雨花台、幕府山等制高点留在城外，确实对防守不利，于是下令再筑外郭城。外郭主要利用了都城外围的黄土岗垄筑成。故有"白下有山皆绕郭"之说。

从军事防御的角度看，在冷兵器时代，城池的修筑及其附属的专门军事设施，的确能够有效地与攻城之敌相持一个时期。然而，天下没有攻不破的城。据城死战、城破人亡的悲壮故事，史不绝书。宋元丰五年（公元1082年），北宋于米脂无定河边筑永乐城。金银钱帛粮草充牣其中。后西夏倾其国之兵号称三十万自西而来，围永乐城半月。城中乏水，渴死者大半，兵士只好绞马粪汁饮之。夏兵最后乘雨夜攻陷永乐城，宋军全军覆没，将士役夫死亡二十万人。

城的第二个功能是政治性的。城的规模大小，多取决于其政治地位。政治地位越高，城的规模越大。规模大，城门就多，城楼也就高大雄伟。城楼的功能主要不是军事的，而是一种政治威严的象征。故城楼一般都采用歇山重檐或庑殿重檐式屋顶，耸立于高大的城垣之上，有一股慑人的气势。城门的命名多以正统、吉祥、安定为宗旨。如元大都十一座城门的名字分别为：健德、安贞、光熙、崇仁、齐化、肃清、和义、平则、顺承、丽正、文明。

有些城中还建有"子城"，即城中之城。子城一般都是军政枢要所在，因其特别重要，所以要再筑一道城墙将其围护起来。子城的作用不是为了御寇，而是为了防"贼"治安。子城大概相当于春秋战国时期的"城"，而城则应是那时的"郭"。北京的紫禁城可以说是"子城"之最，北京城倒成了它的拱卫。唐代首都长安城竟有三重城墙，即最外围的廓城、中间的皇城和最核心的宫城。以明德门—朱雀门—承天门的连线作为长安城的中轴线，这三座城门也就正好是三重城墙的南正门。宫城内是宫苑禁地，皇城内是台、省、寺、卫等中央官署，廓城内是街坊与东西二市。

城的规模与范围不一。以都城而言，汉长安城周长45里，东汉魏晋洛阳城周长30里，明南京城周长63里，明北京城周长62里。而隋唐长安城周长73.4里，当是古代中国和世界规模最为宏大的一座城。

城墙开始都是用土版筑而成，后来有了砖包土心城墙和砖石城墙。建于公元前4世纪的燕下都，以及金中都土城，就是版筑夯土的城墙。明西安府城墙，先是版筑夯土，后来才包砖。明南京城用巨大的条石砌基，用巨砖砌成，有的地段全用条石砌成，城垣用糯米（或秫米）

拌石灰灌浆作黏合剂，有些地段还掺以桐油，十分坚固。

把城墙的范围加以扩大，建筑到国界、边境上，就是"边堡"，或称"长城"。

春秋战国时代，各国诸侯为了互相防御，于险要处修筑城墙。最早修筑的是楚国"方城"，建于公元前657年。齐国也于公元前6—前5世纪筑城，到公元前4世纪前后，燕、赵、秦、魏、韩各国相继修筑长城。燕国北筑长城与东胡、楼烦为界，南境筑长城与齐为界。赵国西北傍阴山筑长城，与匈奴、楼烦、林胡为界。魏国自郑西北过渭河，又沿洛水东岸到上郡，筑长城与秦为邻。各国在北部修筑的长城，则是为了防御北方游牧民族的骚扰。

秦统一中国后，派大将蒙恬逐匈奴至阴山以北，联结燕、赵、秦筑的城，并将其延长，号称万里长城。它西起临洮，东至辽东，自甘肃省岷县开始，沿黄河东岸，经皋兰东，宁夏银川之东，乌加河南，东经陶林以北，上都河（即多伦）北，内蒙赤峰北，在河北建平间与燕长城分开而直向东北行。进入今辽宁省彰武县，东至吉林省桦甸市东，始折而向南，再经丹东临江，跨过鸭绿江入朝鲜北部，而南止于平壤西南遂城的碣石山海岸。

汉武帝派将军卫青西击匈奴，除重新修缮秦长城外，又自甘肃省景泰县起向西经武威、张掖、酒泉、敦煌四郡之北，向新疆罗布诺尔筑长城，名之曰"遮虏障"。不说"筑城"，而说"起塞"。所谓不经兵战而遮断匈奴国之右臂者，即谓此。

北魏也修长城，西起陕西神木，跨黄河经山西大同之北，东至内蒙赤城，距离不算太长。北齐又接着北魏长城自赤城向东修筑，至燕山居庸关，一直到东海岸。北周及隋又把这两段长城加以修缮，但因为是用泥土版筑而成，难禁风雨剥蚀和人为损毁，未能保存久远。这个时期的长城，是在中国处于分裂状态时由北方政权修筑的，它的规模和长度当然无法同统一的中央集权的秦、汉、明三代所修长城相比。

长城一般都是进入农耕文明的汉民族修的，但也有由少数民族政权修的长城。例如北魏拓跋氏，以及女真人的金国。这是因为这两个民族都非纯粹的游牧民族。拿女真人来说，就是一种城塞部落民族，其人民聚居于村寨中，平日虽尚田猎，也重农耕。

金筑长城是为了防御阻鞑（即蒙古人）。先设屯戍碉堡；继而开浚界濠，以掘濠之土，在濠后筑墙，名曰堡障；最后乃加强堡障；上筑女墙（城堞）及副堤，终于成为三线长城，即"北长城线"（名为长春外边堡）、"中长城线"（名为居庸外边堡）、"南长城线"（名为居庸边堡或中京外堡）。但金长城并不曾阻止蒙古骑兵的深入。1211年7月，成吉思汗突提大军对长城实行大迂回，绕道出金西北路长城西端以攻白登城，攻克后进击金之西京大同。并遣其大将哲别分军奇袭乌沙堡背后之乌月营，一战而大破金军。旋即与金军决战于会河堡，以少胜多，逼使金军退守内长城，居庸外边堡以外之地尽失。哲别还于1211年9月底10月初，以游骑分数批，从居庸边堡长城各小径，越城集结，直薄金之中都（今北京）；转而潜袭金之东京辽阳，以奇计诈开城门，大掠月余而去。

在明代以前，修筑长城从未用砖，多是土垣，或借着山势、岩石、堑谷，在道路上设木寨、水门为隘口；筑堡垒为塞，守之而已。明朝开国不久，怕元人反攻，洪武二年（公元1369年），朱元璋命徐达筑居庸城，垒石为关，以加强隘险。洪武十四年（公元1381年），又命徐达筑山海关，也是垒石为关。明成祖朱棣将京城从南京迁至北京，对蒙古采取积极的战略进攻方针，曾多次亲征漠北，没有想过修长城。后来，发生了著名的"土木堡之变"战役；蒙古瓦剌部也先在土木堡俘虏英宗，并挟英宗进攻北京，围五日而去。这对明朝君臣心理产生了非常消极的后果，被迫从战略上转攻为守。其实，"土木堡之变"战役后，鞑靼内部也不断掀起篡弑，明朝在北方所受的压力已经大大减轻。但明朝廷不知鞑靼虚实，仅因京师被围事迹，乃不惜动用全部国力，修筑九边堡长城。

自宪宗成化年间决定连接砖石长城始，至嘉靖年间，明朝大体修定以九镇为防御骨干的北部边防体系。九镇亦称九边，从东至西依次为辽镇、蓟镇、宣府镇、大同镇、山西镇、延绥镇、宁夏镇、固原镇、甘肃镇。明人忌说长城，而名其为"九边堡"。它大概可以分为中、东、西三段；中段自山海关至宁夏，东段为辽东方面，西段为宁夏以西至嘉峪关部分。辽东边墙经过的地方，大抵系由山海关以北至广宁（今辽宁省北镇市）纡曲而南，跨运河东北行，经辽阳、沈阳、铁岭等地外围而至开原，再由抚顺向东南经凤城、丹东达鸭绿江边。此段边墙构筑简单，称为柳条边。中段边墙经过的地方，大抵自山海关沿燕山南麓西行，经喜峰口、古北口、居庸关、宣府、大同、偏关再由河曲逾黄河西行，经府谷、神木、榆林、横山、靖边、定边而至宁夏。中段此线称为外边。中段另有一线称为内边，自北京居庸关西南行，经河北易县的紫荆关、唐县西北的倒马关、阜平县的龙泉关、山西繁峙县的平型关、代县的雁门关、宁武县的宁武关而至偏关县的偏头关。西段自宁夏沿黄河西南行，经兰州、武威、张掖至嘉峪关。明代长城，途经莽莽草原、浩瀚沙漠、巍峨群山，直至苍茫的渤海之滨，全长6700公里，合13400华里，故称它万里长城还绰绰有余。

长城是世界上最艰难巨大的工程之一。作为其主体的城墙，多选择蜿蜒曲折的山脉，建造在其分水岭上；有条石墙、块石墙、夯土墙、砖墙等数种；特殊地带利用山崖建雉堞或劈崖作墙，如金山岭段的望京楼和古北口城墙；在辽东还有木板墙和柳条墙，在黄河突口处冬季又筑有冰墙。城墙高度视地势起伏而定，约在3—8米之间；厚度约在4—6米之间。城墙上每隔30—100米建有敌台（哨楼）。敌台有实心、空心两种，平面有方有圆。实心敌台只能在顶部瞭望射击。而空心敌台则下层能住人，顶上可瞭望射击。烽堠是报警的墩台建筑，都建在山岭最高处，相距约1.5公里。上建雉堞和瞭望室，台上贮薪，遇有敌情，日间焚烟，夜间举火，依规定路线很快传至营堡。和烽堠类似的还有一种火炮墩台。在烽堠墩台的总台附近，筑有高约1.7米、长约2.6米的矮墙，纵横交叉，以阻止骑兵驰近。凡长城经过的险要地带都设有关隘。关隘是军事孔道，所以防御设置极为严密。一般是在关口置营堡，加建墩台，并加建一道城墙以加强纵深防卫。重要关口则纵深配置营堡，多建城墙数重。这一道农耕民族用以对付机动性强、劫掠为生的游牧民族马队的防御线，正是因其耗费了难以想象的人力和物力，而成为世界军事工程史和土木建筑史上的一大奇观。

然而，自清兵入关以后，长城便不再具有军事和政治上的意义，恰如康熙帝所咏："天下一家无内外，烽销堠罢不论兵。"它所留给后人的，只能是深沉而痛切的思考。毫无疑问，无论是城池还是长城，都是人类共同体划定其生存空间的手段，目的在于守土保民，使以农立国的文明获得安全感和稳定感。从这个意义上讲，这类军事工程确乎最好地反映出了隐藏在总体防御战略背后的儒家文化之爱好和平的价值观念。然而，也正因为这样，长城的修造也就同时反映出汉民族性格中的弱点。因为，如果说秦汉长城不仅仅意味着消极的防御，还从某种程度上代表着中华民族积极开疆拓土的进取精神的话，那么，明代长城则是不思进取、但求守成、不明时势的昏聩政治的象征了。而且，从军事上说，作为防御工程，城池尚有其合理性和实用性，而长城则基本上是大而无当，徒耗国力。它从来就没有真正阻止过高原游牧民族的南侵——不管是小规模的劫掠骚扰，还是大规模的入主中原。

不过，从另一个角度讲，就像许多伟大的古代工程一样，当城池与长城的实用意义逐渐淡化并消失以后，它们的审美价值却充分凸显了出来。特别是万里长城，它宛如一条从九天云外飞落的巨龙，沿着雄伟的山脊在天地相接处蜿蜒盘旋，既为壮阔的大自然添加了一层人造的框饰，又借着高低起伏的山势显示出人类智慧与能力的伟大磅礴。无论人们在发思古之幽情时会对长城发出什么样的新奇阐释，他们总要对古代无数士卒役夫劳作的伟力感到敬畏。

集市与都市

◎ 张勇进

在中国历史上和语言文字里，最初的"城"和"市"乃是两个不同的概念。中国古代的"城"是一种根据权力的需要，为了防御外来侵略，获取和维护政治军事权力而建造起来的设施。中国历史上所说的"筑城以卫君，造廓以守民"，就是讲城的作用。所谓"市"，是随着农业和手工业的分工、商业经营活动的出现而形成的商品交换场所。从原始意义上讲，城的出现比市要早，因为，在与外部交换需要很低的氏族部落已产生了筑城防卫的需要。然而，"城市"一词的使用和城市的发展，最终是随着生产力的发展和商品交换范围的扩大，作为经济、文化中心的市逐渐与作为政治、军事中心的城相互渗透结合的结果。所以，这里我们还必须从集市谈起。

中国的集市，最早出现在奴隶社会的末期。农业文明兴起，狩猎游牧生活渐被定居的耕作生活取代，农产品开始有了剩余，手工业生产也有了很大发展，从而在人们之间产生了交换的需要。集市作为交换的场所，便应运而生了。

最早对"集市"做解释的要算《周易》。据《易·系辞》记载："日中为市，致天下之民，聚天下之货，交易而退，各得其所。"在周代，集市贸易已初具规模。《周礼·地官》总结为"五十里有市"，并有详细具体的描绘："大市，日昃（即中的意思）而市，百族为主。朝市，朝时而市，商贾为主。夕市，夕时而市，贩夫贩妇为主。"这里，中国古人已把那些专门以交易为职业的人称为"商贾"，而把那些专门收购货物，并储存到下一个或另一个集市去出售的人称作"贩夫贩妇"。

在古代传说中，春秋时魏国巨贾白圭被尊为商人的祖师爷。他善于掌握市场行情，并能多方运筹，果断勇决，就像孙子用兵、商鞅行法一样，成为商人们效仿的榜样。

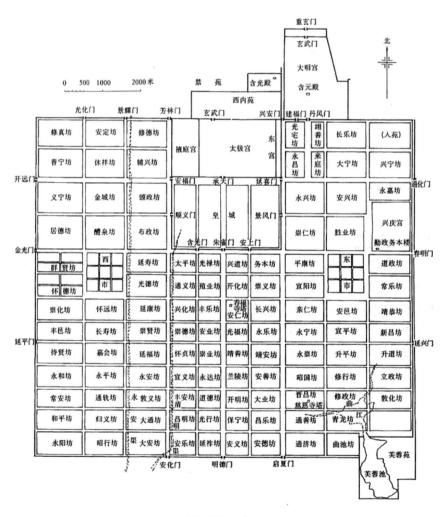

唐代长安示意图

　　唐以前的集市大都是民间自发的，人们根据生产季节、风俗习惯、宗教活动、喜庆节日等等，定期或不定期地举行集市贸易，以交流生产和生活物品。到了唐代，集市开始设有市令官，其主要职能就是管理市场交易，并规定，午时击鼓三百下，商人始能入市，日落前七刻击钲（古代一种用铜做的乐器）三百而散市。这种由官府出面管理集市的行为主要是由于唐代商品交换的发达、规模的扩大而导致的。这是市场管理的最早形式。

　　中国古代集市的形式很多，名称也不一样，有盐市、谷市、草市、牛马市、花市、纱市、庙市等等，其中，庙市是最为正式和隆重的。庙市又称庙会，它是集宗教活动和经济活动为一体的综合大型集市。当然，各地的庙会也不一样，有的一年一度，为期三五天，像近代上海的静安寺庙会；有的则一年数次，甚至每月举行。宋代庙会盛极一时，场面极大，商品极丰富。像汴京的城隍庙市，除了各地的土特产外，还有各种外国商品，如猩猩毯、哆罗绒、西洋布等，它可以说是国际性集市贸易的雏形。

　　明清时代，一方面，由于农业生产技术的改进，人口大增，同时，自明初开始，封建统治者为了加强边防，增加赋税，又进行了多次移民运动，使人口分布日趋蔓延；另一方面，由于农业和手工业的发展，社会经济生活中的商品经济关系也得到了发展，在自给自足的自然经济中出现了"资本主义的萌芽和因素"。这一切都使得以商品交换为主要职能的集市获得了迅猛发展，尤其在一些经济发达地区，如太湖地区，大体上形成了一个三五里一市、十数里一镇的局面。据地方志记载，明正德以前，太湖地区有市镇三十七个，而从清初到鸦片战争前，却新增大小市镇一百五十多个，其中，还出现了很多专业性的市镇。市镇发展的这种趋势，在近代随着帝国主义势力的侵入又得到了加强。

　　中国的集市主要散布于农村，它是当地农村自然产品的集散地，从而成为农村经济的中心。随着经济的繁荣和社会的安定，人们势必增加集市的次数，扩大交易的空间范围，而最发达的集市形式便是日日市。这种天天交易和定期的集市逐步形成为市镇，其中有的市镇就成为城市或都市诞生的基础。

中国的城市大约有四千多年历史。据考证，在河南龙山文化阶段，已经出现了最早的城市。例如在河南偃师的二里头遗址，考古发现了东西长百余米、南北宽百米的一座南北向的夯土台基，依其大小和由柱洞所见的堂、庑、庭、门排列，形成一座宫殿式的建筑。在它的附近，还发现了大小不等的若干夯土台基，以及用石板和卵石铺成的道路、陶质的排水管道，形成规模宏大的建筑群。

商代至西周，是我国城市发展的最初阶段，宫殿、宗庙、各种手工作坊、贵族与平民的住地相对分散存在。城内各种活动，尤其是经济活动，较以后的城市远为松散。城内虽集中了当时规模较大、技术较复杂的手工劳动场所，但居民大多还要就近从事农业劳动。这时城市与村落尚无十分明显的差别，这也是城乡分化的最初阶段。

从春秋末期到战国中叶，随着私人土地所有制的确立、手工业和商业的发展，出现了一批城市。同时，由于诸侯割据，在各诸侯领地都以宫室为主发展起来一些大城市，如齐的临淄、赵的邯郸、周的成周、魏的大梁、楚的鄢郢、韩的宜阳。据《史记·苏秦列传》记载："临淄之中七万户……不下户三男子，三七二十一万。……临淄甚富而实，其民无不吹竽鼓瑟，弹琴击筑，斗鸡走狗，六博蹹鞠者。临淄之涂，车毂击，人肩摩……"这时的城市由于战争频繁，大都筑有坚固的城垣、壕沟等防御设施，而在那些都市里，为了象征帝王的威严和便于控制居民，一般都将宫室置于城市的中轴线上，显示出中国以后都城规划和建设的一些基本原则。

汉代由于铁器的普及，推动了农业和手工业的进一步发展，并扩大了二者的分工，从而导致了一些新兴城市的出现。其中，手工业城市有产盐的临邛、安邑，产刺绣的襄邑，产漆器的广汉，产铁的宛和临邛。著名的商业城市有洛阳、邯郸、宛、江陵、成都、吴、合肥、番禺等，临淄则在春秋和战国时代的基础上，以产丝绸和商业繁盛著称于当时。而西汉的首都长安，则是当时中国政治、文化和商业的中心，也是商周以来规模最大的城市。

三国时期至整个南北朝，长期战乱使城市经济发展滞缓。但是，由于北方游牧民族的侵入和纷纷建立各自的朝廷，在中国西北和北方地区又出现了一些新城市。

隋唐是中国社会发展的高峰时期，唐在隋的基础上，营建了首都长安和东都洛阳。长安是当时世界上最大的城市之一，它规模宏大，规划整齐，占地八十多平方公里，人口近百万，是中国当时政治、经济和文化的中心。同时期，其他著名的手工业、商业城市有成都、幽州（今北京市）、南昌、江陵、扬州、丹徒、绍兴、杭州、泉州、广州等。但是在唐初，城市的各种活动并不能集中反映当时的政治经济面貌，因为自西汉后期起，农民对土地占有者的人身依附关系日益加强，在农村逐步形成了自给自足的自然经济单位，即使在城市，由于受到自然经济和等级制度的影响，城市生活仍然保留了过去那样的密封状态，而且严格按照等级划分居住区。只是到了唐朝中晚期，商品经济在新的基础上才活跃起来，城市经济获得新发展。随着城市工商业的发展以及人身依附关系和等级制度的松弛，在某些商业繁荣的城市出现了夜市（如扬州），冲破了定时和集中进行商业活动的禁令。此外，在一些市场附近，还出现了供租用的休息场所，使得商业活动越来越多地带上一种当地风俗民情的色彩。

北宋结束五代十国割据的局面、建立统一政权之后，均定赋税，兴修水利，开垦荒地，农业得到迅速恢复，农村中不少定期集市因此形成市镇。宋朝的手工业分工细密，科学技术和生产工具的进步，扩大了作坊的规模，促进了城市的繁荣，再加上国际贸易的活跃，原来唐朝十万户以上的城市只有十多个，而到北宋增加到四十多个。以后，在北宋与辽，南宋与金、元对峙的时期，全国各地又出现了若干中型城市。这时期，由于对外贸易的发展，沿海的广州、明州（今浙江省宁波市）、泉州等城市也在唐代的基础上进一步繁荣起来，成为中国联系海外的重要基地。

宋代城市的布局也发生了变化。汉唐以来，城市大都实行里坊制度，将居民限制在井字形居住区里，同时将手工作坊、商业店肆集中在固定市场内。但是，这种传统的里坊制度和集中的市场对于日益发展的城市手工业越来越不适应了。所以，北宋的首都东京在改建汴州为都城时就已临街设店，接着宋朝又取消了里坊制度和唐朝以来实行的夜禁制度，形成了按行业成街的开放式街巷制度，导致邸店、酒楼和娱乐性建筑大量沿街兴建起来。

宋代的城市生活在苟安享乐的生活方式影响下，呈现多样化的景象。据宋人孟元老的《东京梦华录》记载，宋代汴京的市民过元宵节是家家热闹、户户喧哗，整个汴京城笙簧聒耳、鼓乐喧天、灯火凝眸、游人似蚁。汴京是当时中国最大的城市，人口号称百万，对于它的繁华，除了历来的文字记载外，还有生动具体的《清明上河图》的现场写生。在画中，官府之衙、市廛之居、商铺店坊鳞次栉比，尤其是街道上的车马喧阗、人声鼎沸，汴河中的舳舻相接，更显示出京城热闹繁华的景象。市民的生活于画中也表现得淋漓尽致，有的挑担推车来赶集，有的骑马乘轿去郊游，有的在酒楼席间闲谈，有的做买卖，有的则闲逛大街，也有的在城门口乞讨，组成了一幅生动的世俗画面。

元灭宋之后，在大都（今北京市）建造了自唐长安以来规模最大、规划最完整的都城，从此，奠定了现代北京城的基础。元中叶以后，中原、江南及沿海的若干城市也逐步繁荣起来。为了沟通水运，元改建了山东境内的运河，向北直抵沽口（今天津市），促进了沿河各地的繁荣，产生了一些新的城镇。

明清时期是中国社会由恢复而停滞以至崩溃的时期。这时期的城市，除了建设首都南京、北京及扩建若干宋、元以来的旧城外，出现了若干新兴的手工业、商业和对外贸易的城市及地方城镇。同时，中央政府也开始重视对地方府、州、县城的建设和规划。尽管南方城市与北方城市在地理位置、气候、地形上不同，布局上各有特点，但那时一般都增加了书院、会馆、宗祠、戏院、旅店、餐馆等公共性建筑，私家园林也得到了发展。

中国城市兴起形成的因素有以下几种：

一、因手工业、商业和对外贸易发达而形成城市。

二、因坐落在交通要道而成为城市。

三、大量人口聚居一地，逐渐形成一个居民点，并进而成为工商业中心。

四、政府在军事要地设置防卫机构，发展成城市。

五、政府选择的各级行政中心所在地，特别是都城的选择，对大都市的形成至关重要。

当然，在中国历史上，不同的城市按它的行政地位分成不同的等级，如明清时期的城市按行政级位分为省城、府城、州城、县城。各级城市在地理分布上大体有一定的规定，而且，城市的规模和布局一般也取决于它的行政级位。所有城市中地位最高的是都城。

都城也就是国家的首都。中国最早的都城要算传说中夏王朝的首都阳城（今河南省登封市东），距今已有四千多年的历史，而商王朝的首都亳（今山东省曹县南）也有三千五百多年历史。西周以后，中原地区的生产力提高，人口增长较快，区内和区际联系日益紧密，各地城市发展迅速。从春秋战国以至秦汉魏晋，由于列国割据、王朝兴替和改朝换代的频繁，作为首都的大城市在全国范围内有了显著的增加。仅仅根据6世纪初成书的《水经注》记载，上起上古，下迄北魏，城邑数量即达三千处左右，而古都约有一百八十处。从北魏至清朝，列国消长，王朝递变，从而又增加了许多古都。在中国历史上所有王朝的首都中，特别著名的是北京、西安、洛阳、开封、南京、杭州六处，号称中国六大古都，它们在当时世界上，都算得上一流的国际大都市。

在六大古都中，北京由于在历史上的地位和其保留的古代建筑，常被视为中国第一名都。

北京城的历史，至少在公元前1000年便有了文字记载，那时它的名称叫作蓟城，是周朝分封的燕国的都城。秦始皇统一中国，建立了中央集权国家，分天下为三十六郡，蓟城是广阳郡的行政中心。后来，从秦汉，经魏、晋、十六国、北朝这些朝代，前后达八百年，蓟城在我国北方的地位日渐重要，成为地位显赫的军事重镇和贸易中心。隋朝以蓟城为涿郡的行政中心，唐朝则统称为幽州。到公元938年，发迹于北京的辽，以蓟城为陪都，改称南京，又叫燕京。金继辽之后，于公元1153年正式迁都于此，名叫中都。从此，蓟城这个北方的军事重镇演变为全国政治中心。到元朝，又在中都郊外创建新城，叫作大都，它基本上形成了以后北京城的格局。明朝改建大都，始称北京，今天北京紫禁城大部分建筑就是明朝的遗物。清朝继续建都北京，又修建了一些皇家园林和离宫，直到这个王朝的最后崩溃。

北京城的规划建设，充分体现了皇权至高无上的设计理念。一方面，都城布局以宫室为主体，将宫室置于整个城市的中轴线上，并力求左右对称和整个布局的方整。另一方面，为了表现等级制度，在建筑形制上，强调不同的处理。例如，故宫的太和殿是当时最高等级的建筑，采用重檐庑殿的屋顶、三层白石台基、十一间面阔等，而其他建筑的屋顶制度和开间等都必须依次递减。至于红色的墙、柱和装修，黄色琉璃瓦，则是皇宫建筑所专有的色彩。当然，明清故宫建筑反映了中国古代建筑艺术的伟大成就，它是世界上最优秀的建筑群之一。

古城北京可视为中国城市发展的一个缩影。从它这里，不仅可以找到中国城市兴衰的原因，还可以发现中国城市与西方城市的一些不同特点。古希腊的城市实行的是一种城邦制度，每个城市都高度自治，每个公民享有直接民主权，而在中国的城市中，城市的行政权始终处于中央政府任命的官吏手中，人民则把这些官吏当作父母官，根本谈不上民主参与城市的管理。中世纪的欧洲城市继续保留自治的特点，从而使城市里的商业和手工业得到保护，并与周围的封建庄园相对独立，促进了市民阶级的形成和发展，为近代资产阶级的诞生提供了条件，而中国的城市始终是某一地区的行政中心，它不仅从城市征收赋税，而且更多地依赖对农民的盘剥，因而造成市民阶层的不稳定，影响中国近代资产阶级的产生。另外，教会在欧洲城市的发展中起着十分重要的作用，从政治影响、经济收入来源和思想控制等因素考虑，教会一般都把活动重点放在城市，从而给城市的公共设施建设（如学校、教堂建筑）带来了好处，而在中国的城市生活中，宗教活动始终未曾占据显著地位，所以，中国的城市生活更多地具有一种世俗化的倾向。

作为中华文明的一部分，中国的城市文明在世界文明史中，占有它应有的位置。

古代桥梁

◎刘西陵

　　桥、梁二字互训。《说文解字》训桥"水梁也";训梁"水桥也",梁字"从木水",会用木跨水之意。最简单的桥梁即独木桥,古人叫"榷"。《说文》训榷为"水上横木,所以渡者"。可见,"所以渡",是桥梁的基本功用。然而,桥梁不仅为"渡"存在;许多有名的中国古代桥梁,并非由于"渡"的功用特别好,也不只因为处处浸透着"匠心",而是由于凝聚其中的"人文"。从"灞桥雪柳""卢沟晓月""枫桥夜泊"中,可以体验到人的精神由桥梁而与自然相通、圆融。

　　春秋战国时期的基本桥型是梁柱式桥。战国秦汉之际,已出现规模宏大的多跨梁柱式桥。这些桥的建设,并非单纯出于经济、军事或日用目的。史载秦立都咸阳,便是模拟天象:"渭水贯都以象天汉,横桥南度以法牵牛。"这座效法牵牛的"横桥",又称渭桥;"广六丈,南北三百八十步,六十八间(桥孔数),七百五十柱,百二十二梁,桥之南北有堤,激立石柱",成为西安地区此类桥梁的典型。"秦作渭桥,以木为梁;汉作灞桥,以石为梁。"汉承秦制,灞桥亦承渭桥形制,唯梁易之以石。其后不知何时又改为木梁;王莽地皇三年(公元22年)焚毁重修;至隋开皇三年(公元583年)复用石梁。宋代以降,灞桥屡毁屡建,故至清代流传"桥自宋以来率六十年一成毁,若有数焉"之说。现存灞桥,是清道光十三年(公元1833年)重修的木梁石轴柱桥，长134丈，宽约2丈，67孔，梁408根。西安附近的浐桥、沣桥之结构均与灞桥相似。灞桥是中国文化史上的一座名桥。汉人送客东出长安，至灞桥折柳赠别，后世演为习俗，历代相传。《开元遗事》云："灞陵有桥，来迎去送，至此黯然，故人称为销魂桥。"由此而知"年年柳色，灞陵伤别"情调之悲凉。

史传秦始皇灭六国后东巡至齐，欲"于海中作石桥，海神为之竖柱"，但终究造桥未成。北宋皇祐五年（公元1053年），福建泉州洛阳江入海口上开始建造一座石梁石墩多孔式跨水长桥，开创了在濒临海湾、水深面阔、潮浪交涌之处造桥的先例。技术上首创现代桥梁工程所谓"筏形基础"的新型桥基，即在江底沿桥位纵轴线满抛大石块，并向两侧展开相当宽度，成一横跨江底的矮石堤，作为桥墩的基础。洛阳桥之筏形桥基宽约25米，长500余米，提升江底标高3米以上。桥至嘉祐四年（公元1059年）完工，长260尺，宽一丈五尺，分47桥孔。其后桥工又创造性地在桥基、桥墩上种牡蛎以"固其基"。洛阳桥成后，随着南宋初年文化中心的南移，泉州地区涌起了造桥热潮。一百五十余年间建成大中型石墩石梁桥数十座，总长度50余里；其中长度5里以上的长桥有34座。当时甚至在陆地与海湾岛屿之间架起桥梁，故有"闽中桥梁甲天下"之誉。

现存最长的安平桥，是泉州长桥的典型。桥长五里，又名五里桥。桥之东段属晋江县，西段属南安县。桥上设五亭，中间一座称"水心亭"，为两县分界处。361座桥墩，根据水流深浅急缓之不同，分别造成三种形状：船形墩（两头尖）、半船形墩（一头尖、一头平）、矩形墩（两头平）。其他一些著名的跨海长桥，如盘光桥、无尾桥、东洋桥、玉澜桥（长过安平桥200丈）均先后倾毁无存。泉州石梁桥得地利人和。当地南安砻石质地均匀、致密、坚硬，光泽色彩宛如丝绒。清代以来更是蜚声海外，常被用于纪念性建筑。每座石桥均有僧徒参加建造，其中多有精通造桥技术者。"泉南素称佛国"，禅宗南派的僧徒们不仅怀着"广度一切，犹如桥梁"的信念，而且由造桥修路来妙悟禅道。

甘肃、四川交界处，横跨白水江的阴平桥，因三国魏将邓艾于此偷渡灭蜀而闻名，现存一座建于清末的独特的伸臂木梁桥。山地河谷区域，谷深流急，桥柱桥墩难以竖立，故多大跨度的伸臂梁桥。此类梁桥的结构特点是以圆木或方木纵横相间叠起，层层向河中心挑出，每层挑出数尺至丈余，纵木前端稍稍上昂，宛如臂膀伸向前上方，以此得名。两头相对向河、谷中挑出到仅余五六米空缺时，再用木梁搭接成桥。早在公元 3 世纪初，甘肃西北部的羌人就曾造过长 150 步的伸臂木梁桥，又称"飞桥"。《水经注》载东晋义熙年间，曾在今甘肃临夏境内宽达 40 丈的河上筑过飞桥。由于伸臂梁层层向前上方挑出，桥高竟达 50 丈，蔚为壮观。这种桥亦多见于青海、四川、西藏、云南等地，著名者有甘肃甘南诸桥、兰州廊桥和握桥、青海扎麻隆桥、四川木里桥、云南八字撑架桥等。在河谷较宽时，常建多孔伸臂木梁桥；其中较独特的是以积木组成木笼，内填卵石，以为桥墩。著名者有西藏的云南桥、嘉玉桥，后者长达 99 米。

另一种独特但结构简单的木梁桥式是阁道。现存最早记载是战国时期。《战国策·秦策》三："栈道千里于蜀汉。"《战国策·齐策》六："为栈道木阁而迎王与后于城阳山中。"这可能是两种不同的阁道。前者又称"栈道"，于峡谷险绝之处旁凿山岩架梁阁板凌空成道；后者疑为后世所谓"复道"，即《淮南子·本经》所云"延楼栈道"。栈道多见于西部涧深、谷峭、壁绝之地。历史上最有名的是秦国由之取蜀的褒斜道（又名石牛道），以及紧接该道直达四川剑阁的金牛道。汉初刘邦用张良计烧绝所过栈道，以"示天下无还心"；项羽一走，汉军又从更为艰险的"四道"回师。三国时，诸葛亮也曾出此伐魏。此道早已无存，仅留岩壁孔穴。典型的栈道有梁有柱。横木一端嵌入岩壁石穴，一端立柱于水中，搁上木梁即成。有的险绝之处往往无柱。更惊险的，并不见栈道，只在绝壁上旁凿石孔，行人各执四支短木，插入石孔，"展转相攀，经日方过"，真是"猿猱欲度愁攀援"。另一类型的阁道是复道，俗称天桥，光景绝殊。秦始皇宫殿中多复道。《史记·秦始皇本纪》二十六年："殿屋复道周阁相属。"三十五年："（阿房）周驰为阁道，自殿下直抵南山。"秦宫复道是模拟天象，"象天极阁道"，汉唐沿袭秦制；以下历代宫殿、台阁之间亦多有复道相通。

北宋画家张择端的《清明上河图》精描细绘的汴水虹桥早已绝迹。虹桥史称飞桥，最早出现在青州（今山东益都）。此地每年夏季山洪暴发，辄冲毁有柱之桥，深以为患。北宋明道年间，州官任用一退休狱卒，叠巨石加固河岸，以大木数十纵横相贯、交错搭置，架为无柱"飞桥"，五十余年未坏。其后十余年，陈希亮在宿州仿造青州飞桥成功，遂推广于汴水、汾水、泗水诸河道。这种桥式既不同于梁桥亦不同于拱桥，或曰介乎二者之间，故今人或称之为"叠梁拱""木拱桥"。从技术上说象虹作桥的最大特点是易简。主拱骨架十分简明，由构件纵横相贯承托，逐节伸展，形成"虚架"。其构件加工制作、接合架设均较简便。构件较短小，可按设计尺寸预制，便于装配、拆卸，在一定范围内可筑成不同跨径、适应不同载重的结构物。从艺术上看，桥飞宛如长虹，其优美自不待言，故被张择端选为《清明上河图》构图之中心。

如果用"进化观"看中国古代桥梁的发展，便会陷入迷误。结构更复杂的石拱桥，竟比木拱桥早出现至少八百年。《水经注》中有关石拱桥的最早记录，是晋太康三年（公元282年）在洛阳郊外建成的"旅人桥"，然而在西汉墓葬就已出现墓拱顶，东汉墓葬则普遍采用砖砌卷筒顶了。这表明石拱桥的创始应早于《水经注》的记载。现存最早的、也是古今中外最为闻名的拱桥，是架于河北赵县洨河之上的赵州桥（又名安济桥、大石桥）。约于隋大业元年（公元605年）在工匠李春的领导下建成。赵州桥最为人称道的结构特点是坦拱（或称扁拱），即不是最常见的半圆形拱，而是圆弧形拱。大拱肩上开四个小拱，称作敞肩拱。这种桥形构思，使桥高降低，道路平坦，桥身自重减轻，泄洪量增大，减少水流对桥身的冲击，以致千年不坠。敞肩拱多为后世所效法，而西方至14世纪才出现。除赵州桥外，现存的古石拱桥中较早的是宋桥，而大多则是明清产物，其中绝大部分是半圆拱，没有一座超越赵州桥的成就，因而历来流传着一些关于建造赵州桥的神话传说。古代桥梁的建造因地制宜。半圆形拱形状最简单，施工最方便，各地随处可见。南方航船多，桥拱往往大于半圆，呈马蹄形。清乾隆建的云南建水双龙桥17孔都用尖拱。尖拱尤适用于峡谷中的高桥，如陕西三原清河龙桥桥下净空19米。在数以万计的石拱桥中，有许多不仅在建筑上别具匠心，而且在历史上也很有名气。北京郊外跨越永定河的卢沟桥为一联拱石桥，11孔，是华北最长的古代石桥，建于金大定二十九年（公元1189年）。每当春季冰洪俱下，斩龙剑（装在船形桥墩分水尖上的三角铁柱）能击碎冰块，分流洪水。

有的古代桥式竟入了"礼"。《诗经·大雅·大明》载："亲迎于渭，造舟为梁。"说周文王迎亲时，在渭水上架了浮桥。造，古文为"艁"，意为比连船只而架板于上。文王创制，周代便以"造舟迎亲"为天子之礼。《尔雅·释水》："天子造舟，诸侯维舟，大夫方舟。"维舟即将船只连结一起为桥，较造舟规模为小（可能是纵列而非并列）；而方舟则只是两船相并之舟了。

古代在大河或宽阔水面上架设浮桥之记录极多。史籍中最早的是《左传·昭公元年》（公元前541年），秦后子针出奔晋"造舟于河"（黄河）。其后，周赧王二十八年（公元前287年），"秦始作浮桥于河"。秦昭襄王五十年（公元前257年），"（秦）初作河桥"，此桥自汉以降称为蒲津桥。魏太祖曹操曾在此夜渡，西征马超；唐开元十二年（公元724年）以铁链"维舟梁"，两岸以铁山、铁柱、铁人、铁牛锚固维舟铁链。其时，"天下造舟之梁四"，即黄河上的蒲津、太阳、河阳及洛水上的孝义桥，均为战略要地。至宋，浮桥更多，多以竹索维系。西晋末年，始创以大木箱盛石沉水以系桥之"石鳖"，明代用锚固兰州浮桥，每舟系一石鳖。有的浮桥可以拆卸开阖，如兰州镇远桥。广东潮安韩江上梁舟结合的广济桥更是绝品，此桥建于南宋，历时五十六年。桥长五百米，分东西两段，东十二孔，西九孔，中间因"中流惊湍尤深，不可为墩，设舟二十四为浮梁"，可以开阖，以利泄洪和通航。长江上几次建浮桥用于军事。东汉建武年间，光武帝征伐公孙述，双方先后据险为浮桥，但均被对方用船冲断或焚毁。九百多年后，宋太祖于采石矶过浮桥讨灭南唐。再历九百年，太平军于武汉附近造一组四座浮桥，连通三镇。

公元前3世纪李冰作都江堰时，曾造七桥，其中之一称为笮桥，即竹索桥。中国西南峡谷之地，岸峭流激滩险，无法树立墩柱，自古援索悬渡。早期索桥多用藤萝或竹篾，即古籍称为"笮"者。战国秦汉之际开始以铁链为索，史传汉初大将樊哙曾在汉中褒城寒溪建铁链桥。最简单的索桥是溜筒桥，或称"溜索子"，即以缆索横牵两岸之间，将竹筒或木筒穿在索上，渡者或仰面或骑跨横木，缘索溜滑而过，十分惊险。溜筒桥有单向及双向、平溜与陡溜之分。云南澜沧江上有溜筒，故俗称溜筒江。更令人胆寒的是双索桥，即上下各悬一索，间距约一米五，渡者手挽上索、足蹑下索而过。此种桥式现已绝迹。三索桥即将二索并列，间距一米，由二索向中下悬一索，或于下索之上置一独木桥面，多见于西藏、四川，云南亦有；"惟土人能行之"。较完全的是多索藤网筒桥，状似蛛网。雅鲁藏布江上有座高于水面40米的藤索桥，长130余米，凌空悬牵的数十根藤索由20根粗藤固定为筒状，再用细藤编成桥面。最著名的竹索桥是都江堰口的珠浦桥（又名安澜桥），横跨岷江的内外江。桥长百丈，宽一丈，八孔竹索用细篾编成，粗五寸，共24根。10根作底索，上铺木板作桥面；2根扣压木板两端；余12根分列两边，用作扶栏。明清两代，西南地区曾建铁索桥数百座。世界闻名的泸定桥建于清康熙四十四年（公元1705年），康熙帝御笔题写桥名并制碑记。桥长30丈，宽8尺余，13条各长近40丈的铁链飞悬两岸，底索9条，上纵横铺板，以通人畜；余4条分列两旁，以作扶手。每条铁索由890链环扣联而成。链环外径近三寸。西方自18世纪出现铁索桥以来，一直受中国古代悬索桥式的影响。

古代桥梁的主体结构各式各样，桥饰亦多姿多彩。大体言之，木梁桥，尤其是伸臂梁桥，多有重瓴飞檐、画栋彩栏之桥屋，如广西三江程阳桥、四川峨嵋解脱桥、湖南新宁江口桥及西藏拉萨瑜顶桥都极具特色。石桥则多雕刻桥饰。创作石桥雕刻的原始观念，是为了镇压水怪，保护桥梁。较早的如"李冰昔作石犀五头以厌水精"。后世桥梁多有以牛作饰的，就连泸定桥头也伏着一尊铁牛。在十二生肖中，牛为丑，按五行学说，丑属土，以牛镇水，取"土克水"之意。许多桥梁石雕的原始意义，今人难以了解，但至少可以由之窥见当年人们的审美情趣。如赵州桥上各种姿态的雕龙，卢沟桥上神情各异的石狮，沧州登瀛桥上眺望远方的石猴，河北济美桥和福建洛阳桥上的守护神，等等，都与桥的主体结构融为一体，达到出神入化的境界，令人无法效仿。至于古桥上浮雕的各种寓意的图案，更是令人目不暇接。

若说一座古代桥梁就是一首诗、一卷画或一本书，那么桥名就是它的题；许多

明代吴伟《灞桥风雪》

桥名通古今，类人情，意蕴极深。那些早已绝迹的名桥，因桥名入了诗文而流传千古。

古代桥梁的遗址，常须由堪舆家"看风水"，以增添大自然的和谐之美；许多桥梁的建造，又是为了改善"不祥"的风水。此时，古桥便与未来相通。

造园艺术

◎ 曹汛

　　造园艺术是中华文明之风流儒雅的标志之一，它以独特的空间艺术语言体现了中华民族崇尚平和谐调、淡泊宁静的精神。造园艺术的本质特征，就是对大自然的山水加以开发整治，甚至在清静的市郊或喧嚣的闹市中模山范水，以再现一个充满诗情画意的生活游息环境。在"天人合一"的思想观念指导下，造园艺术充分体现了人类与大自然的亲和要求，故其最高原则就是设计成《园冶》所指出的"虽由人作，宛自天开"。它所创造出的既可游又可居的人工山水园，乃是现实人间的理想天堂。明代张岱的《陶庵梦忆》甚至这样记载，当两位老者盘旋于极其华缛的砎园时，"一老曰：'竟是蓬莱阆苑了也！'一老咈之曰：'个边那有这样！'"

　　中国古代园林主要有五个分支：① 自然风景区；② 邑郊园林；③ 寺庙园林；④ 皇家园林；⑤ 私家园林。而若就造园艺术的发展演变着眼，其中主流自然是皇家园林和私家园林。

　　皇家园林的渊源可以上溯到殷末周文王的灵台、灵沼和春秋诸侯的苑囿。秦始皇统一中国，写六国宫室于咸阳原上，规模宏伟壮丽。汉建建章宫、上林苑，长安一带皇家离宫别馆相望。建章宫北太液池中有蓬莱、方丈、瀛洲，这种一池三山的格局，成为后世宫苑池山的模式。

秦汉以前，皇家园林占绝对上风。汉代出现私家园林，梁孝王筑兔园，大将军梁冀、茂陵富民袁广汉等建造私园，都是模仿皇家园林，规模很大。魏晋南北朝以后，私家园林逐渐兴盛，出现"中园"一词，和皇家"上苑"抗衡，从此私家园林得以和皇家园林平行发展。后来不仅大官僚、大地主，就连一般中小官僚、地主和文人士大夫也开始建造私园，于是又标榜"小园"。庾信《小园赋》更奠定了小园的纲领。隋唐的宫苑仍然兴盛，私家小园和皇家上苑分庭抗礼，争奇斗胜。宋元时候，私家园林趋于成熟，占了上风。

到了明清，皇家园林不得不反过来步私家园林的后尘，取私家小园的精华，建造集景式的皇家园林了。这种集景式的皇家园林，以圆明园为代表，乾隆皇帝标榜说是"移天缩地在君怀"，曹雪芹则转弯抹角地讥评说，非其地而强为其地，虽百般精巧，终不相宜。这时的皇家园林实际上已经走向衰落。通过透视皇家园林和私家园林互相借资、互为消长的三个历史阶段不难看出，我国造园艺术的最后成熟，是以私家园林的最后成熟为标志。这就表明，中国的造园艺术，并不像欧洲那样由皇帝、国王主宰，而是一种渗透到全民族文化生活当中的千万人的智慧创造。

我国的自然山水园，无不以再现自然丘壑为主要意趣，因而叠山理水便成了造园艺术的关键环节。一部造园艺术史，也就注定和叠山艺术史同步。造园叠山艺术，正好也经历了三个大的历史发展阶段。我国人工叠假山，渊源极早，先秦文献《尚书》《论语》中都有人工叠山的记载。秦始皇"筑土为蓬莱山"，汉建章宫"宫内苑聚土为山"，梁孝王兔园有百灵山，袁广汉"构石为山""连延数里"。叠造大山的风气，魏晋南北朝依然未衰，手法也逐渐细致起来，能够做到"有若自然"。晋会稽王道子开东第，所筑土山俨如真山，故皇帝临幸时，居然没有发现是"版筑所作"。这个阶段的叠山是整个模仿真山，完全写实，尺度也尽力追求真山。葛洪说"起土山以准嵩霍"，一个"准"字，足以概括这种叠山风格的主要特征。这种叠山手法，接近自然主义，还比较粗放，不够精细。

晋宋以后，一般官僚士大夫兴起营造中园、小园，由于老庄思想的洗礼，不仅促进了人们对于客观山水世界的发现，又促进了主观心灵世界的发现。"外师造化，中得心源。"人们发现"会心山水不在远"，那么小园、小山也就足可神游了。约略和"小园"同时，出现了"小山"一词，后来又出现"小山假景"一词，进而才出现"假山"一词。这种假山还是摹仿真山，但是具体而微，尺度极力缩小。唐李华有《药园小山池记》云："庭除有砥砺之材，础礩之璞，立而象之衡巫。"一个"象"字，足以概括这种叠山风格，而且恰好又可以和上一种风格的"准"字形成巧妙的对比，这种"小中见大"的叠山手法是写意的、象征的，接近浪漫主义。

叠山艺术发展到第三阶段，又有一种叠山手法成为主流，它反对第二阶段那种写意的小中见大，主张恢复写实，用真实的尺度，把假山作得和真山一样，叫作"掇山莫知山假"，但又不是回到第一阶段那种自然主义的再现真山大壑的全部，而是选取一部分山根山脚，叠造平冈小阪、陵阜陂陀和曲峰回沙，"然后错之以石，缭以短垣，翳以密筿"，从而创造出一种山林意境，构成一种艺术幻觉，让人觉得仿佛"奇峰绝嶂累累乎墙外"。"人或见之"，自己的园林则好像"处大山之麓"，而"截溪断谷，私此数石者，为吾有也"（俱张南垣语）。这种叠山手法是现实主义的，它的出现，标志着我国叠山艺术的最后成熟，也标志着我国造园艺术的最后成熟。

我国的造园艺术本以再现自然丘壑为宗旨，初始时代已经有了很高的成就，但是后来不断升华提高，又刻意追求诗情画意，于是文人画士在造园艺术领域里大显身手，最后是职业的造园艺术家驾驭诗情画意，园林艺术才最后成熟。回顾我国造园艺术中诗情画意的发生发展，正好又是经历了三个历史阶段。

第一阶段先是文人，主要是诗人和散文家主导造园艺术。山水园和山水诗、田园诗差不多同时出现，谢灵运的山庄、陶渊明的田园形诸吟咏，不能不影响人们的造园思想。诗人主持造园成为大家，产生极大影响的则首推王维和白居易。王维工诗善画，人称"诗中有画，画中有诗"。他建造辋川别墅，和裴迪等人在其中体会物情、流连光景，赋诗唱酬为乐。辋川生活已经完全诗意化了，因此后世文人士大夫构筑园林别墅，往往以仿效辋川为高雅，诗词文章多有述及。白居易酷爱山水和园林，在杭州任上整治开发西湖，在苏州任上作《太湖石记》，对园林艺术，影响甚大。他结草堂于庐山，木不加丹，墙不加白，融化在周围环境中。《草堂记》又说，凡所居之处"辄覆簣土为台，聚拳石为山，环斗水为池"，"其喜山水病癖如此"。白居易营白莲池于洛阳履道里，是一处弥漫着江南气氛的水景宅园，又建水斋，把水石引进室内，"枕前看鹤浴，床下见鱼游"。这一创举惊动了当时，刘禹锡赠诗云："共讥吴太守，自占洛阳才。"唐代洛阳园池甲天下，与白居易同时的士大夫所建的著名私家园林还有裴度集贤里宅园和午桥庄别墅，李德裕平泉山庄，牛僧孺归仁里宅园和南庄别墅等，一时形成一个诗人主导造园潮流的领袖集团。不仅是主持和规划，有人还掌握了具体的技术专长，诗人王建善于作山洞，张籍称赞他"平地能开洞穴幽"。散文家们也不示弱，柳宗元《零陵三亭记》《柳州东亭记》，樊宗师《绛守居园池记》，都是利用整治废池旧地、开发园林胜区的记叙，蕴含着精辟的造园见解。宋代园林文学臻于极盛，欧阳修有《醉翁亭记》，苏舜钦有《沧浪亭记》，都是直接参与的记述，而不是侧面的旁观描写。"洛阳园池不闭门"，"园亭借客看"，因此宋代开始有集中记述和评论名园的专文，如北宋李格非的《洛阳名园记》，南宋末至元初周密的《吴兴园林记》。文人造园后世仍传承不衰，清代著名园林评论家钱泳还得出结论，认为"造园如作诗文"。汪春田又有诗云："换却花篱补石阑，改园更比改诗难。果能字字吟来稳，小有亭台亦耐看。"汪春田作为一位诗人，自己营构文园和绿净园，因而有更深的体会。

　　第二个阶段是画士主导造园。画士造园，虽然也可以上溯到工诗善画的王维，但他自云"宿世谬词客，前身应画师"，对于画士的身份，表示谦恭而不愿正面承认。宋代司马光、王安石、苏轼等人也都能诗善画，司马光有独乐园，王安石有半山园，名传天下。苏轼有很好的园林见解，还创造出一种能够折叠装配、随地架设的观赏亭子，叫作择胜亭。宋代诗人中兼画士又从事造园的，要推晁无咎。无咎才华横溢，苏轼折辈分与之交，李格非亦与之交游，后来坐党籍流徙，放还后葺归去来园，自号归来子，并"自画为大图书记其上"。南宋的俞徵，则完全是以画家的身份和眼光从事造园的人了。俞徵字子清，是文人画家，画竹石清润可爱，得文（同）苏（轼）遗意。周密《癸辛杂识》说："子清胸中自有丘壑，又善画，故能出心匠之巧。"元代文人画进一步发展，许多文人画家对元代统治者不满，消极避世而沉湎于园林之乐，画士造园在元代达到极盛。昆山画家顾仲瑛建玉山草堂，松江画家曹云西"治圃种竹"，无锡画家倪云林为元代四大画家之一，他的画表现疏木平林，隐逸旷达的思想寄于孤寂无人之境中。其所居清閟阁，幽回尘绝，兰菊之属，蔚然深秀。他又为人画过苏州狮子林山园图，因此后世误传狮子林是他的手笔。元代四大画家的山水小景对造园艺术影响很大，黄子久的矶头，倪云林的水口，成了后世造园叠山理水的粉本。黄、王、倪、吴的山水画影响了著名造园叠山艺术家张南垣（1587—约1671年）。张南垣叠假山，人称"黄王倪吴，一一逼肖"。张南垣为钱谦益造拂水山庄，为李逢申造横云山庄，和黄公望《芝兰室图》有不少相似之处。《扬州画舫录》卷四记重宁寺东园："太湖石鳞八九折，折处多为深潭，雪溅雷怒，破崖而下，委曲曼延，与石争道，胜者冒出石上，澎湃有声，不胜者凸凹相受，旋濩萦回，或伏流尾下，乍隐乍见，至池口乃喷薄直泻于其中。此善学倪云林笔意者之作也。"

第三个阶段是职业造园匠师主导造园。造园叠山匠师自古已有，宋代"吴兴山匠""朱勔子孙"，多半没有留下名姓。职业化了的造园匠师而又有名有姓传留于后世的，则以明人田汝成《西湖游览志》所记杭城陆叠山为最早。陆叠山与张宁同时，是明成化前后人。正德、万历年间，上海有著名造园匠师张南阳，为潘允端造豫园，为陈所蕴造日涉园，又为太仓王世贞造弇山园。万历、崇祯年间，松江又产生一位最著名的造园大师张南垣。南垣少学画，善写人像，兼能山水，遂以山水画意为人造园叠山，与荆关董巨、黄王倪吴一一逼肖，以此游于大江南北五十余年，所造名园不可尽数，今已考知最为著名的就有松江李逢申的横云山庄，嘉兴吴昌时的竹亭湖墅，徐必达的汉槎楼，朱茂时的放鹤洲，太仓王时敏的乐郊园、南园和西田，钱增的天藻园，吴伟业的梅村，郁静岩斋前的叠石，常熟钱谦益的拂水山庄，金坛虞来初的豫园，吴县席本桢的东园，嘉定赵洪范的南园等。张南垣叠假山，"尽变前人成法"，"穿深覆冈，因形布置，土石相间，颇得真趣"，"人见之，不问而知张氏之山也"。诸家评论，多称张南垣造园叠山"天然第一"，"海内为首推"，"一时名籍甚"，"见者疑为神工"，等等。南垣有四子，皆衣食其业，康熙造畅春园，征召南垣，他以年老辞，而遣其次子张然北上。除畅春园外，南海瀛台、玉泉山静明园等皇家园林，皆张然所造。大学士冯溥的万柳堂、兵部尚书王熙的怡园也都是张然所造，从此京师诸王公园林，皆出张然之手。张然作为皇家总园林师，供奉内廷二十八年，其子淑继续供奉内廷，北京有称山石张的"世业百余年未替"。南垣三子熊活跃于江南，亦颇负盛名，南垣之侄鋐亦能传南垣之术，无锡寄畅园即是张鋐的代表杰作，是现存江南私家园林的最高典范。

如前所述，私家园林与皇家园林互相影响、互为消长，私家园林占上风。皇家园林要聘请私家园林艺术家主持，首先就选中了张南垣。造园叠山艺术之最后一个阶段，以真实的尺度再现真山大壑的山根山脚，平冈小阪，陵阜陂陀，这种叠山风范又正是张南垣所开创。造园艺术诗情画意的发生发展，最后是精通诗情画意的职业造园艺术家主导造园艺术，又正是以张南垣为最突出、最优秀的代表。无论从哪一个角度着眼，焦点都集中到张南垣一人身上。他开创出一个时代，为我国园林文化做出了最伟大的贡献，其成功标志着我国造园艺术的最后成熟。他的造园实践主要是17世纪初期和中期。17世纪正是世界造园史上的黄金时代，和张南垣约略同时，法国出现了最著名的造园家勒诺特尔，英国出现了最著名的造园家布朗，日本出现了最著名的造园家小堀远州。世界造园巨匠一时前后辈出，东西互映，而这些巨匠当中，张南垣的实践最为丰富，理论最为精辟，贡献和影响也最大。

张南垣不是一个孤立的人物。和张南垣同时，原来也是文人画士出身的计成，中年以后转行成为职业造园艺术家。计成生于1582年，比张南垣年长五岁，但从事造园事业却远比张南垣要晚。计成曾为常州吴玄造东第园，为仪征汪机造寤园，为扬州郑元勋造影园。并且在造寤园之暇，总结经验，于1634年写出一部造园理论著作《园冶》，其中的一些见解受了张南垣的影响。

受张南垣的影响，清嘉庆道光年间常州又出现一位著名的职业造园艺术家戈裕良。他所造名园有苏州虎丘的一榭园，扬州秦恩复的意园小盘谷，常州洪亮吉的西圃，如皋汪春田的文园、绿净园，苏州孙均的环秀山庄，南京孙星衍的五松园和五亩园，仪征巴光诰的朴园，常熟蒋因培的燕谷等。戈裕良能够继承和发扬张南垣的造园艺术，因此洪亮吉赠诗云："张南垣与戈东郭"，"三百年来两轶群"。

源远流长、独树一帜的中国造园艺术，被称为和西亚、古希腊并列的世界造园史的三大体系。从很早开始，它就已影响到日本、朝鲜、越南等邻国。日本庭园还在吸收中国造园艺术精华的基础上，生发出自具特色的东西来，如著名的"枯山水"（又称"唐山水"）。18世纪，欧洲出现中国热，中国的造园艺术也逐步西渐。法国传教士率先介绍了中国的园林。苏格兰人威廉·钱伯斯（William Chambers）为英国主持了欧洲第一座中国式园林——丘园的设计。德国人温泽（Ludwig A. Unzer）在《中国造园艺术》（1773年）一书中，把中国的成就称赞为"一切造园艺术的模范"。中国造园艺术甚至还影响到了18世纪欧洲最杰出的思想家和文学家，如英国的坦伯尔、谢夫菲拜雷、艾迪生、蒲柏，法国的狄德罗、伏尔泰、卢梭，德国的康德、歌德和席勒等，成了对启蒙思想家的启蒙。

在20世纪，中国园林热仍在世界上风行不衰。德国女园艺家玛丽安妮·鲍榭蒂（Marianne Beuchert）在《中国园林》（1983年）一书中，称赞中国园林是"世界园林之母"，此语现已成为举世公认之名言。近年来，各国争相聘请中国造园艺术家为其修造中国式园林，如美国纽约的明轩，加拿大温哥华的逸园，澳大利亚悉尼的中国园，德国慕尼黑的芳华园，日本札幌的沈芳园等。可以预见，对于深受现代机械文明和密集高楼困厄的现代人来说，中国造园艺术的境界一定会越来越成为他们返回自然、亲近自然的文化源泉之一。

四

水利与交通

水利工程

◎ 张启人

　　中国有大小河流上万条，其中流域面积超过1000平方公里的也有1500多条。全国河川年平均流量约2.65万亿立方米，相当于世界年平均径流量的5.6%。然而，由于我国地势是西北高、东南低，故西北黄土高原常年干旱，水土流失严重，中部和东南部又经常遭受洪涝灾害侵袭。正因为这样，兴利除害的治水工程，就注定要和中华文明发生和发展的历程相始终。

　　大体而言，历史上为害最大的莫过于黄、淮、海流域，因而这三条水系从古到今都被当作水利建设的重点。其中，特别是被称为中华文明之"母亲河"的黄河，其含沙量居世界河流之首，流域年土壤侵蚀量达17亿吨，洪水季节含沙达30%以上，造成下游河道严重淤积。目前年平均淤高0.1—0.2米，大堤逐年加高。据历史记载，两千多年来黄河共决口1600余次（尚不包括未曾记入史料的）。决而不堵，往往形成改道。这是世界水利史上绝无仅有的水患，造成了黄、淮、海流域农业发展的相对迟缓。不难想象，中华文明既是被这样的摇篮养育起来的，其全部的民族性格都会与这条肆虐的河流有千丝万缕的联系（参见本书第十章中"名山与大川"）。

　　在古代传说中，已把治水当作治国的头等大事。公元前22世纪尧、舜时期，黄河流域就曾发生过特大洪水，几经改道。舜帝先让共工和崇伯鲧治水。两人都采取拦坝堵截的办法，结果水势泛滥，九年不成，被舜帝放逐。禹是鲧的儿子，继承父业，但主张宣泄疏导，水患才逐渐平息。禹于是得以承继王位。

到公元前16世纪的商朝，中国农田水利开始有了文字记载。公元前11世纪，西周农田沟洫工程已相当发达。公元前7世纪以后的春秋战国时代，中原地区已出现规模较大的渠系工程。楚庄王时（公元前613—前591年）令尹孙叔敖在安徽到河南一带修筑期思陂、芍陂等灌区工程；魏文侯在公元前422年委派西门豹为邺令，沿漳河修了十二条灌渠，取缔了"河伯娶妇"等迷信活动，这就是历史上有名的海河流域引漳十二渠水利工程。这一时期内，航运工程、水土保持、水工技术也都有一定程度的发展。古人已认识到"民以食为天，食以水为先"的道理。水是农业的命脉。

公元前221年秦灭齐，实现了一统天下。秦始皇雄心勃勃，大兴水利，发展农业，图长治久安。到了汉代，更以水利为中心发展经济，

大禹治水画像石

并于汉武帝时达到高潮。这时，我国第一部水利通史《史记·河渠书》问世，同时世界上最早的水利专著《汉书·沟洫志》也出现了。两部文献分别记述了当时黄河治理和人工渠道建设的实况。例如：

都江堰 秦昭襄王五十一年（公元前256年）蜀郡守李冰经数十寒暑，在今四川灌县西边引岷江水灌溉成都平原，兼利航运。至宋代定名为都江堰。渠首位于长江支流岷江左岸，由鱼嘴分水堤、飞沙堰溢洪道和宝瓶口引水口三项主要工程组成，巧妙地依据地势和水力学原理，不论洪水期或枯水期，都能保证渠道水量适中。都江堰虽经历代修整，仍按原设计原则"深淘滩、低作堰"六字箴言进行，灌溉面积一般在300万亩左右。此堰经两千多年而能历久不衰，使四川成为名副其实的"天府之国"，在世界水利史上成为有口皆碑的奇迹。

郑国渠 秦始皇元年（公元前246年）命韩国水工郑国在关中引泾水兴修大规模灌渠，即郑国渠。渠长300余里，耗时十几年。汉武帝太始二年（公元前95年）又修了另一引泾灌溉工程，叫白公渠，与郑国渠相连。经历两千多年，演变成现在的泾惠渠。

河套灌区 内蒙古河套灌区和宁夏灌区建于秦末汉初（公元前200—前100年）。汉武帝为了北御匈奴，大兴屯田，通过戍边移民，开发河套。后来有"黄河九曲，为富一套"的说法。笔者于1963年春深入内蒙古巴彦淖尔盟河套，但见渠网纵横交错，蔚为壮观。当时恰逢开闸引黄，渠水滔滔，险些迷路。叹服古人设计部署巧夺天工之妙。宁夏灌区现有汉渠、汉延渠各长达百里，灌溉数十万亩良田。

秦汉时期，农田水利发展很快，大小灌区几乎遍布长江以北。例如新疆龙首渠和所用坎儿井的开发，汉水流域的白起渠和木渠，淮河流域的鸿隙陂等。但当时江南水利仍较薄弱，值得一提的只有位于今绍兴市境内灌田9000余顷的鉴湖水利工程。至于遍布江南各地的小型分散塘圩则古已有之。云南滇池水利到公元纪元之初已经开发，但规模仅在2000余顷。

从东汉、三国、晋、南北朝、隋、唐直到公元1100年的北宋时期，黄河、海河流域水灾不断，农田水利基本上处于修旧补新、填平补齐的局面，沿河两岸修筑的堤坝和灌区不下百处，却因整个流域缺乏整治，没有兴起大规模水利。在北方水利时起时落的同时，南方水利却获得较大发展。唐朝贞观盛世，全国经济繁荣，水利遍及大江南北。在这以后的五百年间，黄河水害日趋严重，连年兵燹使大批河渠失修，成为中国水利史上的徘徊期。北宋虽仍致力于治黄，但收效不大。至于航运工程，则因江淮大发展，以东西大运河为骨干，经唐宋大力经营，成了航运史上的黄金时代。在这一时期，水工技术得到了很大重视，并有详细记载。如：黄河河道水文、埽工、各种水工设计、旅工、管理方法等。在农田水利方面，南方大力开发了多水区圩田，北方推广利用放淤、淤灌。航运上出现了许多新型船闸和航运设施，比西方早几百年。

南宋至明末的五百年间，北方农业渐次衰落，水利长期失修，而南方水利已从长江流域发展到珠江流域。南宋初期决黄河以阻金兵，黄河向东流入淮河；金末（公元1234年）元兵决河淹宋兵，黄河再向南改道入颍、涡。这使得黄河漫流中原近一百年，而又迫水南陟三百余年，洪灾遍及黄淮海大平原，民不聊生。在此期间，因南宋靠江南农业维持政权，沿江自太湖、巢湖、鄱阳湖、洞庭湖均大修圩垸，一时号称"两湖熟，天下足"。此时，江苏、浙江、福建的水利设施也纷纷兴建，而两广水利直到元、明仍有增无减。至于东南沿海御咸蓄淡灌溉工程和浙闽堰塘水利，后人描述为"不啻千万数"。江西、湖南陂埔、梯田到明朝已比比皆是了。元、明间还陆续出现了许多著名的水利科学家。最有名的是元代的郭守敬（1231—1316年），他的最大功绩是跋涉数万里完成了古代第一份南北长1.1万里、东西宽6000多里的黄河流域大地测绘图。郭守敬在水利工程、水工技术、水利规划上的贡献很大，均已载入正史。

17世纪清代前期，对水利十分重视，康熙、乾隆两帝甚至亲临指挥。每逢治理黄河等大工程，总是派钦差大臣督战。不过由于君臣佐使，层层下压，技术人员的能力反而得不到发挥，而官僚贪赃枉法，上下欺瞒，到雍正以后，水利每每"雷声大，雨点小"，收效甚微，而耗资颇巨。鸦片战争后引进了西方水利技术，对长江的治理有较大发展。本来，元、明、清三代已逐渐完成长江干支流的堤防，清末到民国主要以疏浚航道为目的，以防列强入侵。珠江的治理最早始于宋代，集中在三角洲开发。西北江水系中则有北宋至道二年（公元996年）建于高要县的金西堤、明洪武初（公元1368年）的水矶堤，以及北宋大观时（公元1107—1110年）建于南海县的工程浩大的桑园围等。

纵观整部中华文明史，其实也正是这个民族在与水害的搏斗中谋生存的历史，是它在水利的兴修中求发展的历史。在整治水患特别是"黄龙"的斗争中，中国人民既蒙受了巨大的牺牲和苦难，也积累了丰富的水利经验，并形成了重视水利的历史传统。正因如此，一部中国水利史，又正是炎黄子孙世世代代不屈不挠的英雄历史。

◎ 杨泓

丝绸之路

公元前126年，汉使张骞从西域回到他阔别了十三年的都城长安。他此行的使命本是结盟月氏以夹击匈奴，不料这一目的并未实现，却无意间开创了一个更大、更为辉煌的业绩——正式开通了联结中西、横跨欧亚的著名历史通道。那就是此后十几个世纪中一直作为中西交流主脉的"丝绸之路"。

不过正式将那条商路称为"丝路"，还是比较晚近的事：1877年，德国学者李希霍芬为了强调那条道路主要是为了运送中国丝绸的，所以将其冠以"丝绸"之名。众所周知，中国是世界上最早饲养家蚕和缫丝制绢的国家。早在战国时期，精美的中国丝绸便已经由欧亚草原的游牧民族传向西方和北方。考古材料证实，南西伯利亚的巴泽雷克的坟墓（公元前5—前3世纪）中已发现了中国织锦和刺绣。这说明早在丝路开通之前，中国的丝绸便已输往国外，受到其他民族的喜爱。而到了西汉年间，它更是备受罗马贵族青睐，他们争相竞购，竟使得丝绸在罗马城中与黄金等值。正因如此，不难想见：中西之间的这条商路最初当然是为了满足西方对丝绸的消费渴求而开辟的，而且丝绸在此后的中西通商中也一直占有非常重要的地位。在今新疆境内的丝路沿线上，例如在和阗东面的尼雅遗址、洛浦县的赛依瓦克墓地，以及罗布淖尔等地方，都出土过汉代的丝绸。显然，这是古代丝路的鲜明"路标"。

汉王朝不断取得对匈奴战争的胜利，声威远播西域各国，遂使得丝路的畅通有了军事保障。同时，中国不断遣使经由丝路去西方诸国，包括安息（今伊朗）、身毒（今印度）、条支（今两河流域）等，也促进了丝路的繁荣。当时的丝路，仅陆路之长就逾七千公里，它以长安为东起点，沿今陕西、甘肃、新疆等地向西延伸，经今巴基斯坦、阿富汗、伊朗和两河流域，来到地中海东岸，最后再渡地中海入意大利半岛，直抵盛极一时的罗马帝国。途中，越过了多少草原、沙漠、高山、大泽，其旅途之艰辛劳顿，费时之旷日久长，恐非掌握了现代交通工具的人所能想象。

东汉末年，中华大陆陷于群雄纷争的局面，后虽经西晋暂时统一，但接着又出现了十六国至南北朝的三百年分裂。不过，维系中西交通的丝路并没有因此被隔断。十六国时期当吕光率军从西域龟兹城东返时，曾"以驼二万余头致外国珍宝及奇伎异戏、殊禽怪兽千有余品，骏马万余匹"。任何商队也不可能拥有上万匹骆驼，可见这次东运的西方精美工艺品空前之多。北魏统一中国北方后，丝路的东起点随之移到其都城平城（今山西大同市），以后又移至洛阳。隋唐时期，随着社会经济的蓬勃发展，丝路也呈现出空前的繁荣。同时丝路的东端，又迁回到长安。

丝路的畅通，不仅使中国丝绸源源输往西方，同时也由西方输入了毛织品、香料、宝石、金银铸币、金银器、玻璃器等。以金银铸币为例，在中国境内丝路沿线和各朝的都城附近，不断发现有波斯萨珊朝银币和拜占庭金币，还有时代较迟的奥梅雅王朝（白衣大食）的阿拉伯金币。此中尤以波斯萨珊朝的银币为多，近四十年来已出土1200枚左右，它们分属十二个国王，由沙普尔二世（309—379年在位）起，直到萨珊朝最后一王伊嗣俟三世（632—651年在位），历时近350年之久。这说明当时两国交往是何等密切和频繁。

除了金银铸币以外，从丝路还输入了许多精美的西方手工艺品。它们是当时上层社会的奢侈品。从十六国到北朝乃至隋唐，各朝和各民族统治集团中的显贵，都常常设法获得值得炫耀的西方工艺品，并在死后把它们带入坟墓。十六国时北燕天王冯跋的弟弟冯素弗（死于公元415年），就用几件质薄透明、淡绿色或深绿色的玻璃器随葬，它们正是由西方输入的珍品。其中最引人注目的是一件无模自由吹制的鸭形玻璃器，形状与公元1—2世纪地中海地区流行的罗马鸟形玻璃器极似，装饰手法也雷同，同时，成分分析也证明它是钠钙玻璃，恰好符合罗马玻璃的基本成分。这些精美的罗马玻璃器，正是沿丝路输入中原，再辗转经北路输入北燕的。至于自丝路输入的波斯萨珊朝的玻璃制品，则可以西安何家村唐代窖藏出土的稍泛黄绿色的凸圈纹玻璃杯为代表。稍后，又输入了色彩鲜艳的伊斯兰玻璃器。陕西扶风法门寺塔唐代地宫出土的刻花玻璃，如石榴纹黄玻璃盘、葡萄纹蓝玻璃盘等，都显示出伊斯兰早期玻璃器的工艺特色。

精美的西方金银器，也不断经由丝路输往中国内地。在大同的北魏窖藏中发现的三件高足鎏金铜杯和一件刻花银碗，带有强烈的希腊化风格，很可能是罗马制品。另一件口缘作八曲形的海兽八曲银洗，又可以确定是波斯萨珊朝制品。此外，北魏封和突墓出土的波斯萨珊朝制作的狩猎野猪纹鎏金银盘、北齐李希宗墓出土的锤雕水波莲纹银碗、北周李贤墓出土的鎏金银胡瓶等，都是制工精美的工艺珍品。唐代以后，除了继续通过丝绸之路输入西方的金银器以外，中国的工匠在西亚金银器的影响下，还设计和制作了各种新的金花银器，为中国的物质文明增添了新的光彩。

沿着丝路还传来了新品种的植物和动物，特别是来自乌孙的"西极马"和来自大宛的"天马"等优良马种。这对中国古代马种的改良具有极为深远的影响。从甘肃武威雷台东汉墓获得的许多青铜骏马的塑像，特别是"马踏飞隼"像，反映出经过品种改良后的中国骏马的风貌。

佛教虽在汉末已传入中国，但并未受到重视。只是西晋覆亡后，才得到广泛的传播。域外高僧纷纷经丝路东来，东土的求法者又沿之西去。同时，开窟造像之风，也从西北逐渐推向中原。目前所知的有明确纪年的最早作品，在甘肃省永靖县炳灵寺石窟的169窟中，纪年为西秦建弘元年（公元420年）。北魏统一北方后，在都城平城附近掀起了开窟造像的高潮。在皇室的大力支持下，和平年间沙门统昙曜主持修凿云冈石窟，并引起了河西地区丝路沿线诸地的开窟造像之风。故此现存的重要石窟（如敦煌莫高窟、天水麦积山、永靖炳灵寺等）中，都保留有大量北魏及北朝晚期的雕塑和绘画作品，成为中国佛教艺术的宝库。丝路沿线石窟寺的兴旺情景，也正反映出当年这条商路的通畅繁荣。直到唐代，为了获得"真经"的求法者，仍不远万里地往返于丝路之上，其中最著名的就是玄奘法师。他不仅对中国佛学的发展贡献极大，还写成了《大唐西域记》一书，记述所见闻的138个国家、城邦、地区的历史、地理、民俗、物产、宗教等，为研究古印度和中亚地区提供了重要史料。至于中国古代的许多重要的发明，例如印刷术、火药等，也都是通过这条交通线向西传播的。

宋代以后，中国经济重心南移，造船航海事业也有了极大发展，海上航路的畅通便利，人们逐渐放弃了陆路那横越大漠荒山的艰苦旅程，丝路贸易日趋衰落。元、明以后，西方世界再也无心承担中西交通中转站的重任，所以丝绸之路丧失了它在中西交通主脉的历史地位，由衰落而终于荒废。

还应提到的是，通过丝路输入中国的西方工艺品，又由于唐朝和古代日本之间的交往而东输日本。至今在日本正仓院的藏品中，还保存有一些来自西亚或模仿西亚器形的产品，例如蓝色环纹高柄杯、白琉璃瓶等，都是通过中国传入日本的。我们不妨说，丝绸之路从唐代都城长安又向东伸延，跨越海洋，到达当时日本的都城奈良。正仓院所藏的那些珍贵的文物，正为此提供了实物证据。

◎李力

四海扬帆

中国有两万多公里长的海岸线，它可以说是中华文明的生命线之一。由于我国远古时的海岸线还要偏西很多，所以大陆上最早的原始人群，如北京的山顶洞人、山东的大汶口人、浙江的河姆渡人，当时都是傍河面海而居的。我们的祖先在与海洋数千年的接触中，逐渐认识了海洋，学会了制造海船，掌握了航海技术，使海洋为人类的生产和生活发挥了极大的作用。

我国古代造船和航海的历史，可追溯到七八千年以前。1977年，浙江余姚河姆渡新石器时代遗址中，出土了一柄用整木削成的桨，表明至迟在大约七千年前，我国的先民已使用了独木舟，同时也说明我国舟船出现的历史比车马的使用要早数千年。春秋时期，地处江海之滨的吴国和越国也有了强大的水军，装备有各式战船，如大翼、小翼、冒突、楼船、桥船等。作战时，大翼相当于陆军的重车，小翼相当于轻车，桥船好比轻足骠骑。这些由不同类型、不同用途的战舰组成的强大舟师，有如今天由各种舰艇组成的混合舰队。吴、越国的水军，也可称为中国古代的第一支海军。

秦汉时期，中国版图上先后出现了两个大一统的封建王朝。强盛的国力，使得秦汉时期的航海事业有了长足的发展。秦始皇统一全国后，将原山东六国先进的造船技术和人才集中起来，建造了许多轻舟巨舸，使当时的航行得以通江达海。1974年，广州发现一处规模巨大的秦汉造船工场遗址，其中心部位有三个并列的大型船台，船台下水滑道长88米以上。据测算，其中2号船台能造长30米、宽8米、载重60吨的大型木船。如果将1号和2号船台并台造船，就能生产出更大的船只。这处造船工场一直沿用到汉代。这时的航海者，已经在风云变化的海洋上练就了观天察水的本领，积累了大量驾驶船舶和观测气象的经验。他们总结出十二辰风的季节和风向，掌握了信风变化的基本规律，并懂得了利用海流和潮汐便利航行，如乘潮汐变化进出港口，沿海流的方向作长途远航。正是在这样的造船水平和航海技术的基础上，秦始皇在得到方士徐福的上书，听说海上有蓬莱、方丈、瀛洲三座仙山和长生不老的神药时，才能派出由数千名童男童女组成的庞大船队，入海寻找仙山神药。汉武帝更是多次扬威海上。在平定南越的战役中，他令江淮以南船十万之师前去征讨；元封二年（公元前109年），又派楼船将军杨仆率五万大军从山东横渡渤海攻打朝鲜。后来，他也相信了海上有仙山神药的传说，先后几次派由数千人组成的船队出海，并七次亲自来到海边巡视督促。在最后一次巡海时，汉武帝还坚持要亲自率船出海，拒不听从文武大臣的劝阻。只是因当时连刮了十多天狂风，海涛汹涌，船只无法出港，方才作罢。汉代不但开拓了广泛的沿海航行，而且已大胆地走向世界，向远洋发展。中国船只此时可远达印度半岛的南部和锡兰（今斯里兰卡），并以此为中介，将当时世界东西方的两大帝国——汉帝国和罗马帝国连结起来，为海上"丝绸之路"的形成打下了基础。

到三国时，地处东海前沿、占有海上交通优势的吴国开始了与罗马帝国商人的直接交往。罗马商人曾拜见吴国的统治者孙权，并受到热情接待。著名的中国丝绸除从陆路外，也开始由海路传到西方，成为罗马上层社会的奢侈品。

隋王朝建立后，经过几百年战乱割据的国家重新统一了，经济文化的发展也随之加强，造船技术达到了相当高的水平。隋炀帝下江南时，乘坐的"龙舟"高45尺，长200尺，船上有楼四层，需要几百人在两岸拉纤才能行进。公元618年，空前强盛繁荣的唐王朝在中国诞生了。几乎与此同时，唐朝疆域的西方也兴起了一个阿拉伯帝国，它位于东西方贸易的必由之路上，很快便发展成一个商业贸易大国。阿拉伯人的陆上商队，伴随着驼铃声终年往返于中国西部浩瀚的沙海中；阿拉伯海商也结队乘船来到中国，长期留住在广州、泉州、扬州等海港城市。唐代地理学家贾耽所写的《广州通海夷道》，详细记录了从广州起航，经新加坡、斯里兰卡、波斯湾直达今东非达累斯萨拉姆的当时世界最长的航程。贾耽还主持绘制了《海内华夷图》，图长宽均约三丈，比例精确，是一幅巨型的区域世界地图。海上丝路的畅通，使得中国丝绸、瓷器等大量行销到西亚和非洲。今埃及开罗南部郊区的福斯塔特遗址中，出土过上万片的唐至宋初的碎瓷残片；在叙利亚的萨马拉遗址也发现大批唐三彩陶器和青、白瓷器。巴基斯坦、印度和伊朗也有唐越州窑的遗物保存。

宋代较之唐代，在远洋航行方面没有更大的突破和发展，但造船水平和航海技术却有了划时代的提高和创新。此时期的海船建造，已广泛应用了榫接钉合的木工艺和水密隔舱等先进技术，在船型设计和随船属具设置上也日臻完善。1974年夏，福建泉州后渚港出土了一艘宋代古海船，船长30米，宽10.5米，水线长26.5—27米，排水量在400—450吨之间，载重约为250吨左右。全船以12道隔板分隔为13个水密舱，这种水密舱有两个突出的优越性：一是当船发生意外触礁事故时，即使有一两个船舱破裂，其他船舱也不会进水，船体仍有浮力，不会沉没。二是水密舱的多重隔板和船体紧密钉合，增强了船体的横向支撑和抗压能力。同时，船上分舱的设计，也方便了货物的装卸和保存。正因为如此，当时的外国海船在触礁事故中往往很快沉没，而中国海船则能安全返港修理。直到18世纪末，其他国家才引进了我国的这一先进技术，开始在船上设置水密舱。

泉州出土海船的船形也很有特点，船上部扁阔，底部尖窄，首尖尾方，首尾高昂，船体横剖面呈"V"字形。据宋人记载，当时的南方海船即是"上平如衡，下侧如刃，贵其可以破浪而行"。船体扁宽可加强船的稳定性，底尖、首尖宜于在狭窄的水域中破浪而行，阻力小，航速快。实物和文献相互印证，说明古人的记载是真实可信的。与泉州古船同时出土的，还有大量香料和药物，包括降香、沉香、檀香、龙涎香和胡椒、槟榔、朱砂、玳瑁等。这些香货是唐宋时期的主要进口货物，原产于阿拉伯各地和南洋一带。另外，船板上附着的贝壳和巨铠船蛆，也都是南洋地区的海生动物。因而可以肯定，这艘古船是曾经航行于南洋和阿拉伯一带的远洋货船。

宋代航海技术的划时代成就，是将指南针用于航海实践，并最终改进为24方位的航海罗盘。指南针用之于航海，最早见于南宋人朱彧的《萍洲可谈》，他在此书中追述了自己的父亲于北宋年间航海时，为辨别方向和确定船位，夜晚靠观测星星，白天靠观测太阳，天气阴晦时便以指南针为准。这说明指南针至迟在北宋以前便已为航海服务。中国海船使用指南针不久，阿拉伯的海船也开始采用，并把这一技术迅速传到西方。后来，指南针在航海实践中不断发展完善，形成了24个方位的航海罗盘，使得定向导航的精确度大大提高。指南针在航海中的应用，使得人类更多地摆脱了陆地和海岸的束缚，更自由地游弋在海洋上。

历史行进到13—14世纪，中国的航海事业发展到了自己的顶峰。元世祖忽必烈曾派遣几十万大军和数千艘战舰东征日本，南征爪哇、占城，显示出强大的航海能力。而到了明前期特别是明成祖朱棣在位的三十多年间，中国的远洋航海事业达到前所未有的鼎盛时期。朱棣为了提高明王朝在海外各国的声威和影响，并借以巩固自己的皇位，前后七次派自己的亲信、大太监郑和率领庞大的船队出使海外，这就是历史上著名的"郑和下西洋"。

郑和下西洋时，中国的造船水平和航海技术已达到当时世界最先进的程度。郑和每次率领出洋的船只都在一百艘以上，其中大型宝船占半数，此外还有粮船、马船（运货船）、坐船（运兵船）等辅助船只。大型宝船长约150米，宽60米，船上的篷帆、锚舵之大，需二三百人才能举动。1957年，南京明宝船厂遗址出土的宝船舵杆长10

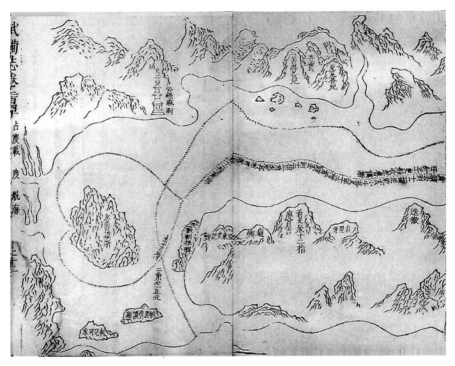

《郑和航海图》(局部),见明代茅元仪编《武备志》卷二百四十

米以上,推测舵板高约6米,宽7米左右;如此巨舵,需靠绞车来操纵
其升降。这种绞车的部件在南京也有发现。正因为有这样巨大而性能
优良的船舶,再凭着高超的航海技术,才使郑和的船队得以"舟行巨
浪若游龙"(马欢《纪行诗》)。郑和船队的随行人员巩珍所著的《西洋
番国记》自序中,对船队的航海技术作了概括性的描述,表明郑和船
队在测定船位、利用季风和海流方面达到了极高水平。船舶在浩瀚无
际的大海上航行,基本是按事先设计的航线行驶,因此必须时刻掌握
船舶本身在一定海区中的确切位置。郑和船队主要采用测深定位、对
景定位和天文定位等三种方法,特别是天文定位中的"牵星术"很有
名。完成于明宣德年间的《郑和航海图》中附有四幅《过洋牵星图》,
标示出船队所到海外各国港口星辰的高度。将船队航行中测得的星高
与这些目的港的星高相校,并配合海图的航向,便可以安全航行到目

的港。如把《牵星图》上各港星高的"指"数（星高的计算单位）换算成现代的纬度度数，误差有时仅四五海里。此外，在利用季风和海流以加快航速并修正偏离误差方面也取得了成功的经验，表明当时中国航海技术所达到的高度。

郑和下西洋的航海活动自永乐三年至宣德八年（公元1405—1433年），历时二十八年，先后到达了三十多个国家和地区，帆舟遍至东南亚和东非各地，是15世纪初叶世界航海史上的空前壮举。这支浩大的船队，在唐宋元三代航海成就的基础上，把亚非各地的航路作了全面的纵横串联和衔接，沟通了西太平洋与印度洋之间的航道联系。郑和船队在第四次下西洋到达印度古里（科泽科特）以后，继续北上至波斯湾头，接通了唐宋以来贾耽的通海航道。同时分出另一支船队由锡兰出发，中经溜山（马尔代夫群岛），横渡印度洋直达非洲东岸的木骨都束（索马里摩加迪沙）等地。从此，下西洋的船队一直把溜山作为横渡印度洋的起点，开辟了通向波斯湾、阿拉伯半岛红海沿岸及非洲东岸的多条航线，为中国与世界各国经济、文化的交流做出了重要贡献。

明朝中后期至清代，由于统治者采取了禁海锁国的政策，中国的经济发展和科技事业逐渐萎缩，航海活动也趋于停滞。而西方各国在进行了资产阶级革命以后，生产力空前提高，科学技术突飞猛进，终于在鸦片战争中以坚船利炮轰开了中华帝国的大门。历史证明，航海事业发达与否，以及与之相关的对外关系开放与否，关系到中华民族的荣辱盛衰。这一点，是人们应当牢牢记取的。

五　文学与艺术

诗歌王国

◎ 张伯伟

　　如果将中西文学传统稍加比较的话，那么，能与西方的史诗、戏剧分庭抗礼并最能代表中国文学传统的无疑是诗。更确切地说，这一由诗歌所代表的中国文学传统，实际上也就是一个抒情传统。

　　口头创作的初民歌谣，在各民族的文化中，都可以上溯到洪荒难稽的远古时期。然而以有文字记载而言，中国的诗歌实始于《诗经》，其产生时代大约在公元前1100—前600年间，即西周初年至春秋中叶。根据可靠的古代文献，最早的"诗"字也是出现于《诗经》中，"诗"的名词的出现，也许表示了一个新的概念的初建，同时意味着文艺批评的萌芽。文字学家阐释"诗"字的原意，以为"诗，志也，志发于言，从言寺声"（许慎语），而从春秋战国以来普遍流行的"诗言志"的观念中，我们不难为这一文字学上的说明找到文艺学上的佐证。《诗经》中充满了以谐合音乐的语言所表达的人们内心的欢乐与哀伤，这似乎正体现了抒情的两大要素：音乐节奏的语言加上内心意志的独白。而古人对"诗"的"言志"与"从言"的说明，也反映了他们认识到诗歌是生发于内的情感意志和表现于外的语言文字的高度融合。

　　在中国诗歌史上，就其对后世影响的广度和深度而言，恐怕没有任何一部书能与《诗经》相比。在305篇作品中，除《大雅》和《周颂》的部分篇章外，绝大多数的作品都远离宗教的迷恋和神话的虚幻。

而且即使在某些表现祭祀的作品中，对道德因素的强调也往往胜过对神的依赖，这就奠定了中国诗歌的以人文界为核心展开其内容的基础。自从孔子将这些诗列为人生行为的教材之后，至汉代又列为"五经"之一，使它成为历代士人的基本读物，从而进一步增添了此书的权威性。同时，也使它兼经学与文学于一身。因此，传统文学思想特别强调从文学中考见政治得失、风俗盛衰。《诗经》有"六义"，即风、雅、颂、赋、比、兴，其中尤以"比、兴"二义为最重要。诗人采用这些手法，以抒情短章的形式表达自己瞬间的感受。《诗经》以降，《楚辞》、汉乐府，乃至唐诗、宋词，凡属中国文学的上乘之作，几乎无一不是善用"比、兴"的。

《诗经》奠定了中国诗歌的抒情传统。然而将这一传统作了有力的推动，并使之放射出灿烂之光的，则是战国时代以屈原为代表创作的《楚辞》。《诗经》中的大多数作品，其作者的姓名是无考的，而《楚辞》则具有更为强烈的个人色彩。在《离骚》等作品中，屈原展示了自己丰富变幻的心路历程，第一次在诗歌中鲜明地提出了个人与社会的矛盾问题，诸如对祖国的眷恋、对命运的抗争、对世人的哀悯等等复杂的感情，都被融进了他的动人心魄的自我倾诉之中，体现出比《诗经》更为强劲的抒情性。与此相适应的，它在句式上也突破了以四字为基调的《诗经》模式，而代之以六字句的"骚体"。对"比兴"手法的继承和发展，是《楚辞》的又一特色。中国文字史上的"香草美人"的比兴寄托传统，就是由屈原导其先河的。魏晋的曹植、阮籍，唐代的陈子昂、李白，都是此一比兴寄托传统的优秀传人，而阐释者的执男女之词，作美刺之笺，也因而成为传统文学批评的一大特色。

《诗经》和《楚辞》，作为中国文学史的两大源头，在以后的发展中，遂形成了并行不悖的"风""骚"传统，六朝乃至明清的诗论家，经常认为后世的诗歌是出于《诗经》和《楚辞》的，这除了一部分"崇古"的心理之外，更多的可能还是道出了这样一个事实：中国诗歌的基本发展方向以及艺术手法在发轫期的《诗经》和《楚辞》中已大致确定了。

　　不过就诗体形式而言，最能代表中国诗歌形式的却既不是《诗经》的四言，也不是《楚辞》的骚体，而是五、七言古近体诗。这两种诗体（五言和七言）的成立至成熟，大约在公元1世纪到5世纪中叶，即西汉末年到刘宋时期，而律体诗（或曰近体诗）的完成，则更要晚至公元7世纪初叶的初唐时期。

　　五、七言诗体的形成，主要是来自乐府民歌。文人对民间创作的摹仿、雅化，是中国文学体裁通常的演变方式。文人五言诗的成熟，是以《古诗十九首》为标志的，经过建安时期（公元196—219年）以曹操父子为中心的邺下文人集团的努力，五言诗遂成为中国诗史上最广泛的诗体之一。七言诗的形成似乎要曲折一些，从张衡《四愁诗》的夹用骚体句式，到曹丕《燕歌行》的句句入韵，此后文人很少继响，一直到"才秀人微"的鲍照出现以后，他吸取北方民歌的形式，在用词方面更加自由灵活，以适应表达自己慷慨激越、跌宕奔放的感情的需要，才标志了七言诗体的成熟，并进一步影响了唐代诗人。

　　五、七言诗又分古体和近体，所谓近体，即指律体诗。在律诗的形成过程中，五世纪中叶的沈约等人发现了诗歌音律，并人为地规定出诗歌的四声和病犯，具有决定性的作用。至初唐的文人，又对诗歌格律作了进一步完善，从而使律诗的形式定型，并以其讲求格律和对偶与古体诗在形式上豁然分开。此外，一首律诗大多由四联八句构成，在字数上也有确切的规定。正因为如此，唐人和科举考试，也以五律为内容之一。五、七言的绝句，滥觞自汉魏六朝的乐府民歌，至唐代受律诗影响，格律也渐趋整饬。同时，在律诗的基础上，又演化出五、七言排律，扩展了诗歌的涵容量。

　　就中国诗歌的精神而言，其基调毫无疑问是由《诗经》《楚辞》为之定弦的。在历代数不胜数的篇什中，对于民生疾苦的挂虑，对于人生哀乐的抒发，对于政治得失的关怀，对于自然奥秘的感悟，始终是历代诗人歌唱的主旋律。而且，只要人们稍稍留心倾听一下，则不难辨认以下这些领唱的歌手。

　　阮籍（210—263年）的82首五言《咏怀诗》，也许是中国诗史上表现士人对黑暗政治的忧愤、苦闷、恐惧、悲悯之情的最灿烂、最奇幻的结晶。在这些作品中，辐射向人类的广泛同情与缺乏共鸣的强烈孤独融合为一体，慷慨激越的感情与隐晦曲折的表现融为一体，从而形成"言在耳目之内，情寄八荒之表"（钟嵘语）的审美特征。它影响了后代以组诗形式出现的咏怀、感遇之作，而这些作品，往往都是有关于当时政治的。

论到诗与自然，最伟大的诗人应该是陶潜（365—427年）。他的作品所展示的是一个不甘束缚的自由的灵魂，如何从"举世少复真"的黑暗、虚伪的官场中挣脱出来，走上归隐躬耕之路，而发出"复得返自然"的愉悦。在他的诗中，人与自然的亲和融洽第一次被表现得如此充分、如此"自然"。大凡中国的自然诗，皆贵在从自然景色中体悟出某种玄意妙理，而不只是对自然本身的客观描摹。在中国诗人的眼中，自然既是传达思悟的意象来源，更是主观沉思或妙悟的对象，它是"道"的体现。陶渊明的田园诗，贵在从对南山的凝望中悟到"此中有真意"；谢灵运的山水诗，贵在当游览景物时发出"蕴真谁为传"的询问。这一传统，在唐代诗人王维的诗中依然得到完满的表现。不过，在王维的笔下，陶、谢诗中夕阳、飞鸟、洲渚、流水中所蕴含的玄学的"真意"已被空山、幽涧中透露出的禅学的领悟所替代了。在中国文化中，儒、道、释思想中所表现的对于自然的欣赏与热爱，也许是中国诗歌对于自然迷恋的根本原因。

在中国诗歌中，只有杜甫（712—770年）获得了"诗圣"的美名，这无疑是诗国的桂冠。孟子称儒家宗师孔子为"圣"，而杜甫的诗也是儒家精神的集中体现。他的诗，句句闪耀着人伦的光辉，处处流露出广博的爱心。他由自爱出发，爱妻子、爱兄弟、爱朋友、爱国爱民，直至爱周围的草木花鸟。也正因为他有着对美好事物的真挚的爱，他才会对丑恶现象有着切肤之恨。"新松恨不高千尺，恶竹应须斩万竿。"他的一生，是以仁者的怀抱，践履了儒家的操守，使儒家的精神，在艺术形象中得到了具体生动的显现。与"诗圣"之誉联系在一起，杜甫还有"集大成"的称号，这一原出于孟子赞颂孔子的话，用在杜甫身上，更多的是就其在文学史上承先启后的地位而言的。杜甫广泛吸取了汉魏以来直至盛唐诗人的艺术经验，"别裁伪体"，"转益多师"，从而达到"尽得古今之体势，而兼人人之所独专"（元稹语）的诗学高峰。而他的学力丰赡，也使中国诗歌在对偶、用典等方面达到很高的成就，并对宋人产生极大影响。杜甫对于文学传统，是在传承中做选择，由传承而走向创造。由于这种创造的方式根源于儒家文化的精神，因而它也成为唐以后中国诗人从事创作的理想的必由之路。

和杜甫双峰并峙的诗人是"诗仙"李白（701—762年），然而他并非如人们想象的那么飘逸和超脱。如果说，杜甫对于人生的痛苦只是一意负荷的话，那么李白的诗所展示的，则是不断在痛苦中试图挣脱腾越而又始终无法摆脱痛苦的一个不安的、躁动的灵魂。即使在他的游仙诗中，也找不到任何哲学的思辨或宗教的沉思，有的只是对生命无常的咏叹：或以紧张热烈的情绪哀叹它的逝去，或以恣纵偶傥的笔调幻想它的永恒。在中国诗歌中，对于人生哀乐的抒发，恐怕没有一个诗人能像李白那样用最直率、最真诚、最强烈的声音歌唱了。李白是一个真正的浪漫主义诗人，他能够将其主观的东西由个人扩大到社会，用他的心灵去包围整个世界，并且对未来始终充满了渴望之情。这些都使他的作品在众多的唐诗中焕发出异彩，并闪耀着永恒的魅力。

中国诗歌以抒情为主，但并不排斥叙事和说理，尤其需要指出的是，在古代诗歌中，说理不仅不与抒情相矛盾，而且也是加强抒情的一种有效的手段。《诗经》《楚辞》中已含有不少议论的成分，但大量地将说理作为诗歌的一种艺术手段，则是开始于韩愈，大盛于宋代。而对人生哲理的探求，在诗歌中表现得尤其出色的当推苏轼（1036—1101年）。苏轼是中国文学史上的奇才，他的诗、词、文所达到的造诣皆堪称"大家"。他深入于儒、道、释三家典籍，使他面对种种坎坷曲折而应付裕如。他的诗，实际上也就成为他在人生道路上的进取、怀疑、厌倦、解脱的真实记录，既有一种深沉的感伤，又富于智慧的理趣，代表了中国诗歌的一个重要方面。

一直到20世纪以前，五、七言古近体诗始终是中国诗歌的主流。

然而审视诗史的流变，人们会发现，只有唐宋两代（公元618—1279年）才是古代诗歌的黄金时代。而这两个时代的诗，恰恰又显示出两种不同的风貌。概括地说，唐诗以"情"胜，宋诗以"意"胜；唐诗多华贵浪漫之气，宋诗多平淡素朴之风；唐诗追求感情的瞬间燃烧，宋诗追求感情的理性反省。因此在遣词造句上，唐诗多丰腴秀美，宋诗多生硬峻峭。宋以后的诗人，或以唐诗为指归，或奉宋诗为圭臬。所以唐宋诗歌的特点与倾向，实可代表中国诗歌的一般特点与倾向。

五、七言古近体诗自宋代以后，尽管没有再出现新的高峰，但其间仍不无创造和开拓。随着20世纪初新文化运动的兴起，白话诗逐渐成为诗歌的主体，但古典诗歌仍然是人们抒情言志的手段之一，并出现了不少佳作。作为诗人生命的流露，诗歌的本质与表现媒介的文言或白话并无必然的联系，这是对中国诗史流变进行全盘审视后应该得出的结论。

古乐袅袅

子在川上叹曰:"逝者如斯夫! 不舍昼夜。"音乐方纵即逝,其速更甚于流水。幸而音乐仍像流贯千万里的江河,在历史的河床上,在岁月的冲积扇面中,留下种种遗痕。依靠浩如烟海的中国古代文献、不断出土的地下音乐文物,再以延续至今的民族传统音乐探源溯流,可以约略窥见古乐昔日的绰约风姿。

中国古乐的开篇

中国悠久的音乐文明何时诞生?过去仅据上古文献记载,追溯到黄帝、女娲等传说时代,便已恍惚迷离,似乎难与两河流域及埃及上古文明相埒。所以有的学者还认为中国的七声十二律等来自希腊和巴比伦。

近几十年的音乐考古,带来令人兴奋的原始时代音乐信息,有力地改变了上述片面看法。在西安半坡仰韶文化遗址、浙江余姚河姆渡文化遗址等地,先后发现新石器时代的陶哨、骨哨、陶埙、陶角、陶球(摇响器)等多种原始乐器。它们最早的距今达六千至七千年,有的还能重现当时音响,不能不令人对当时的音乐水平刮"耳"相听。青海大通出土的一件五千年前的彩陶舞蹈纹盆,让我们强烈地感受到超越时空限制的原始乐舞魅力，可以推测当时人们已开始自觉进行"美"的创造了。

最新也是迄今为止最重要的发现，是河南舞阳贾湖裴李岗文化遗址出土的一批竖吹骨笛。不久前音乐家们对它们进行了测试。一支经精确计算制作的七孔骨笛，竟能发出宫、商、角、徵、羽、变宫、变徵这样的七声音阶。用它能成功地演奏河北民歌《小白菜》等乐曲。这一早到七八千年前的新石器时代早期的乐器，证明先民们的音乐已有复杂的音阶形态。

这一世界上古音乐史的重大发现，使我们对中国原始时代音乐重新做出估价，并引导我们把探索中国古乐开篇的目光投向比七八千年前更加遥远的古代。因为，如果把这看作中国古乐的发端，那中国音乐便也成了传说中的老子，生下来便已长着白胡子了。

结合有关文献和民族学材料，还可以知道原始时代的歌、舞、乐几乎是浑然一体的。它们既同先民们的生产劳动密切相关，又与原始的巫术、宗教活动紧紧交织。是生产作用的一种"手段"，又是希望慰藉之所系，具有广泛而重要的功能。

原始社会末期，乐舞有了更大发展，出现了许多新的乐器。山西襄汾陶寺及闻喜县南宋、河南偃师二里头等地出土了单件大石磬、陶铃、陶钟，还发现外有彩绘上蒙鼍皮（鳄鱼皮）的木鼓，以及金属的铜铃，这兆示中国青铜时代已悄然来临。

从青铜时代以来，中国古乐的发展，大体可分为以下三个阶段：

1. 以编钟编磬等"金石之乐"为代表的先秦乐舞时代。

2. 以歌舞大曲为代表的中古伎乐时代（汉至唐）。

3. 以戏曲音乐为代表的近世俗乐时代（宋、元至清）。

以下分别述之。

金石之乐时代

与中国青铜文化的兴衰相始终，先秦乐舞是中国古乐发展的第一个高峰。它在世界音乐文化史上写下了浓重辉煌的一页。

前期是夏、商至春秋末。这一时期最受尊崇的是宫廷贵族祭祀的乐舞。代表作品是颂扬黄帝以来各代统治者功德的史诗性古典乐舞"六乐",如夏禹的《大夏》、商代的《大濩》以及周初制作的《大武》。从殷墟甲骨卜辞可知商代宫廷已有各种专职乐官,除《大濩》外还上演《桑林》《祓》及求雨等宗教活动所必需的乐舞。西周的统治者十分重视制礼作乐,各种礼仪音乐都按不同社会等级加以严格规定。据《周礼》记载,当时由"大司乐"领导的宫廷乐师乐工多达一千四百余人,表演六代乐舞及各种小舞、各种来自民间及外部族的音乐。被称为中国文学起点的《诗经》,是当时配合各种乐器、舞蹈演唱的乐歌歌词。因而后来《墨子》有"弦诗三百、歌诗三百、舞诗三百"之说。《诗经》风、雅、颂的分类亦由音乐而得名。它们不仅用于讽谏、颂美及典礼,日常生活及政治外交活动也借以传达情意,成为一种特殊的"乐语"。

湖南宁乡出土的商代后期的　　　　陕西扶风出土的西周晚期的
青铜乐器象纹铙　　　　　　　　青铜乐器克镈

商代已出现编钟和编磬。一般是三件一组。还出土腔皮鼓、双面铜鼓、虎纹和龙纹的大石磬及埙等乐器。周初则已有"八音",即金、石、丝、竹、匏、土、草、木八类乐器,见诸记载的乐器近七十种之多。最受重视的是象征统治者权力地位的金石之乐。西周编钟一组已有八件，而且每钟能发两种不同的音。

金石之乐时代后期始于春秋战国之际。当时社会急剧变革，"礼崩乐坏"导致各国诸侯竞相制作奢华的礼乐器。1978年湖北随县曾侯乙墓出土了规模空前的金石乐器。124件乐器中最引人注目的是由64件钟组成的巨型编钟，其总重达5000余斤，悬挂在约三米高的精美钟架上。每件钟均能发出相距小三度或大三度的两个音。总音域跨越五个八度（A_1—c^4），中心音区十二律俱全，可以旋宫转调。总数达2800字的钟铭，标明每钟双音，以及曾国与楚、齐、晋、周等国律名、阶名、变化音名的对应关系，反映了先秦乐律学高度水平。编钟声音洪亮优美，与同出的编磬、瑟、琴、排箫、笙、鼓、篪等精美乐器一道，生动地展示了战国初年宫廷乐舞的辉煌场景，被誉为世界音乐史上的奇迹。

这一时期民间的俗乐蓬勃兴起，纷纷进入宫廷。孔子突破"学在官府"的旧秩序，以"诗书礼乐"教育弟子，十分重视音乐"移风易俗"的教化作用；但他却是推崇雅乐而贬斥俗乐的。新兴的"士"阶层中，也产生了伯牙等著名音乐家，他们和许多民间音乐家一道，有力地推进了音乐的新潮流。

中古伎乐时代

随青铜时代结束，金石之乐到秦汉亦告衰落。战国以来各地兴起的民间俗乐，尤其是曾给屈原的伟大创作提供养料的南方"楚声"，经过中央集权国家设立的乐府等相应机构的集中和提高，呈现出丰富多彩的面貌。

乐府及达官贵戚占有的伎乐，是当时音乐歌舞表演的主干。乐府有鼓吹乐、相和歌、歌舞百戏及各种器乐。鼓吹乐源出于北方边境少数民族，引入宫廷后主要用在朝会及军中，带有军乐性质。由"街陌讴谣之词"发展起来的相和歌则主要用于娱乐欣赏。它先是由"徒歌"（清唱）发展为加帮腔的"但歌"，再发展为"丝竹更相和、执节者歌"，即名副其实的相和歌。相和大曲是它的最高形式，是有歌有舞还有乐的大型演出。音乐由性质不同的解、艳、趋、乱等部分组成。这种较生动活泼的艺术表演受到广泛欢迎。

从魏晋到南北朝，中国历史进入大动乱、大分裂时期。晋室南迁，促进旧有北方相和歌与南方由民歌发展起来的富于爱情题材的"吴声""西曲"（荆楚西声）结合，成为风格清新婉丽的清商乐，并占据音乐生活的主导地位。到隋文帝统一中国时，清商乐一度设专署统领，对隋唐时期雅乐和繁盛的燕乐产生过重要影响。

这一时期，随"丝绸之路"而涌入的"西域"（包括西北少数民族地区）音乐，给中原音乐文化带来许多新鲜成分和巨大影响。早在汉初，羌笛、觱篥、箜篌（竖琴）、琵琶等乐器及《摩诃兜勒》等乐曲便已传来。佛教传入，寺院逐渐成为宫廷、府邸、地主庄园外又一重要音乐活动场所。佛曲的俗化与俗乐的佛化，与清商乐相结合，形成"其声清而近雅"的法曲，是隋唐燕乐的一个重要部分。南北朝民族大迁徙、大融合，西域鲜卑、龟兹、疏勒、高昌、康国以及天竺、安国等音乐先后传入内地，这些所谓的"胡乐"不仅丰富了南北朝时的音乐生活，也为隋唐燕乐的繁荣创造了条件。散布在丝路沿线的敦煌莫高窟、新疆库车克孜尔等寺院石窟，其绚丽多彩的壁画雕塑，也描绘了宗教及世俗的乐舞活动，是丝绸之路音乐文化交流的见证和写照。

隋唐时期，国力强盛，经济繁荣，各族人民共同创造了以繁盛的"燕乐"（宫廷俗乐）为代表的灿烂音乐文化。

隋初制定宫廷礼乐，对胡乐、俗乐进行了整理，先后编定为七部乐和九部乐。唐初进一步充实扩展为十部乐，即燕乐、清商、西凉、天竺、高丽、龟兹、安国、康国、疏勒及高昌乐。此外，还备有扶南、百济、突厥、新罗、倭国、南诏等多种伎乐，异常丰富多彩。后来又有立部伎、坐部伎制度，所表演的乐曲有唐太宗、唐高宗时创作的《破阵乐》《庆善乐》《大定乐》等初唐三大舞，以及武则天、唐玄宗制定的乐舞。它们是具有雅乐性质的燕乐。

燕乐有声乐、器乐、舞蹈以及散乐、白戏等，以歌舞音乐为主。

在唐代民歌、曲子的基础上，继承汉魏以来清乐大曲传统而发展起来的燕乐大曲（包括法曲），是歌舞音乐的代表。它们具有复杂庞大的结构，分为"散序""歌""破"三大部分。每一部分又有若干乐段，如散序有靸；歌（又称中序、拍序）有歌头、攧、正攧；破（又称舞遍）有入破、虚催、实催、衮遍、歇拍、煞衮6等等。唐代大曲很多，《霓裳羽衣》《赤白桃李花》《凉州》等是大曲的著名作品，白居易等唐代诗人对之给予了精彩的描绘。

隋唐宫廷虽也大力制定雅乐，但真正受重视的是供享乐的燕乐（俗乐）。唐朝除规模庞大的大乐署、鼓吹署等音乐机构外，还成立了专管俗乐的教坊。著名皇帝音乐家唐玄宗在位时，长安和洛阳的内、外教坊就有五所，专习法曲的"梨园"有三所。"梨园"受玄宗亲自指导，这些技艺高超的艺人被称为"皇帝梨园弟子"。这是宫廷燕乐极盛时期，上述机构的"音声人"（乐人）竟多达数万。也就在此时，胡乐与传统的俗乐得到更充分的融合，形成中国古乐的又一高峰。

器乐在隋唐时也有很大发展。许多外来的乐器已生根开花，琵琶和羯鼓成为最重要的乐器。魏晋以来备受文士们青睐的琴乐在保存"楚汉旧声"的同时又有创新，涌现出许多著名琴人，还改进了记录琴曲的琴谱，流传至今。在20世纪初，人们从敦煌莫高窟藏经洞发现了著名的《敦煌曲谱》，经过今人译解，可以再现部分唐代琵琶乐曲。

高度繁荣的隋唐音乐文化，对日本、朝鲜等国产生很大影响。日本"遣唐使"也有学习音乐的，他们带回唐朝的乐器、乐曲和乐书。有一些保存至今，成为两国悠久音乐文化交流佳话的见证。

唐末，宫廷音乐渐衰，而民间歌舞、曲子及散乐百戏则逐渐抬头，为中国古乐新的发展时期进行了准备。

戏曲音乐时代

宋、金、元时期，农业、手工业的发展与商品经济的发达，导致都市的繁荣和市民阶层的壮大。城市中出现了许多游乐场所，汇集了大量民间职业艺人。仅北宋汴梁城几个商品交易集中点，就有"勾栏""游棚"等民间音乐观演场所五十余座，其大者可容数千人观看。艺人们不管风雨寒暑，每日献艺，表演嘌唱、唱赚等歌曲，舞剑、舞旋等歌舞，鼓子词、诸宫调等说唱，及大乐、细乐等器乐；而傀儡、影戏、杂扮、杂剧及院本等戏剧，更是日益兴盛，备受青睐。

包含文学、音乐、舞蹈、美术等多种因素的综合艺术戏曲，经过从原始时代到汉唐这样漫长的萌生阶段，在宋元的有利条件下得到重大发展，趋于成熟。当时北方有继承唐代歌舞戏、参军戏传统的杂剧，由艳段、正杂剧和散段（又称杂扮）三部分组成，音乐多用曲子和歌舞大曲材料。到元代，杂剧发展达到鼎盛，音乐也形成一定的格式。当时杂剧通常有四折，前头或中间有的加"楔子"，每折音乐分别用不同套数，由主角（旦或末）一人演唱全套，其余角色则只说不唱。音乐主要特点是用七声音阶，字多调促，风格遒劲，通称北曲，以笛、鼓、板为主伴奏。

南方则有北宋时在浙东永嘉（今温州）地区形成的南戏，亦称永嘉杂剧。它没有折数限制，也不受每折一个宫调的限制。每种角色都能唱，形式有独唱、对唱、轮唱、齐唱多种。音乐用五声音阶，风格婉丽，字少调缓，通称南曲，在南方地区迅速流传开来。

南曲、北曲相互交流吸收。南戏与杂剧均有"南北合套"的实例。南北曲遂逐渐取代歌舞大曲成为最重要的音乐形式。

乐器方面，擦弦（或称拉弦）乐器如稽琴（唐之奚琴）开始崭露头角。琴乐受到宫廷重视，涌现了不同琴派的许多优秀琴家和作品，浙派琴家郭沔的《潇湘水云》就是一首著名的代表作。当时民间有多种器乐合奏，有的一直影响到现代民间一些传统器乐的合奏。

明清时期，北方杂剧由盛转衰，而南戏（明多称为传奇）则转为兴盛。南戏不仅经由南北合流取得发展，更重要的是在流传过程中与南方各地民间音乐结合，派生出多种多样的戏曲声腔。最著名的有海盐腔、余姚腔（均浙江），弋阳腔（江西），昆山腔（江苏）。弋阳腔在明初流传尤广，后来盛行于清代的"京腔"等高腔系的剧种，就曾受其影响。昆山腔在明中叶经改进，创造出更为细腻悠缓的"水磨腔"新曲调，经由《浣纱记》的上演，遂盛行于明代社会。到清代昆山腔又称曲，它集南北曲之大成并推出《长生殿》《桃花扇》等剧目，在康熙、乾隆时达到自己发展的巅峰。

但艺术之林同样有新陈代谢。因为过分追求文雅和雕琢，昆曲很快衰落，不得不让位于如火如荼兴起的各地声腔剧种。影响最大的有弋阳腔、梆子腔和皮黄腔。弋阳腔是前述明初四大声腔之一，"其节以鼓，其调喧"，与昆曲的婉丽适成对比，故鹊起而补其不足。梆子腔（最早也叫西秦腔）以梆子为板，音乐风格高亢激越。皮黄腔是西皮（梆子腔流入湖北襄阳后演变而成）及二黄（形成于安徽、湖北一带）的合称。后两腔是以简练的基本音乐素材进行灵活的变化发展的"板腔体"结构，较之杂剧、昆曲用不同曲牌连缀成套的"曲牌体"结构，更富于戏剧性，更易于欣赏学习。这些新腔的出现是戏曲音乐发展的一个重要转变。

18世纪末至19世纪初，徽班及汉班艺人分别将二黄、西皮腔带到北京。两腔结合，吸收昆腔、梆子腔等多方面有益因素加以革新，形成了以皮黄腔为主腔，京胡、二胡、笛子、三弦及鼓、锣、铙钹等乐器为伴奏的独立剧种京剧。经过近两百年不断努力，先后涌现出程长庚、谭鑫培及梅兰芳等优秀表演艺术家，积累了上千部传统剧目，终于成为全国性的第一大剧种。

在昆曲、京剧"各领风骚数百年"的同时，各种地方戏、民间小戏也蓬勃兴起。据近年统计，现存及历史上可考剧种达三百余种，大都形成于这一时期。其中还有少数民族的戏剧。这些剧种各有特点，而音乐风格上的差别则是最主要的标志之一。

明清以来民歌、小曲、歌舞、曲艺、乐器以及乐律、乐书、乐论等均有很大发展。它们融会上古以来蜿蜒流布的各种音乐成分蔚成巨流，与今天民族传统音乐各个门类有着直接的传承关系。它们和其他所有传统文化一道，熏陶我们，哺育我们，时刻都可以接触到和感受到。

书法艺术

◎ 高名潞

　　将书写文字发展为一门艺术——书法，乃是中国所特有的现象。书法之所以能成为源远流长的艺术形式，当然有赖于中国文字自身的形象特征。早期人类不同区域的文字都具有象形因素，如古代埃及的图形文字。但埃及的图形文字早在公元前500年左右就字母化了，而中国文字至今仍保留着抽象化了的象形因素。这种形象性的结构为书法艺术提供了结构依据，再加上毛笔的运用，于是有了笔法和章法等等规则，有了篆、隶、楷、行、草等书体，进而又有品第书法优劣、评论书法的特点，甚至研究他人论述书法的著作等书学。

　　所以，中国书法的形成与发展，与中国文字的诞生和发展紧密联系在一起。古人说，书之出现，乃一人为之，或曰史皇，或曰黄帝，或曰沮诵，而以言仓颉者为多。自然，书（字）不可能是一人所造，但后来总得有一些人将远古的各种记事符号等加以归纳整理。《说文序》说仓颉是黄帝的史官，或许他就是这样的专家。古人又说仓颉时代的文字是"书画异名而同体"，即"书画同源"。如颜光禄说："图载之意有三：一曰图理，卦象是也。二曰图识，字学是也。三曰图形，绘画是也。"因此在古人的眼中，巫卜性质的卦象符号，作为标记性质的契（字），和象形因素的符号（画），都是混一的、不可分离的图形符号。

传世的文字实物，可追溯到新石器时代（约1万—4000年前）。西安半坡、大汶口文化遗址出土的彩陶上有一些类似文字符号的图像。但真正成熟了的文字应数殷商时代（约公元前1300—前1046年）的甲骨文和金文。就风格而言，前期武丁、祖甲时的甲骨文字大而雄伟；中期廪辛、康丁、武乙时的字小而谨饬；晚期文丁、帝乙、帝辛（纣）时的字小而严整，有金文的特点。金文差不多与甲骨文同时产生。商代（约公元前16—前11世纪）早、中期青铜器上有图腾族徽、图像文字。至殷商时期，青铜器上方有铭文，初为二三字，至商末少数青铜器铭文已长达四十多字。金文有时也称钟鼎文、大篆。在传世的甲骨、金文中，我们可以看到早期书法（或者说文字）中象形、书契、卜筮各种符号相混杂的特点。盖此时的文字尚主要作为实用的记事交流和卜筮、礼仪的工具而出现，纯粹审美的书法观念尚未形成。除甲骨、金文外，石鼓文也是传世最早的石刻文字之一，为小篆鼻祖，约为公元前375年之物。

秦汉时代，是中国书法告别古文而走向成熟和自觉的时代。传说李斯省改大篆，造小篆；程邈创造了隶书。不论此说确否，发展出更为简便的实用文字和更为纯粹的书法艺术形式乃是时代使然。在汉代，隶书的流行衍生了章草和今草这些新的更为自由的书体，专门的书法家开始出现。一些文人士大夫如蔡邕开始撰写书论。故东汉至魏这段时间亦可称为中国书法艺术的自觉时期。代表书法家有杜度、崔瑗和崔寔父子、张芝等人，他们是章草和今草的名家。

似乎与东汉（公元25—220年）画像石、画像砖大兴相伴，东汉刻碑之风亦大盛。门生故吏、孝子贤孙纷纷为其主其祖歌功颂德，树碑立传。故汉碑著录不下二百余品。其著名者，若《华山庙》《史晨》《乙瑛》《礼器》《曹全》《张迁》《石门》《鲜于璜》等碑，风格或秀逸典雅，或朴拙雄浑，或平正刚直，或石峭奇谲，可谓众体皆备，群星灿烂。

这"碑碣云起"的现象当始于"秦六石"。秦始皇灭六国后巡视国内，在峄山、泰山、琅琊台、芝罘、碣石、会稽六处刻石封禅，由丞相李斯书文。从此，书法第一次离开了竹帛、金属和甲骨，与天然巨石和峰峦摩崖相结合，完成历史纪念的任务。这与西方文化中由建筑（如罗马凯旋门）和雕刻（希腊胜利女神）承担纪念碑的形式迥然相异。或许这正是由中国人的自然意识或谓天人合一观念所决定的。秦六石脱离甲骨铜器的原因也许正如龚自珍所说："石在天地之间，寿非金匹也，其材巨形丰，其徙也难，则寿侔于金者有之，古人所以舍金而刻石也欤？"

　　然而这强劲的"北碑"书风至晋代（公元265—420年）则为新起的"南贴"书风压倒。像这一时期绘画从壁画转向卷轴画一样，书法亦从碑版走向刻帖。这都是因为文人士大夫竞尚墨迹，且内容也不都是经传铭文，很多只是随意性很强的信札简牍。加之魏晋以来，文人以清简为尚、虚旷为怀，修容发语，以韵相胜，落笔散藻，于不期然而然之中获自由潇洒、飘逸空灵之神采。现传世最早的名人墨迹，是西晋陆机的《平复帖》。

　　南帖的兴起以东晋二王的崛起为标志。而产生了二王的晋代在书法史上也算是黄金时代了。在后世文人眼中，王羲之在书史上的地位可与孔子相埒，乃千古莫二的书圣。明人项穆说："宣尼（孔子）逸少（王羲之），道统书源，匪不相通也。"而此前唐人张怀瓘即已说："逸少可谓韶尽美矣，又尽善也。"言外之意是，王羲之的书法表现了中和之美。宋黄山谷所谓："右军笔法如孟子道性善，庄周谈自然，纵说横说，无不如意。"元赵孟頫也说王书"总百家之功，极众体之妙"。而后世各种类型的书家，无论是重法度的、抒情浪漫的、唯美的、讲禅家空灵的、重自然平淡的，都要上溯王羲之。然而，王羲之的真迹今日已一纸无存。存世墨迹均为摹本、临本。如《快雪时晴》《平安·何如·奉橘》《丧乱》《上虞》《十七帖》诸帖，而尤以《兰亭序》最为后人崇仰。

　　但是，接踵而来的书法盛期唐代，却并非迎合二王的时代。尽管有李世民的提倡，又有唐初欧（阳询）、虞（世南）、褚（遂良）、薛（稷）四大书家承二王衣钵，但唐代书法一方面是理性极强、法度森严的楷书，像唐初四家，各辟蹊径，开唐代楷书中兴之先河，同时又有极奔放纵肆的一路浪漫主义书风，这就是以张旭、怀素为代表的狂草。从汉代的章草、今草到唐代的狂草，中国书法这一脉相延的艺术在发扬蹈厉、与生命同体方面已达于极致。而这种高度浪漫主义的艺术精神又只能出现在唐代，醉卧沙场、水中揽月都不是诗意或梦境，乃是现实。玄宗时以李白诗、斐旻剑、张旭书为三绝。杜甫《饮中八仙歌》中有"李白斗酒诗百篇"，还有"张旭三杯草圣传，脱帽露顶王公前，挥毫落纸如云烟"。这是由尚武、胡风、诗、书、画的专职化以及崇神敬佛的入世宗教精神等多种因素所决定的。而在这种特定时代中出现的张旭的狂草亦成为中国书法史上的绝唱。

中唐又出了颜真卿，其楷法力挽狂澜。颜书一反初唐四家险劲秀逸之风，而行以篆籀之笔，化瘦硬为丰腴雄浑，改紧劲为宽博舒朗。显示了大唐气度和他本人刚正的人格。实际上，颜书代表了中国书法史上伦理至上的儒家书风。而颜书之于二王，则有如杜甫之于陶、谢。颜书对晚唐、五代、北宋影响至深，影响仅次于王羲之。但颜书之影响力至元、明、清渐退，甚至有人认其书如"村夫"，言外之意是不够秀雅和飘逸。

北宋（公元960—1127年）的书法充分地反映了文人的意气。所谓"晋人尚韵，唐人尚法，宋人尚意"。这意气就是个性的张扬。宋人既丢弃了唐人的森严法度，也没继承张旭的浪漫情致，倒是受颜真卿和五代杨凝式的抒情性的行书影响较大。北宋四大家为苏轼、黄庭坚、米芾、蔡襄。除蔡仍谨守唐法外，其余都将书法与人格和性情相统一，主张随心所欲地表现，不受古人书风束缚。苏轼说："我书意造本无法，点画信手烦推求。"而像他这样自由、恣意地创作的书家确实很少，因为他不讲求形式，握笔不合规矩，甚至到处"乱写"。与之齐名的黄庭坚主张在抒发性情之外，还要加入禅宗功夫，特别是写草书要潜心冥会。其行楷雄劲而奇崛，草书则隽逸瑰丽，其代表作为《李白忆旧游诗》《诸上座帖》等。大抵宋人讲平和冲淡，尚只是追求，而社会情感、时代心理都使宋代文人的心理难于安和平淡，仍少不得要发书生意气，故其书法也不免流露芒角、倜傥风流，还入不得禅家宁静致远的境界。米芾的书法即是一例。他说："书非以使毫，使毫行墨而已，其浑然天成，如莼丝是也。"他的鉴赏力很高，对前人多有贬意，视颜、柳（公权）为"后世恶札之祖"；他虽赞赏二王的潇洒飘逸的平淡，却又力求突破，而上溯上古之人的朴野之趣。米芾的书法在宋人中最为剑拔弩张，其字跳跃跌宕，劲健爽利，行笔中侧并施，结体错落俊丽，堪称宋书中第一风流。但当时黄庭坚就已批评米书太外露，"如子路未见孔子时"；严羽亦以平淡标准评道："坡、谷诸公之诗如米元章之字，虽笔力劲健，终有子路事夫子时气象。"类似的评价至元人更是盛行。而后人康有为在评价宋代革新书风时，则激烈地说："黄、米复出，意态更新，而偏斜拖沓，宋亦遂亡。"

南宋书法较之北宋已江河日下，书家一般不出黄、米樊篱。稍有变通者，只有张即之。

宋代在书法史上的重要性还在于丛帖的刊刻。自宋太宗朝集历代名家书法为《淳化秘阁法帖》后，刊刻丛帖之风由宋至明、清长盛不衰。这对保留传播古人墨迹其功甚伟。但也因辗转翻刻，误失本相而殃及后学，同时更对摹古之风起了推波助澜的作用。明末有人起而反帖学，也自有一番道理。

元代（公元1271—1368年）是中国书法的复古时代，自元初赵孟頫登高一呼，超宋越唐的古典主义书风遂大兴起来。元人很少有学宋人书法者，而多以二王为宗。这与赵孟頫的身体力行有关。赵书欲力追二王，但实多得二王书之秀媚，而失去王书的遒劲和空旷。但赵孟頫的唯美和复古趣味却代表了元明文人趣味的主流，故而影响了元明两代，如明张丑所说"王侯（指赵）笔力能扛鼎，五百年来无此君"。赵曾临《兰亭序》万余本，真行篆隶均善，因其韵度丰艳、圆活遒丽而被称为赵体，流披后世。但后人主雄强者，亦因其书过于秀媚而讥之为"奴书"。赵孟頫传世作品极多，碑刻墨迹均有，如《头陀寺碑》《前后赤壁赋》《洛神赋》等。赵所开辟的宗二王的古典书风风靡起来，似虞集、仇远、周驰、黄公望、元明善、揭傒斯等均继其踵。

值得提及的是，与赵书相比，鲜于枢的书法骨势雄强，时人谓有"河朔伟气"。康里子山的章草，雄奇刚毅，于元时奇崛独出。另外，元代书坛中又有一股开后世新风的潜流如张雨、吴镇、倪瓒、杨维桢等。他们不囿于古法，变化中求"逸气"。可以说，他们的书风方得到二王书法平淡空寂的神髓，为明董其昌等人禅意书法之端倪。

赵孟頫的"复古"遗风笼罩着明代早、中期的书坛。一大批文人书画家以晋唐书法为楷模，致力于写精巧的小楷字；到中期则兴"台阁体"，虽雍容矩变，但乏个性。其佼佼者如沈度、沈粲兄弟。因热衷于此路书格者大多为"中书舍人"，故又称"中书格"。它与清代由皇家提倡的"馆阁体"异曲同工。

明代（公元1368—1644年）书法繁盛于后期。"吴门书派"人才济济，其中突出者为祝允明、文徵明和王宠。号称"明朝第一"的祝允明楷师魏晋，且尤擅大草。文徵明四体俱工，尤以小楷、行草为佳，时人称为"玉版圣教"。文、祝之后，董其昌以禅喻解书画，其趣味秉承米芾，但较之米书秀逸清脱。他的书法和理论风靡明末清初，如康有为所云："香光（董其昌号）代兴，几夺子昂之席。"只是由于乾隆喜欢赵孟頫，方使赵体复为正宗。

明人大都喜欢大草，至晚明尤甚。但明人大草不似张旭的狂草。张之草书乃生命之律动，而明人大草较张草理性得多。它一方面受心学的主观论影响，注重表现；另一方面社会环境导致的抑郁之气也需借此升华。如黄道周、倪元璐、傅山诸家书法均以人格重，其人或为烈士，或拒不降清，故书风超迈苍凝。这一脉到清初，则转为朱耷（八大山人）、石涛、归庄、查继佐等明遗民的书风，而连绵大草也到此告退。明季唯徐渭因身体心理均殊于常人，其草书反有张旭出神入化之境。

清代（公元1644—1911年）书法引人注目之处在其碑学大兴。清初的隶书乃碑学之滥觞。王时敏、朱彝尊、程邃、石涛、高其佩诸家精于此道。乾嘉时期的阮元作《南北书派论》指出："元、明书家，多为《阁帖》所囿，且若《禊序》之外，更无书法，岂不陋哉。"而后有包世臣《艺舟双楫》和康有为《广艺舟双楫》推波助澜，碑学即乘帖学之微而中兴。至清末，又衍生出金石之学。其间大家有金冬心、伊秉绶、邓石如、何绍基、赵之谦、吴昌硕等。考清人崇碑版、金石而抑帖学之本意，实欲借碑版之雄强救帖学之颓靡，然而，终究只是风格之争，而非书法表现精神之更新，更非新时代书法风格之创造。盖与乾嘉考据之风相合，求于古人天地中求新生。光绪二十五年（公元1899年）殷墟出土了甲骨文，于是书法领域又从金石学扩展到考古学；而敦煌的发掘，又使人们根据木简而开创新的行、草之路。这诸种情状实都出于碑学之兴。

总之，中国书法乃中国特有之艺术，其中凝结着丰富的本土精神和审美趣味，但至今我们对其认识还不充分，仍有待于开发。

文人绘画

◎ 高名潞

中国绘画史实际上主要指中国卷轴画的历史，而组成卷轴画的又主要是文人画，故中国绘画史在很大程度上偏重于中国文人画的历史。

中国文人画（也可称士夫画）早在魏晋南北朝时期（公元220—589年）就开始形成并与工匠画分道扬镳，且愈来愈成为画史的主流。而在西方绘画史上，直到19世纪上半叶，工匠绘画一直是其主流，即使是文艺复兴三杰——达·芬奇、拉斐尔和米开朗基罗，其身份也只是高级工匠、宫廷画师。

惟其如此，中国文人画较少像西方绘画那样表现叙事主题，或者为某一宗教教义服务，相反，更多地偏向于自然意识、人格化和情性的表现。这与中国文人的哲学观、人生观相关。但是，这种特点也有其发生发展的不同阶段。

一、神化与仙化的天地

今天我们看到的秦汉（公元前221—公元220年）绘画，除了少数墓室帛画外，大量的是墓室壁画和画像砖、画像石。汉代绘画中的物象繁杂，但大体上分为天、地、人三层次，并将之纳入一个整体秩序之中。汉人眼中的天不是自然形态的天空，而是万物之祖、百神之长。自然法则乃神性的表露，是类似人间秩序的天堂。而地上万物自然也是神性的表征。这种浪漫幻想在汉人看来则是现实与真实的。这是带有原始宗教意味的超个体的普遍信仰和敬畏。但在表述和描绘时，一方面以事实为媒介，另一方面又对现实进行了乐观而主观的分解和拼合。

时至魏晋，绘画中的神意渐转为仙气。除了墓室壁画和画像砖、石外，出现了很多由士大夫绘制的卷轴画，如流传至今的传为东晋顾恺之（346—407年）所绘的《女史箴图》《洛神赋图》等。唐代张彦远在《历代名画记》中说："魏晋以降，名迹在人间者皆见之矣，其画山水，则群峰之势若钿饰犀栉，或水不容泛，或人大于山。率皆附以树石，映带其地，列植之状，则若伸臂布指。详古人之意专在显其所长，而不守于俗变。"这种不合于"比例"的画风乃是基于某种范式化了的"神格"，不能以幼稚或无能而誉之或毁之。那些仙岛琼瑶、玉树珊瑚、飘风暴雨与其说是对现实物象的提炼概括，倒不如说是对现实的本质的认定。这一认定又出于"仙心"，这与此时的诗坛相类，所谓"正始明道，诗杂仙心"。即使是颇有儒家正统意味的顾恺之的《女史箴图》，也弥漫着一股鬼魅之气。而此时众多绘画中的一些人物造型样式（如竹林七贤）、道具的铺陈、人与人之间的关系等，似乎都在暗示着"羽化升仙"的真意。

唐代（公元618—907年）绘画继续将前人的冥幻世界推向有序化和完满化，神仙世界的等级和铺排透溢着现世的缤纷层次。李思训、李昭道父子将隋人展子虔《游春图》中已露端绪的刷脉镂叶之所长引向极致，使山水画风为之一变，创立了金碧青绿山水一派。"烟霞仙圣"之境至此已为固定样式。"神格"也定型了。画中的山石亦为壁立峭拔不可为常人游居的假山石，山势筋脉刻意重叠繁复，描金勾勒，层层敷染，以设想之宏丽与构造之陆离标示仙圣之所在，仿佛只有这样方为古仙人所居的"三神山""五神山"。对仙界神境的向往与对现世物质的占有欲的交融并杂，是唐代绘画的特点。

秦汉、晋、唐绘画表达了这时期人们对自然和外部世界的主观畅想和归纳控制的愿望。因此，这时期的绘画理论中少有抒情的观念，多为畅"神"（道、神话幻想）的意念。如南朝宋人宗炳（375—443年）在《画山水序》中描绘的理想境界为"峰岫峣嶷，云林森眇，圣贤映于绝代，万趣融其神思"。而一俟入此境地，作者遂自谓："余复何为哉？畅神而已。"

二、人化的宇宙

宇宙即是时空。《庄子·庚桑楚》曰："有实而无乎处者，宇也。有长而无本剽者，宙也。"也就是说"四方上下曰宇，古往来今曰宙"。当然，古代东方神秘主义的宇宙意识与现代物理学中的宇宙意识，在认知的途径和范畴上存在着很大的差异。东方宇宙意识未能将人与外部世界的抗争导向理性与智能在现世的物化形态——科学技术的发展方向上，而是将这种意识更多地凝结在对其本身而言更为直接，但也更为抽象与玄虚的宗教图像（八卦、太极图等）与艺术图像之中了。

五代两宋（公元907—1279年）的绘画，特别是山水画，较为突出地体现了这种意识。但它不同于宗教图像的是，后者是那种神秘意识的概念化的标记和图示，而宋代绘画则将这种意识朦胧地寄寓在现实境界上，从而创造出一种独特的"意境"。

王逊先生认为："'烟霞仙圣'与'泉石啸傲'两个不同观点，在五代山水画题材中是并列的，而后者渐居上风。"也就是说，晋唐时代绘画中的神化天地从五代开始向理想的人化和自然境界转化。被称为北宋四大家（荆浩、关仝、董源、巨然）之一的荆浩在其《笔法记》一文中，假托仙叟之言，讲述如何含道映物，怎样以绘事探究宇宙本元的画理和画法。他把墨法看作探究玄秘的宇宙本元的最重要手段，而不是拟写形迹的技法。从现存传为荆浩所作的《匡庐图》中，可以看到这种过渡性的转折，以积墨法画就的向上尖突的"云中山顶"突破了瑞风祥云飘绕、金碧青翠相间的李家（李思训、李昭道）仙山的"神格"。五代、北宋人结束了唐人少静穆思辨导致的浪

北宋范宽《溪山行旅图》

漫情致，开始了对宇宙的理性沉思以及对生存世界的修正。因此，五代、北宋的山水画展示了中国画史中最为静穆雄浑的一页。北宋人对远古天地经义探究的欲望导致一种"全、多、大"的理想型山水应运而生。而宋代院体花鸟画的写生也是对自然万物的理法进行探求的体现，而非仅为模拟外形。

如果说，在荆、关、董、巨和李成、范宽的作品中主要以探究和重筑天地空间为目的，还较多地关注描绘鸿蒙初开时的混沌气象的话，那么从熙宁年间（公元1068—1077年）的郭熙起，则开始更多地注意自然的多样博大和人的现实情感生活的丰富需求相对应。亦即，全、多、大的多样世界——主次朝揖的山水、循环有序的四时、阴晴显晦的气候，都应当由同样多样有序的主体（士大夫阶层）的情感意志去统摄归纳，而后按梳整与规范后的法则去拼合为以大山大水为主的全景山水。

郭熙的理论和创作所奠定的法则实际却是在南宋（公元1127—1279年）被运用。南宋画家们更多地将宇宙法则纳入到现世情感的需求之下。南宋四大家刘松年、李唐、马远、夏珪特别是马、夏的边角之景，和宋人小品中那众多的秋江暝泊、柳岸风荷、柳溪放牧等，令人爱不释手，但都欲在一角半边式的局部世界中展示整体世界的秩序。

宋代绘画从宇宙表述转向情感意志的表现，就像宋代理学从探究宇宙本元和认知外部世界的理法开始而走向人伦自省一样，都是一种人化空间、人化自然、人化宇宙的过程。从泛神到泛情、从理念化到情趣化，中国古代绘画的这种转折的关节以及上一时代的巅峰和下一时代的潮头就都集中在宋代了。

三、自足世界

文人画在中国画史上的最终确立是在元代（公元1271—1368年）。唐代的工匠画家和宋代的宫廷画师中名家辈出，而与士大夫画家争雄。至元代，文人画家已彻底垄断画坛。此后，工匠画即在画史上销声匿迹。工匠出身而能跻身于文人画风格与行列中的画家已寥若晨星。

元代的文人画也是文人画的巅峰，它为明清绘画奠定了基础。

经过一场鏖战后，元代文人那破碎的心很快被"三教合一"的黏合剂所弥合了。宋代文人那种尽管底气不足却不乏书生意气的剑拔弩张之情在元人那里不见了。元人有了将各种消极与积极的对立因素消融化解的"空故纳万境"的心态。他们不仅仅像宋人那样是在理性上，同时也在情感上极力"净化"和"完善"内心世界。这种自我完善的境界决定了元代绘画的温雅和谐的基调。

此外，元人对自然山川已失却了强烈的认识目的和占有欲望。宋人"不下堂筵，坐穷泉壑"的山林之思至元代已成为现实，"泉石啸傲、临流独坐"乃至飘然于三湖五柳之间已是元代文人生活的重要组成部分，因而，山川亦被视为"我"的统一体，而宇宙空间和自然山川的法则亦被导向个体的内心世界，从而成为新的山水画的法则。这就是元代绘画"不激不励而风规自远"的风格。

元初的赵孟頫、高克恭、钱选是承先启后的大家，而后方有称为元四大家的黄公望、吴镇、倪云林、王蒙的嗣响。

元代绘画的特点是"写"，书法入画使线条的表现力更为丰富。纸大量代替了古代的绢和帛等丝织品，这也使墨的层次更为丰富。干湿浓淡、轻重缓急、正锋、侧锋等等各种笔法在元人那里运用自如，并日趋完善。

元代绘画"雅秀"的格调、萧散荒率的意境，使明清文人叹为观止，望而却步。"云林乎，大痴（黄公望）乎！"的呼声响彻明清画坛。数百年内无数画家即在元人所圈定的地盘中翻筋斗。其间虽有数位大家试图力转时风，然而不知根本所在，终未酿成一代风尚。明代（公元1368—1644年）画坛上浙派、吴门、松江等画派林立，但多拟囿于古人，只在风格情趣方面争风，特意独创者少有。

明末董其昌（1555—1636年）在明末清初之际影响颇大。特别是其"南北宗"之说，对元明文人画乃至晋唐绘画作了概括性的分类，公开明确地张扬文人画的旗帜。他并以禅家南北宗解画之南北宗，褒南而贬北。将"禅意"奉为文人画的真髓。

董其昌在其《画禅室随笔》中说:"画之道,所谓宇宙在乎手者,眼前无非生机,故其人往往多寿。至如刻画细谨,为造物役者,乃能损寿,盖无生机也。……非以画为寄,以画为乐者也,寄乐于画,自黄公望始开此门庭耳。"这里有一个公式:画之道=宇宙=生机=生命(多寿)=乐。但这里的"乐"是有标准的,必须是"生""拙""雅""秀""荒率""天真"的,这就是董其昌以及明清文人画家大多追求的"自然"和"禅意"。而他们的"道"观、"宇宙"观已与秦汉、晋唐、北宋人的相去甚远。在明清人这里,修身养性,既可长寿,又可悟道。幻想着人的自我完善就是宇宙之完善的结果,是使人彻底失去与外部世界抗争的欲望。

如果说,元代绘画已完成了个人世界的心灵完善,明清绘画则将最后一个完善——生命完善——也完成了。

清代(公元1644—1911年)画坛上,处于正统地位的画家以"四王、吴、恽"为代表,即王时敏、王鉴、王翚、王原祁、吴历、恽格,此六人为有清一代朝野共赏之人物。他们的画风上承董其昌的思想,下启"虞山""娄东""小四王"等画派的画风,但均以元代黄公望、倪云林等为追摹对象。

清代"在野"的画家以四僧(石涛、朱耷、弘仁、髡残)、扬州八怪(金农、郑板桥等)、金陵八家(龚贤等)为代表。

但是,无论是四王还是四僧、八怪的绘画,都还是元代绘画"和谐"意趣的继承者。尽管四僧、八怪的作品有其"异端"性格,然而其"异端"多出于对风格的逆反和情调的反叛,并非出于理性的思索和艺术本体的革新。

朱耷与石涛是四僧中的佼佼者,但朱耷的创新在于其画面构成有一种钢筋式的力度,而石涛的功绩也只在于他的线的丰富和多情,而不在于其表现了什么新的精神。石涛的"搜尽奇峰"(试图归纳)与"一画论"(试图演绎)仍是一对矛盾,最终仍是一个通脱和随遇。

金陵八家之首龚贤在清代画坛上出类拔萃。他主张"心穷万物之原，目尽山川之势"，要取证于晋、唐、宋，蔑视元、明。自然，时代的局限使他逃避不了到古人那里讨生活的命运。但他那探究宇宙奥秘的精神，那与某种自然法则相契的层层积墨法，那古涩然而雄厚的山石林木，都显示出理性的超越信念。

清末以及20世纪以来，古老的文人画受到了西洋绘画的冲击，其地位也从独占鳌头跌为偏安一隅。然而其间也出了几位大家，如吴昌硕、黄宾虹、齐白石等。而致力于中西合璧者，也有任伯年、林风眠、徐悲鸿诸人。

要之，总括中国文人画的道路，我们是否可以说它的精神历程是：积极的神化幻想、主动的外拓意念蜕变为乐天的自我完善；"宇宙"的人化，使人夸张了自己在宇宙中的地位；从某种程度上说，文人画的历史也是古代文人渐渐堕入世故和颓唐的记录；近代以来改革诸家虽然或持"中体西用"，引进西法，以求新生，或力守传统壁垒以求复兴，然而终是"殊途同归"，重蹈传统文人的"完善"之路。

◎
高
名
潞

古代雕塑

　　中国古代雕塑与西方古代雕塑同样有着漫长的历史。它们最大的共同之处在于：一部古代雕塑史很大程度上也是一部宗教和礼仪的发展史。宗教雕刻和陵墓雕刻是古代雕刻的两大组成部分。在中国，由于王朝制度的稳定延续，陵墓雕刻也始终在持续地发展和延续，故相对而言盛于西方。而中国的宗教雕塑主要是佛教造像，西方的雕塑则由埃及、希腊、罗马的神性主题雕塑构成（这种神性主题与现实人有着更直接的关系）。因此，西方雕塑多为写实和地上的。而中国的雕塑多为佛像（以及道教、儒教偶像）和陪葬明器，故其形式更为夸张，并多置于地下或洞窟、寺庙这些远离人世之处，很少像西方雕塑那样常常置于露天公共场所之中。一般而言，雕塑功能有三：宗教偶像、纪念碑、建筑装饰。但在中国古代，纪念碑的功能，即树碑立传，都是由书法来完成的，从青铜铭文到泰山石刻，乃至比比皆是的墓志铭均如此。这是中西雕塑中大不相同之处。

　　中国古代雕塑同建筑一样一直是众多不知名的工匠所为，文人士大夫耻于此道，故雕塑与建筑的地位较之文人书画要低得多。西方古代雕塑和绘画都是由工匠（包括高级宫廷匠师）完成的，故不存在这种差别。

　　"雕塑"一词的本来意义是指制作手法。"雕"是用刀或其他硬质金属工具在较软的质料上刻、削，而"塑"则是直接用泥等软质材料捏或拍打成形象的方法。

早在中国的新石器时代（1万—4000年前），陶器的塑造就可看作是一种造型活动。很多陶器上都塑上了鸟、兽、人的造型。这些形象一般塑于容器器盖上，也有整个容器即为一完整动物造型的。造型大多为非写实的，其功能除装饰目的外，也带有神性崇拜意味。其中包括自然崇拜（植物、山水纹样）、图腾崇拜（动物）和祖先崇拜（人物）。近年出土辽西牛河梁红山文化遗址的《女神》塑像，即是被崇奉的祖先形象。

商周战国时代（公元前16世纪—前221年）的雕塑以青铜器艺术为代表。青铜器上的雕饰有四种形态：平雕、浮雕、局部圆雕、整体圆雕。青铜器上丰富的纹样母题大致有四种：① 饕餮。这是商代青铜器中最普遍的纹饰形象，有面、体、分解、变形等各种变体形象。② 各种龙纹，如有体龙、回首龙、带喙龙、有羽（有翼）龙、S形龙等。③ 其他动物形象，如鸟、蛇、牛、蝉等。④ 单元纹样，如有眼带、圈带、回纹带、涡纹、三角纹等。前三种都可称为动物纹样，故动物是商周战国青铜器雕塑的主要母题。其艺术风格又可分为三个阶段，按郭沫若的划分，为古典期、退化期和中兴期。依高本汉的意见，则分为古典式、中周式与淮式三个时期。

在古典期（古典式，公元前1400—前950年），以饕餮及其他神异动物为主要纹样形象。其造型神奇诡异、狞厉庄严，具有很强的支配性神力；相对而言，在纹样中，人的地位是被动与隶属性的。在退化期（中周式，公元前950—前650年），许多纹样趋向呆板和固定化。其形状所表现的神话意味和超自然的力量显然减退，古典期中占主导地位的饕餮纹几乎完全消失。到了中兴期（淮式，公元前650—前221年），古典期的许多动物纹样，包括饕餮纹又重新出现，但形象只是因袭传统而程式化，不再具有神奇力量，同时又出现了一些新的写实性的兽纹。这说明，到周代后期，人已经从对神的敬畏，即从动物的神话力量下解脱出来，人开始以挑战者的姿态出现。这是因为"周代晚期智识之普及与深刻化，及当时由儒家所代表的人文主义的兴起"（杨宽语）。

自从战国时期（公元前475—前221年）俑代替人殉随葬以后，中国雕塑从青铜时代进入陵墓雕塑时代。

时至秦汉（公元前221—公元220年），由于制陶业的发达，陶俑大量出现，它在艺术成就和规模上的辉煌代表即是秦始皇陵兵马俑。作为一种时代风格，秦始皇陵兵马俑的写实性特征可称历代之冠。首先在具体兵马的塑造上，兵俑与战车、战马、兵器皆仿真人及物的大小，并认真刻画兵俑的性格和身份。其次，在整体阵容的安排上，数以千计的陶塑兵马排列有序，呈现为严阵以待、整装待发的状态。三个巨大的俑坑位于陵墓的东边，兵士、车马皆面向东方。这反映了秦王扫六合之后对域外夷狄及域内六国仍存在着的"忧患心理"。而秦陵兵马俑亦不啻对内之"万里长城"。同时，这种对真实的人和人的力量的模拟也反映出进入新的王权社会以后的"王道"意志。

1954年陕西西安出土西汉拂袖舞女陶塑

汉代（公元前206—公元220年）的各种陶俑和明器更为丰富。同时，作为陵墓表饰的地上大型石雕有了大规模的建造，特别是出现了大量的作为墓室雕饰的画像石、画像砖。汉代是中国陵墓雕塑的全盛时期。

《封氏闻见记》说："秦汉以来，帝王陵前有石麒麟、石辟邪、石象、石马之属，人臣墓前有石羊、石虎、石人、石柱之属，皆所以表饰坟垄，如生前之仪卫。"帝王陵前石兽神秘而高贵，大臣墓前石雕则较现实、生动和自然。位于陕西兴平的西汉霍去病墓前的石兽群刻即是人臣墓雕塑的代表，同时也是汉代地上大型石雕的佼佼者。全部石兽群及墓冢被安置在有如"祁连山"的象征性自然景观中，这些石雕采用天然花岗岩，只稍加人工雕凿，写意式地塑造出马、牛、虎等动物古朴浑厚的形象。

应该说最丰富、同时也最能表达汉代人观念的是散布于河南、山东、四川、山西、江苏、陕西等地的众多墓室中的画像石和画像砖。它们都是用"阴刻法"或"减地法"雕刻的"石刻画"，反映了汉代平民墓葬的风气。山东武梁祠碑文云："孝子孝孙，恭修子道，竭家所有……选择名山，南山之阳，擢取妙好，色无斑黄……良匠卫改，雕纹刻画，罗列成行，撼呈技巧，委蛇有章。"这些画像石、画像砖的题材极为丰富，从神话传说到历史故事，从珍禽异兽到现实生活，从天文神话到山川建筑……它们表现了汉代人重礼教孝道、崇天道神灵、炫富贵浮奢的三大人生主题。在表现形式上，通常分天、地、人间三部分或上、中、下对应排列，或混杂在一起。不论其如何丰富杂多，但均蕴含着"天人合一"的内在秩序。

1965年，在陕西杨家湾出土的高约半米的涂彩骑士俑和文武侍从俑数千件，同秦始皇陵兵马俑一样整齐地埋在坑内，只是尺寸规模均逊于后者。此外，各地汉墓还出土了大量的武士俑、文臣俑、侍从俑、舞俑、乐俑、庖厨俑、说唱俑、杂耍俑等，动物俑也包罗万象，还有许多建筑模型、器具模型。可以说，仿制现实生活物品的俑类在墓室中应有尽有：人间的礼仪和生活的秩序在俑的世界中如同在汉赋和汉画像砖、石的世界中一样，被表现得淋漓尽致。

汉代的美学思想将先秦儒家学派的以善为美、以道德教化为第一要义的思想神秘化，形成了"天人感应"之说。这种神秘化又与尚真朴、尚简化的道家思想调和在一起，使神秘化有了事实和自然的依托。这就是汉代雕塑既神秘又亲切的意味之所在。同时汉代雕塑在保留了商周雕塑那种既能把握大体，又能概括抽象的能力的同时，又淡化了商周雕塑的诡秘、狞厉的内涵，形成了自己古朴自然而又浑厚洒脱的风格，从而引发了魏晋佛教雕塑潇洒飘逸的风神韵致。

魏晋至隋唐（公元220—907年）是中国佛教雕塑的全盛时期。自东汉永平年间佛教东来，佛教造像亦传入中华。魏晋南北朝时（公元220—589年）摩崖石窟造像从北至南风靡华夏。《法苑珠林·敬佛篇》云："自泥垣以来，久逾千祀，西方像制，流式中夏，虽依经熔铸，各务仿佛，名士奇匠，竞心展力。"在甘肃敦煌莫高窟、永靖炳灵寺、天水麦积山、山西大同云岗、太原天龙山、宁夏固原须弥山、河南洛阳龙门、河北峰峰矿区的南北响堂山、南京栖霞山等众多的石窟中都有早期开凿的窟龛和造像。

在长达千余年的发展历程中，佛教雕塑在形式手法、风格神韵和神性主题诸方面均形象地反映了印度佛教在中国逐渐本土化的过程。北魏时期的造像多传模印度"犍陀罗样式"，这种样式因亚历山大东征而带有希腊雕塑风格。但传入中国后，很快融入"秀骨清像"的神韵和"曹衣出水"的风格特征，遂形成清俊空阔的特定样式，进而衍化为唐代丰腴饱满、雍容端庄的风格样式，从体态、着衣到造型都完全中国化了，其代表作品为洛阳龙门石窟奉先寺的卢舍那大佛，其神韵雄伟睿智，安然慈祥，兼具"温柔敦厚"（儒）和"宁静致远"（道）两种审美意趣。佛像的线条圆柔自若，婉转流畅，完成了由南北朝刚劲平直的刀法向圆刀的过渡。在窟龛形制方面，北魏时期为"一佛二菩萨"，到唐代则变为"一佛二弟子二菩萨二天王二力士"，这种布局和形制在佛经中无出处，完全是现世朝廷中君臣主仆的格局。盛唐的菩萨塑为温良慈爱的女性形象，以示其救苦救难的慈悲胸怀，当时有"菩萨似宫娃"之称喻。唐代佛窟龛的形制和壁画中众多的《西方净土变》显示了朝廷和俗众对净土宗的热衷，而禅宗的兴起则代表了文人士大夫的思想和意愿，这两种因素都奠定和左右了下一个时代的雕塑风格。

但是，晋唐佛教雕塑的兴盛并未使陵墓雕塑衰落，今见于南京等地的六朝陵墓石雕雄浑劲健，衍承了汉代雕塑遗风。至唐代，丰厚的物质基础为厚葬从而也为陵墓雕塑的发展提供了条件。《唐会要》记载

"王公百官，竞为厚葬，偶人象马，雕饰如生，徒以炫耀路人，本不因心致礼，更相扇动，破产倾资。风俗流行，下兼士庶"。散布于西安周围群山中的唐代帝王陵寝辉煌雄伟，陵墓表饰也规整壮丽。以李世民战马为题材的《昭陵六骏》代表了这一时期雕塑艺术的成就。

贵妇、武士、骏马、骆驼构成了唐代明器艺术的主要题材，它不像俑那样包罗万象，似乎已失去了囊括统纳世间万物的欲望，但却凝缩了唐人的生活和意趣之所在，而富丽堂皇、饱满充实的审美意趣则孕育了独特的唐三彩艺术。

在中晚唐盛行起来的禅宗，到五代两宋时期（公元907—1279年）已是独占鳌头，而五代、两宋以来的佛教雕塑也基本成了禅宗雕塑。这时人们已不再像前人那样热衷于凿建大窟巨像，乃多借助自然岩势和天然溶洞开龛，比如杭州飞来峰一带的石窟造像。而龛制也大量增加了罗汉群像，特别是无忧无虑、喜形于色的大肚弥勒往往成为龛主，以往宗教世界的严格秩序和神秘威武的气势变得亲切和生活化了。在宋代大足石刻造像中，水月观音、净瓶观音、宝珠观音等各种化身的观音和罗汉成为主要角色，而以往通常在壁画中表现的《父母恩重经变》这类的世俗题材也被大量搬入雕塑之中。以往高高在上、不可企及的宗教偶像至此也成为满足俗众还愿祈福、解厄救难之需要的现世恩主了。雕塑手法更趋写实，尽力模拟真人神态。如山西大同上、下华严寺中的菩萨像，举手投足，甚而开颜启齿，打破了佛像塑造不得张嘴露齿的戒律。而山西晋祠内取材于民间传说而制作的泥塑侍女，其容貌特征亦同于当地民女。

宋代以后，甚至还出现了以圆寂僧人的肉身为胎而绘塑的佛像。明清两代的寺庙造像，不仅彩绘繁缛，甚至以真人毛发为塑像之须眉。偶像的崇高感已荡然殆尽，庸俗烦琐、生气全无。

明清以后，陵墓雕刻也走向衰落，尽管帝王陵前石人、石兽仍不乏规模。但神兽温顺似猫狗，故徒具形制而不能张威。

在宋元明清时代大放异彩的是工艺雕塑。朝廷御供、文人趣味和民间商贸等诸种需求刺激了工艺雕塑在品种、形式、材料等方面的发展。文人案头的清赏小品如瓷塑观音、达摩像，根雕罗汉、寿星像，竹笔筒、石砚盒等文房用品上的精美雕刻，门窗户牖等建筑装饰雕刻，江南的砖雕、木雕，北方的琉璃釉雕，等等，都总结发挥了以往传统技艺，使之臻于极致。

难以计数的小品佳作构成了这一时代的特色，从而与前期的宗教和陵墓雕刻相颉颃。

失去早期巨型雕塑的宏伟风格而走向更近于人世的亲和风格是中西雕塑的共同走向。然而，西方自文艺复兴以后，雕塑的母题日益丰富，并走向大众场所、自然景观等更为开放的空间，而中国古代后期的工艺雕塑却恰恰相反，日益进入案头书斋，变成精巧细致的把玩小品。这迥异的趋向反映了中西近世不同的人文精神和文化心态。

六　学术与教育

经学沿革

◎ 刘放第

古代中国的主导意识形态大都载于"经书"。从西汉学者刘歆的《七略》到满清皇帝下令编修的《四库全书总目》，都将此置于群书之首（经、史、子、集）。所谓"六经"，其名最早见于《庄子·天运》篇："孔子谓老聃曰：'丘治诗、书、礼、乐、易、春秋六经。'"六经为战国诸子自由引用，并不专属儒家。且当时各国文字并不统一，故六经本文亦不尽一致。所谓"经学"，就是在阐释六经的基础上发展起来的一门学问，其形成契机是汉武帝"罢黜百家，独尊儒术"的文化大一统政策。此后，在两千多年的沿革中，上演了"经今古文之争""汉宋学之争"等思想学术论辩，其要义在于争夺正统地位。

秦始皇三十四年（公元前213年），六经遭到焚书浩劫。其时，离秦亡仅七年。秦统治者毁灭文化的严酷措施，并未能使文化的经典毁灭殆尽。当秦始皇颁诏焚书时，济南人伏胜已把经书藏进墙壁的夹层之中。这些冒险私藏下来的经书大多是以"古文"即战国的六国文字书写的。与此对应的"今文"即以秦代隶书抄录的文本，则多依据"坑儒运动"中残存下来的士人回忆而成。尽管有此重大区别，在汉初，古文经师与今文经师之间尚未形成水火不容之势。

汉初，秦代"挟书之禁"的文化专政，已被信奉黄老清静无为、与民生息的新的政治思维给废除了。士人陆贾曾在刘邦面前称说《诗》

《书》。刘邦之子惠帝更把取消"挟书之禁"当作社会复兴的政策来推行。六经又开始公开流传，学者又在民间教授弟子。他们的学说，开始重新影响社会发展。

汉武帝即位之后，接受董仲舒的"罢黜百家，独尊儒术"的建议，设置五经博士，在太学中以"五经"（指《易》《书》《诗》《礼》《春秋》，《乐经》遭秦火后已失传）传授弟子。五经博士斯时既是官职，也是学科专业。施、孟二氏的易学，申培的鲁诗学、辕固生的齐诗学、韩婴的韩诗学，欧阳氏的书学，后苍的礼学，公羊家的春秋学，并盛一时，蔚为壮观。这些官置的博士，均属今文经学。至于古文经学，如费氏和高氏的易学，孔安国的《古文尚书》，毛氏的诗学，左氏的春秋学等，只在民间流行。建为五经博士的今文学派，其地位比在民间的古文学派显赫百倍。从习五经博士的学子，有"读书做官"的机会，自命为五经的唯一正确的解释者。

这些五经博士强烈地排斥与攻击其他学派，但思想反对派还是出现了。首先起来向他们发难和挑战的是刘向之子刘歆。早先，在汉成帝时，刘向曾奉命校勘藏书，意外看到了汉初以来民间所献的"古文经"。他比较了古文经及其经说与今文经及其经说，觉得前者优于后者。汉哀帝初年，刘歆建议朝廷为"古文经学"设立新的五经博士，但遭到了老博士们的强烈反对。他撰写《移书让太常博士》，批评今文学家，却触怒了政府遭到贬斥，下放为河内太守和僻远的五原太守。由此，发生了延续两千年的"经今古文之争"。后来，王莽篡汉自立，他任用刘歆建立了古文经的五博士。再后来，刘歆竟被王莽杀害。而王莽死后，古文经的官方地位也遭到取缔。后来的正统学者认为刘歆曾在王莽朝廷内做过官，古文经是出自刘歆的伪造，目的在于为王莽篡位制造舆论。但刘歆同时代人一般只指责他"改乱旧章"，并不斥责他作伪。东汉今文家何休也仅在义理上驳斥刘歆《左传》，并指责《周礼》是"六国阴谋之书"。

东汉初年，五经之学虽承袭了西汉之旧，但古文经学终于引起了知识界上层人士的重视。陈元等人建议光武帝为《左传》设博士，此议虽遭范升等人激烈反对而未能实施，但许多著名学者已认识到古文经学优于今文经学。章帝于建初三年下诏，集儒士于白虎观"讲议五经同异"，"今文家"与"古文家"均有出席。这种兼容，无异是对古文经学的事实承认。古文经学的著名学者诸如郑兴、贾逵、马融，尤其是因著作《说文解字》而闻名的许慎，均对学术思想潮流的转折起到了推波助澜的作用。而今文经学却少有著名人物。在这种全新的背景下，旨在兼取古文与今文长处的集大成者郑玄产生了。他既批评今文学家何休，又批评古文学家许慎。这种治学态度，避免了门户之见。在注《仪礼》时，他以今古文互校，择其善而从之。有些注文颇类现代的"校后记"，使人读后得以了解今古文的异同。由于他博通经籍，且能融会贯通古今文经说，故被后学奉为儒学正宗。郑玄的历史地位还在于，他死后不久，三国鼎立便成定局，而儒学思想界的独尊地位日趋衰落，这就使郑玄随儒学的停滞而成为界碑式的最后的大师。

当然，郑玄也不是没有对手，如王朗之子王肃曾作《圣证论》专门驳斥郑玄，他对五经的注释今虽不存，但从一些佚文来看，有些见解并不逊于郑玄。但此公的学品不及郑氏纯正，常造伪书以证其说，如《孔子家语》一书，据考证即其伪造。南朝时流行的"伪《古文尚书》"也可能是出自他的手笔。从此，经学又添一大公案。王肃、郑玄之争虽源于对经书理解不同，但还同属儒学范围。

代表全新的魏晋学风的著作，当推魏朝王弼的《周易注》与何晏的《论语注》。这两位著名的思想家博通儒家经说，但重心已完全倾斜到老、庄方面，其结果是以道家思想解释《周易》《论语》，多所创意，发前人所未发。自此之后，学术思想界发生了巨大的移位。儒学衰而玄学兴已成定局。士人尚玄谈，治《周易》者无不从习王弼的学说。汉儒解《易》拘于象术，王弼解《易》则重义理。玄学渗透经学，并非偶然。

历经永嘉之乱和民族大迁徙，两汉诸学派，诸如梁丘氏、施氏、高氏的易学，齐鲁二派的诗学，欧阳氏、大小夏侯氏的书学大部分散失。孟氏《易》、韩《诗》等派典籍虽存，却无传人。晋朝所立博士以王弼易学，毛氏诗学，郑玄的书学、周礼及礼记学，服虔、杜预的春秋左传学为宗，今文家之说被逐出太学。南朝所设经学概循此例。

古文经学的历史性胜利，并不能证明它就是真理。相反，许多诈伪之事照样借"古文"之名流行。这里仅举一例：早在东汉，孔安国献给朝廷的《古文尚书》在学者中逐步传播。马融、郑玄等人都曾据此进行研究。汉末大战乱使此书湮灭无存。东晋初，梅赜"献出"这部佚经。这就是现今通行的《尚书》文本。然而从宋明以来就有学者怀疑这部《古文尚书》是部伪书。直到清初，经阎若璩、惠栋等人考定，终证其伪。

中原地区，经十六国混战，由北魏统一。北魏的文化政策不同于南朝，崇尚汉学而轻魏晋玄学。这种保守主义的态度，对于保存当时支离破碎的中国文化，却有积极的功效。隋朝是军事上北方征服南方的结果之一，而在文化上却是北方被南方所征服。如著名学者陆德明就是南朝人。陆氏的《经典释文》一书，作于陈朝。受命于唐太宗编撰《五经正义》的孔颖达虽出身于北方，但他在编撰《五经正义》时全盘按照南朝惯例，如《周易》用王弼注，《左传》用杜预注，解经时也主要援引南人的见解。孔颖达主张"注不驳经、疏不驳注"，在经学上殊少创见。唐人学五经，据《正义》；至于传授源流及训诂，则多据《经典释文》。在经学方面自是南人的天下。

宋初，经学还拘守于唐《正义》之学。仁宗庆历年间之后，学风逐步变化。欧阳修的《毛诗本义》，对《毛诗序》和《毛诗笺》设疑而阐扬己说。苏辙继之作《诗集传》，仅保留《毛诗·小序》之首句，其余一概予以删除。北宋著名改革家王安石治经原为变法制造理论依据，其改革失败后，其《三经新义》也就随之散失了。但他以学术充当政治的直接婢女，开宋代官场的通病。所以，与王安石对立的各派，亦好发其空论、立其新说。如苏辙亦曾质疑《周礼》，但都限于政治需要；只因王氏新法常引《周礼》为自己张目，故反对人士要证明《周礼》制度不可行，先得证明其绝非周公之制。这场争讼的要害在于，变法与反变法的双方，都是崇古派，都想以"六经注我"。

　　宋代经学真有创见的是程颐的《伊川易传》，该书开理学著作之先河，纯谈哲理，不及象数。但与王弼的《周易注》不同的是：王弼是以玄学释《易》，程颐则是以理学释《易》。之后，许多理学家都援此风。以己说为《五经》作注，其大成者是南宋的朱熹。他的《易本义》《诗集传》等著述，迄今仍是流行的读本。理学家对经学的最大贡献在于，他们把《孟子》从子书中提出升格为经，又从《礼记》中提出《大学》《中庸》两篇，与《论语》《孟子》合称《四书》。朱熹的《四书集注》成了后人的范本。朱熹在宋代经学的地位可以比于东汉的郑玄。他虽未遍注《五经》，但他对思想界的影响，比郑玄为深。从理学思想出发，他有选择地对待唐宋以来对经籍的阐释传统。如对《毛诗序》的许多观念，他都予以摈弃，但在名物训诂方面，他沿袭并继承毛诗郑笺、孔疏的解释；他把自己的创见局限在对篇义的理解。这种有分寸的态度，显然是受了较早的郑樵的有益影响。和他持同一方法研究《诗经》的，有王质的《诗总闻》；和他持相反意见而固守毛、郑旧说的，有吕祖谦的《吕氏家塾读诗记》。朱熹的学问，代表宋代经学的主流。宋人治经不拘旧说，对本文理解超过前人。如朱熹《诗集传》对篇义的解释，即胜于《毛诗序》。而明清两代的科举取士均以朱熹的解释为据。故程朱之学，成为南宋之后六百余年大一统社会的显学和官学。元明两代的经学大体上是继承了宋人之学说而极少发展，尤其是在明代中期王阳明"心学"崛起之后，王艮等人更趋极端，一切都以自己的思想为指归，故而在治经史方面成就不大。

　　明后期的理学家的谈性命之学，反传统之道，使传统经学急趋衰落。这实际上是对大一统帝国以八股取士、取消经学独立性的一种抗议。结果使思想学术界的风气激进有余，扎实不足。明清之际的杰出思想家们如顾炎武、黄宗羲、王夫之等人，都是八股取士体制的批判者。由于亡国的惨痛经验和痛定思痛的反思，使思想学术界的风尚为之一变，开始趋向复古与扎实。顾炎武大力考证并写下《音学五书》《日知录》等著作，开有清一代文字、训诂、音韵学及考证学的先河。一代名家如阎若璩、毛奇龄等，也以精于考证而闻名。阎若璩的《尚书古文疏证》找出许多证据，通过周密论证，证明东晋梅赜所献《古文尚书》及《孔安国传》乃后人托名的赝品。毛奇龄对《诗经》《周易》等经典做过深入的钻研、探讨，立论与朱熹的权威学说大相径庭，大有复归汉儒学的趋向。此外，如陈启源的《毛诗稽古编》，胡谓的《禹贡锥指》《易图明辨》等皆复归汉代学者的观念，而与朱熹代表的宋学分庭抗礼。这实际上也是一种对官方尊崇程朱理学的文化政策的抗议，只不过清儒的方式不同于明儒罢了。清初学者的"尊汉"倾向，到雍正、乾隆之际，导致以训诂、考证之学为特点的"汉学"的兴起。

汉学分为吴学、皖学两个学派。"吴学"的创始者是著名的惠周惕、惠士奇、惠栋祖孙三代学者。他们都倾向汉学而摒弃宋学。惠栋后来居上，成就最高，著有《周易述》《古文尚书考》《春秋补注》《九经古义》等书。继之而起的钱大昕、王鸣盛也是吴学巨子，他们精于考证，认为汉人的经学其说近古最为可信，而且汉代玄学未兴，佛学也未传入，因此诸多学术更为纯粹。

"皖学"晚于"吴学"，创始者是杰出的考据家戴震，其著作蔚为壮观，主要有：《毛郑诗考证》《仪礼正误》《考工记图》《尔雅文字考》《方言疏正》等等，颇为时人赞誉。他的著名弟子有《说文解字注》的作者段玉裁、《读书杂志》和《广雅疏证》的作者王念孙等人，均亦精通考据训诂之学。王念孙的儿子王引之秉承家学，也是一位汉学翘楚，撰有《经传释词》《经义述闻》。王念孙的密友汪中也受戴震影响而反对宋学。他的另一个弟子江藩著有《汉学师承记》，为吴学、皖学人物作传，公开标出"汉学"之名。

汉学家们大多活动在清乾隆、嘉庆年间，故称"乾嘉朴学"。"朴学"的学风扎实，立论有据。这种学风一直影响到清末的孙诒让、俞樾，甚至民国时期的章炳麟、黄侃等人。汉学家们对东汉古文经学的推崇，还产生了另一种后果：由于按照他们依据时代早晚而订出正谬的尊古逻辑，另一些学者进一步认为西汉"今文家"比东汉"古文家"更早，其说当更近经典原义。因此，他们便大力搜辑"今文家"的遗说，更进而推崇"今文经学"以批评"古文经学"。这派人的佼佼者大都是常州人，其学称作常州学派。稍后，又有福州人陈寿祺、陈乔枞父子，专辑西汉今文家关于《尚书》《诗经》的学说，作《三家诗遗说考》《今文尚书经说考》等。后来，具有社会革新思想的龚自珍、魏源等人，在经学研究上就继承了常州学派复兴今文经学的传统。最后，康有为在倡导变法维新的过程中，更是充分吸取了他们的思想而加以发展，写下了掀起一代思想风暴的著作《孔子改制考》《新学伪经考》。

◎ 阎步克

科举制度

　　科举制度是一种以王朝设科而士人投考为特点的官员录用制度。从初具形态到终止（从隋唐之际到清帝国末年），其历史达一千三百年之久，明清则为其全盛之时。在中华帝国的政治文化结构中，该制度属于处于中心地位的那些制度之一。

　　科举制度的形成是一个漫长的过程，在战国以上的宗法封建时代，实行"世卿世禄"制度，选官依赖于宗法制的"亲亲"原则。战国以后，国家迅速地"官僚制化"了。秦汉帝国中，专职专业的领俸官僚成了行政骨干。在汉代的察举制中，"举贤"的原则充分制度化了。

　　察举制首先是一种推荐制度，它由地方长官（以及某些中央高官）定期或不定期地以"贤良""方正""孝廉""秀才"等科目向中央贡上士人以供任用；但在其中，"考试"的因素也存在着并日益重要起来。如贤良、方正要对策，明经科要试经，最为重要的孝廉科在东汉顺帝时也采用了对策之法。此后推荐这一环节日轻，考试之环节日重，地方长官的责任逐渐变为搜罗士人以应试。隋代承袭了此前的秀才、孝廉、明经等科，隋炀帝又新设以文词取士的进士科。唐初允许士人"投牒自进"即自由投考，又打破了员额限制而使等额考试变成竞争性的差额考试。科举制度遂因之而正式形成了。

　　唐代初年的考试科目，有秀才、进士、明经、明法、明字、明算等。进士与明经是主要科目，其中进士又最为人瞩目。此外还有不定期的制科。进士考试内容，是诗赋、策论、杂文等，明经则考试《易》、《诗》、《书》、三《礼》、三《传》等。应试者包括学校生员以及自由报名的"乡贡"，他们应先通过学校与州县的预备性考试。科举考试在长安举行，每年一次，由礼部主持，被录取则称"及第"，第一名为"状元"。吏部对之再做一次选试，合格者依等第而授予八九品左右的官职。

宋代科举制度又有发展。宋初除进士、明经等科之外，还有制科、词科、九经、五经、三史、三《礼》、三《传》、学究、明法等。王安石变法以后，罢诸科而并之于进士，诸科遂有合一之势。其改革取消了诗赋考试而突出了经义、策论的内容。此后诗赋或试或不试，其制不定。此外，宋代科举逐渐变成了三年一次，取消了吏部的选试。"殿试"，即礼部省试后再由皇帝亲自加以考试定等第，也渐成定制。

明清二朝，是科举制最为成熟和发达的时代。在这一时期，考试制度更为严密复杂了。对于一位希望通过科举而入仕的士子来说，他首先应该参加知县主持的"县试"和知府主持的"府试"，由此而获得"童生"的资格。成为童生之后，他须参加学政主持的"院试"，如果及格的话就成为"生员"，俗称"秀才"，从此就算是国家的正式学生，进入府学或县学学习了（这种学习有时只是名义上的），并领取国家钱粮，所以成为生员又称"进学"。"进学"之后有"岁试"，根据等第而有赏罚。但更重要的则是"科试"，通过了"科试"，就可以参加每三年一次在省城举行的"乡试"了。

乡试由中央派遣的官员和各省巡抚主持，因一般于秋天举行，故又称"秋闱"。其考试有三场，内容为八股文，以及论、判、诏、诰、表、经史、时务策、试帖诗等。其及第者称"举人"，第一名称"解元"。举人已经有任官资格了。

各省举人于乡试次年参加京城的"会试"。会试在三月，故又称"春闱"，由皇帝任命一二品大员担任总裁、副总裁主持其事。会试地点在贡院，其考试方法、内容大抵同于乡试。会试录取者称"贡士"，第一名称"会元"。贡士经复试后参加"殿试",由皇帝主持,只考策问一道。殿试出榜分为三甲,一甲为赐进士及第,只有三名,分称状元、榜眼、探花;二甲为赐进士出身,第一名称传胪;三甲为赐同进士出身。三甲都泛称为进士。殿试后还有一次朝考,然后根据复试、殿试和朝考成绩分别授予官职。所授之官,有翰林院修撰、编修、庶吉士、六部主事、知州、知县等。

这种通过层层考试录用官员的制度,使士人获得了仅仅凭借才艺就可以入仕居官的制度化途径。唐代每年参加科举的士人,多时达数千人。明经及第者约十之一二,进士科则只有百之一二。其时进士及第者被称为"白衣卿相""一品白衫"(盖因投考者习惯穿白麻衫袍),宰相不由进士出身者终觉不美,时称"士有不由文学而进,谈者所耻"。宋代参加科举者多时数万人,进士及第名额也增加了十余倍,一般约二三百人,多时五六百人。明清时代会试录取者多时也达到了四百多人;而全国乡试中举者后来一般在千人左右。由科举入仕者称"正途"。其时非进士不入翰林,非翰林不入内阁。由进士而为庶吉士者,被视为"储相",即未来的宰相。尽管在科举初期,在各种选官途径中由科举入仕者并不占多数,但其社会声望与政治地位却扶摇直上,很快就达到了顶点。大致说来,经科举而获得功名者,构成了王朝政治与行政的最主要的承担者。

科举成了王朝的"抡才大典","考试"成了帝国政府选拔官员的主要手段,这充分地体现了文官制度的自由竞争、公开考试和人才主义原则。它的产生,使诸如汉代的"任子"、魏晋南北朝的"九品中正制"、唐代的"门荫"、宋代的"恩荫"等等依赖父祖家族势位与帝王恩宠的选官方式,以及诸如汉代的"赀选"、清代的"捐纳"这些凭借财富的选官方式,至少在制度上被置于较为次要的地位上了。明清时代高官子弟虽然也有任官特权,但这也因科举的发达而变成了"荫监"的形式。他们可因门荫直接成为国子监生,不必经秀才即可参加乡试,但如不经科举或监内考试,则入仕后声望低于科举。

作为科举制前身的察举制也以"举贤"为宗旨,但它主要依赖于长官推荐，这就为个人好恶甚至营私舞弊留下了较大余地。其次察举制取人常以孝子、贤人、名流、义士等为对象，"贤"的标准较为原始、粗泛。而科举制则大大淡化了不易具体把握的、非专门性的"德行"标准（如孝悌、高隐等），仅仅以几项具体的文化知识考试取人，"一切以程文为去留"，有利于客观评估、严密审查，更具可检验性、可控制性，也更为程式化、标准化了。从察举制发展到科举制，是行政的理性水平的一大进步。

当然，科场的腐败与黑暗，在专制时代是不可避免的。尽管发展出了诸如"别试""弥封""誊录""糊名"等一系列旨在防止考官与考生舞弊作伪的严密复杂的制度，其弊端仍层出不穷。在唐代，就不时出现因"主司不公、试官受贿"而滋事骚乱的"下第不逞者"。类似事件后世也时有发生。如清朝康熙年间江南乡试案，数千考生因考官受贿卖关节而聚众抗议，将财神抬入府学明伦堂，并将"贡院"匾牌改成"卖完"。

但另一方面，"公平"仍是科举制度本身的基本精神，它促使帝国政府不断完善制度和维护法纪；也足以使平民士人引以为凭借而为入仕机会抗争——在另外一些历史条件下，他们大概就不会产生这种要求了。在科举制下，"朝为田舍郎，暮登天子堂"并非完全是虚辞。在获得教育的途径上存在着社会性的不平等，获得官位后则存在着官僚特权的不平等，但是在凭借知识获致官位这一环节上，尽管达官贵人依然保有了一些特权，科举制却确实保证了相当的平等机会。它对应着更大的社会流动，使平民也有了跻身统治阶级的机会，也使官僚体制保证了其官员的素质和更新，赋予了它更多的活力。

对于科举制的考试内容，学人给予了严厉批评。人们指责它考的不是有关兵刑钱谷、考课铨选的专业行政技术。确实，唐试诗赋，宋试经策，明清行八股文，所考的都是古典人文性的文化知识，答卷强调美文风格。尤其是八股文，题目出自四书五经，发挥不离程朱义理，起承转合皆有定式，其僵硬死板无益于用，更为人诟病。对科举考试之学用脱节的批评，几乎伴随着这一制度的始终。早在唐代，赵匡就指责科举"所习非所用、所用非所习"之弊了。明末清初之顾炎武，更以为八股之害"等于焚书"。历代也有一些企图对之加以改革者。如宋代王安石欲以经义策论取代诗赋，并增加律令考试和明法科，以提高考试的实用性，但其结果依然是扬汤止沸，不过是"变秀才为学究"而已。清代乾隆时舒赫德亦以选官所考察者应为"其居官所当为之职事"为由，请行更革，但反对者则以为"立法取士不过如是"，结果不了了之。

中国的官僚政治，是一种以文士学人担负政务的士大夫政治。王朝必须从知识阶层之中取士，因此选官标准就不能不受到这一阶层的文化传统与文化素质的深刻影响。科举以考试取官这一形式是典型的官僚制式的，考试的内容却是面向文人的，甚至原有的一些实用性考试内容后来也文人化了（例如策、判等后来也变成了美文），这正是士大夫政治的本质特征与内在矛盾的反映。但是，士人必读必考的四书五经中，在特定政治文化脉络中确实也包含着治国平天下的方法与道理，包含了官员必须掌握的正统意识形态。同时对考试检验方法不能期待过高。科举制只是假定，经过系统学习并能通过复杂考试者必定也具有较高智力，因此居官后在职责要求与考课奖惩的体制性压力之下，他也必然能够较快地承担起行政任务。如果整个政治文化背景能保证官僚体制的良性运转，那么科举制内在的学、用矛盾还是可以得到相当补偿的。

科举这种形式独特的考试制度，其目的并不仅仅在于考校人才，它还有其他许多重要功能。例如察举制下士人为官首先依赖于地方长官举荐，士人遂与地方牧守有了"故吏"的密切关系。这曾经成了分权与割据的社会条件之一。而科举时代士人沿金字塔式的考试体制趋向于中央，他们遂由牧守"故吏"变为"天子门生"了。科举制也确定了一个相对客观的、理性的标准，保证了社会上下层的活跃对流，并以此维系了一个既承担行政、又承担教化的士大夫阶层的存在，而这一阶层是整合中国社会的主要力量。科举制构成了以控制文化资源来加强官僚制式的集体专制的有力手段。对其优劣的评判，也只能在

清末时期的贡院

整个社会的政治文化运行机制中得到理解。

相应地，当社会变迁引起了中国传统政治文化秩序的瓦解之时，也就是科举制度的曲终奏雅之日。在清朝末年的社会变动之中，维新派与改革人士提出了改良与废止科举的主张。这一改革首先针对的是八股文的积弊，要求把新的政治、经济、法律与国际知识作为考试内容。进之，便是那种高度集中化的金字塔式的考试体制的完全废止。最后一次科举是在1904年举行的进士考试，这次科举考试录取了它的最后一名状元，从此这一制度就寿终正寝了。

但是科举之废，不等于考试录用方法的完全废弃。毋宁说，"考试"的方法与原则，以新的形式融入了新的教育体制与文官体制，在新的条件下合理化了。现代文官制度依然依赖于考试制度。众所周知，19世纪的英国文官制度改革，便是受到了中国科举制度的启示。

而且一些学者认为，这种影响还可追溯得更早，例如17世纪末普鲁士的文官考试（这在欧洲是第一次），很可能也是出于科举的影响。据信，医士考试制度，在12世纪就已由中国经巴格达而传到了鲁杰罗二世（King Roger Ⅱ）统治的西西里；而神圣罗马帝国皇帝腓特烈二世（Frederick Ⅱ）正是鲁杰罗二世的孙辈。就此而言，科举制的影响，还是世界性的。至于它对中国古代社会中的多方面的重大历史作用，更是学界的重大研究课题。

七 科技与工艺

◎ 谢松龄

天文与历法

　　天文与历法，是中国文化史上最悠久和最辉煌的成就之一。早在距今6000多年前的新石器时代，先民就已开始将天文观测的知识用于生活的各方面。西安半坡遗址房屋的朝向，以及江苏邳州市大墩子遗址的墓葬方向，都表明当时已由观看北极星或立竿测日影以确定方向。根据记载，人们还推算出4400年前就已经以观测大火（即心宿二）昏见来确定春天到来的季节。而以大火南中来定夏至日，则始自殷商时代。

　　自有文字记载以来，中国的天文学就具有"官方"性质。殷商时期，星历之术由巫所掌。《尚书·尧典》记载帝尧"乃命羲和，钦若昊天，历象日月星辰，敬授人时"。可见自古便有最高统治者指定的专人执掌天文历数。因而观测天象的天文台也只能筑在都城。据记载，夏代便有了天文台，名为清台，商代谓之神台，周代改称灵台，而"诸侯卑，不得观天文，无灵台"。春秋时期王道式微，诸侯始建台。《左传》记僖公五年（公元前655年）："王正月辛亥朔，日南至，（鲁僖）公既视朔，遂登'观台'以望；而书，礼也。"可见君主观望天象乃是一种礼仪，以示观象制历的大权在握。

　　西汉在长安筑有天文台，初名清台，后改称灵台，又称候景之台。台上置浑仪、铜表及相风铜鸟等。以后历代都建天文台，现存最古的观星台建于元初，位于传说周公立土圭测日影的河南登封告成镇。北京的观象台则始建于明正统年间，连续观测近五百年，为世界现存古天文台中连续观测历史最久者。天文仪器则被视为国之"宝器"，大致可分为三类。一是测日影的圭表，可用以定方向、时间、节气乃至回归年长度。圭表的应用，至少可追溯至3500年前。二是仪与象。"仪"测定天体球面坐标，又称"浑仪"，汉武帝时落下闳就已制造过浑仪。元代郭守敬制简仪，现存者是明正统年间仿制的。"象"用以表演天体在天球面上的视运动，又称"浑象"。最早的记载是东汉张衡制作的用传动机械和漏壶相联接的漏水转浑天仪，以后水运仪象代有改进。三是计量时间的仪器，即漏刻，史称"肇于轩辕之日，宣乎夏商之代"。

古代天文观测的目的有二：一为星占，以定吉凶休咎；二为制定历法，以"授人时"。这两者均关系到朝代兴衰、天下存亡。中国以农立国，一部准确、精密的历法对正农时、候耕获是必不可少的，但其意义不仅于此。中国古代有"三正"之说，即夏正建寅，以寅月为岁首；殷正建丑，以丑月为岁首；周正建子，以子月为岁首。朝代更替须颁行新历，称为"改正朔"（正，年始；朔，月初），所谓"王者得政，示从我始，改故用新"。因此，奉谁的正朔，就归谁统治，历法成为统治权力的象征。同时少见的天象又被视为改朝换代之征。《汉书·天文志》记"汉元年十月，五星聚于东井"，认为是汉高祖的受命之符。历史上不少精通星历之术的官员则因以天文异象的出现向皇帝进谏或要求改革，而遭诛身灭族之祸。可见在古代天文是一项极端秘密的知识。因而许多朝代都明令严禁私习天文，严禁天文官员与外人来往，也不准天文图籍在民间流传。明代，更进一步严禁私习历法，习历者遣戍，造历者诛死。最高统治者将天文观测、历法制定之权牢牢控制在自己手中，视之为巩固统治的重要手段。因此历代史书都有《天文志》和《历志》，连同其他许多天文星占书籍，保持了古代天文与历法的长期连续性，取得了任何一个其他民族都无可比拟的成果。

古代中国人将空中的恒星划分成群，加以组合，称之为"星官"。各星官又组成一个庞大的系统，划分为三垣二十八宿，一直沿用到近代。三垣二十八宿各象人事。三垣中的紫微垣是中垣，共有三十七个星官。左右两垣象宫墙拱卫；中间的北极星，又称北辰，象太子、帝、庶子、后宫。太微为"天子庭"，是三垣的上垣，有二十个星官。其中有五帝座及十二诸侯府；太微垣外则有明堂、灵台（即天文台）。天市垣定型较晚，为三垣中的下垣，有十九个星官，以帝座为中枢，左右两垣之星以列国命名，中有列肆、东肆、屠肆、市楼等星官。二十八宿早在春秋末年便已定型，且与青龙（东）、朱鸟（南）、白虎（西）、玄武（北）四象相配。每宫七宿。其中东宫七宿之一的心宿二（大火）是殷商时期观测天象的标准星；象龙心，又为明堂、天子之位。其他星宿亦各象官府和国事。二十八宿还各个对应于天下各国、各州，即所谓"分野"。这是天象之常。可见，观看星官系统宛如见到一个古代中国社会。

所谓星占，是要观测到天象之变，并据以做出人事吉凶休咎的判断。《春秋》每年记事寥寥数条，但"日有食之"记了三十七次。日为君象。日食，被视为"君失其行"（如人君妒贤嫉能）或"臣下谋上"之征。《汉书·天文志》将之与"弑君三十六，亡国五十二"联系起来。汉代以后，每当日食等天变出现，皇帝通常要下诏罪己，表示对"天谴"负责。但"归过股肱"、寻找替罪羊的事例也史不绝书。《汉书·五行志》所载发生在汉成帝河平元年（公元前28年）的太阳黑子，是世界公认的最早的黑子记录。这些在当时都被视为君主失道、西汉灭亡的征兆。由此不难理解，为什么中国有史以来，日食、月食都有近千次的精确记录。

木、火、土、金、水五大行星（又称"王纬"）是星占的主要对象。甲骨文中就已有"大岁"星（即木星）的记录。长沙马王堆三号汉墓出土的帛书《五星占》，成书于西汉初年（公元前170年左右），是现存最古的一部天文书。其中记载金星会合周期584.4日，比现代天文学的测值583.92日只大0.48日；土星会合周期377日，比现在测值小1.09日；恒星周期30年，较现在测值29.46年仅大0.46年。可见2000多年前的五星观测已达惊人的精确。史书中也载有一些著名的五星占。《魏书·崔浩传》载北魏元明帝时，太史报告荧惑（火星）在某夜突然亡失，不知将会停留在哪里。根据星占理论，荧惑停留某宿较久，其分野国遭殃：三个月有灾祸，五个月受兵，九个月亡土大半。司徒崔浩推断火星亡失当在庚午、辛未两个阴天，庚午对应于秦，辛是西方之干，未对应于井宿，故火星肯定入秦。八十多天后，火星果然出现并停留在西方井宿。井宿的分野是秦，几年后姚氏后秦果然灭亡。这次星占被视为"神占"。崔浩长于天文历学，这是精确预报火星运动的一例。

其他天变，最著者为彗星。中国可靠的彗星记录始见于《左传·文公十四年》（公元前613年）："秋七月……有星孛入于北斗。"这是哈雷彗星的最早记录。自秦始皇七年（公元前240年）至清宣统二年（公元1910年）的两千多年间，哈雷彗星出现过29次，中国每次都有详细记录。至清末，对各种彗星的记录已多达360次左右。彗星又名孛星、拂星、扫星，为"除旧布新"之象，因而在星占中具有十分重要的意义。《左传》记鲁文公十四年的（哈雷）彗星："周内史叔服曰：'不出七年，宋、齐、晋之君皆将死乱。'"虽不幸言中，但却是后人的追述。此外，关于新星（汉代始称"客星"）的记录始见于甲骨文。至17世纪，可靠的记录已达60多项。新星是恒星爆发，其亮度可突然增加数千至几亿倍，原来肉眼不见的星，突地皇皇然出现，像是不速之"客"，扰乱了星空的秩序。根据形态和颜色，其中某些被看作"瑞星"，但多数是"妖星"。关于流星雨，可靠的最早记载见于《春秋·庄公七年》（公元前687年）："夏四月，辛卯夜，恒星不见，夜中星陨如雨。"古代记录流星雨约180次之多，因为这是王者失道，下民将叛，众庶流徙之象。对陨石，春秋时期就知道是流星坠地，而欧洲直到18世纪，法国大科学家拉瓦锡还认为是"破土而出，非自天降"。古代中国的天文成就，的确是世界上独一无二的。

古代历法不仅政治意义重大，而且包括关于日食、月食和五星运行的推算等天文内容。历史上几次改历的直接原因就是日食预推有错。因而，编历几乎是编算天文历。相传为记载夏代历法的《夏小正》，是

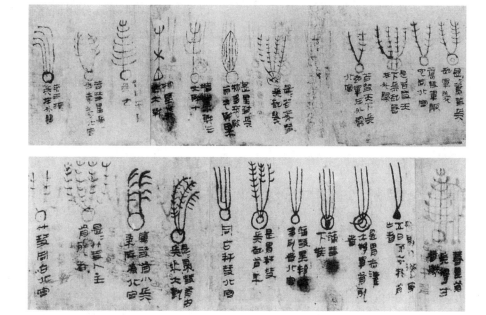

长沙马王堆汉墓出土帛书彗星图

中国最古的科学文献之一。它按夏历十二月顺序，分别记述每个月的天象、物候和农时政令，尚带有自然历的色彩。而《尧典》所记则是依据观测北斗星的斗柄，和某些已确定的星宿，如鸟、火、虚、昂的昏旦出没及南中（过子午线）来决定时令季节，制定历法，即所谓"观象授时"，较之《夏小正》已进了一步。现代天文学的研究表明，《尧典》所记正是殷商时代的天象。人们还根据甲骨卜辞的记载确定，最迟到殷商时已能测定分、至。卜辞中并有"春""秋"二字；祀鸟、火等星以为神，祈求丰收。殷人将一天的时刻分为明（旦）、大采、大食、中日、昃、小食、小采、暮等段落。所创干支记日法一直沿用至今，是世界上最长的记日法。十日为一旬，由甲至癸，癸为旬中第一日。采用的是太阴记月、太阳记年的阴阳历；以新月出现为月首，月有大小；年有平闰，年终置闰，平年十二月，闰年十三月。

西周历法更注重月相。《诗经·小雅》"十月之交，朔日辛卯"是典籍中最早提到的朔日，朔日即日月合朔之日，比新月初现早一两天。

周代有大典名为"告朔",天子每年季冬以次岁十二月朔政分赐诸侯,诸侯受而藏之祖庙,于每月朔日(初一)祭庙受朔政。至鲁文公始不视朔,仅以牺羊祭庙,故后世以"告朔饩羊"喻虚应故事。这表明早在春秋之前就已将月首从新月改到朔日。恒星月,即月在恒星间运行周期为27.32天;其时测定为28天,二十八宿便是以月每天"住"入一宿划分而成的。

春秋后期出现四分历,即以一回归年为365$\frac{1}{4}$日(四分历由此得名),一朔望月为29$\frac{499}{940}$日,并以19年7闰为闰周的历法。其时诸侯为政,为了显示统治权力,各国虽然皆用四分历,但所用岁首不同。鲁国以冬至所在的子月为岁首,即周正(建子);晋国以寅月为岁首,晋为夏地,故称夏正(建寅)。所用历法起算点"历元"也不同,历元,即制历时往前推算到某天夜半子时正好日月合朔并交冬至,作为历的起始(元者,始也)。有了历元,再推算此后各年冬至及合朔时刻就十分方便。

秦统一中国后,颁行四分法的《颛顼历》。为彰明其获"水德"之瑞,而以十月为岁首(建亥),在历法史上堪称"空前绝后"。

汉武帝时颁行的《太初历》是中国第一部较完整的历法。是年十一月甲子日,夜半正好合朔并交冬至,是极为理想的历元。于是武帝下诏改历,以元封七年为太初元年,并将二十四节气入历,废止年终置闰,以无中气之月为闰月,因袭至今,称为"夏历"。二十四节气已见载于《淮南子·天文训》,以太阳运行为根据,相间分为十二中气和十二节气,前者如春分、夏至、秋分、冬至;后者如立春、立夏、立秋、立冬。这是中国历法的独特创造之一。

帝王受命须制历,谋反或篡位也要造历。西汉末年,刘歆将三统说引入太初历,名之《三统历》,为王莽篡汉树立理论根据。但历代帝王每造新历,也还想使历法更符合天象观测,以"循天之道",因而不断有改进、改造。三国时,孙吴作乾象历,首先引进月行迟疾。曹魏造景初历,在日、月食推算上有创造。南朝刘宋的元嘉历创"调日法"，为后世历家广泛采用。萧梁祖冲之制大明历，把东晋虞喜发现的岁差引入历法计算；定出的交月点日数，较现代天文学数值仅差十万分之一日。

历代每制历辄发生政治权力斗争，隋及唐初尤其激烈。所编历法不在少数，但不是未被采用就是行用不久即废。唐玄宗开元年间，因《麟德历》日食不验，而诏僧一行作新历。一行立象依《周易·系辞》大衍之数，故名《大衍历》。《大衍历》颇有创新，因测得冬至日行最急，夏至日行最缓，春分、秋分日行最平，而发明以此区分节气的"定气"；且立法整齐，为后世所效法，但其附会《周易·系辞》象数，致使有些数据与天象不符。一行曾依《大衍历》推得两次日食，但均未观测到，便释以天为玄宗之德行所感，并非推算有误。

宋代是颁行历法最多的朝代，这既有赖于天文观测的进步，也是内忧外患交集的表现。两宋共颁18部历法，平均十七八年便要改历一次。北宋纪元历，是古代历法中朔望月数值最精确者。年误差在0.17秒以下，比西方16世纪采用的第谷数值小得多。南宋统天历回归年长度是365.2425日，与现今国际通行的格里高利历完全一样，但早行三百余年。

辽、金都几次造历。元代，天文仪器制造及天象观测均达高峰，由此而产生了古代最精确的历法《授时历》。明代《大统历》基本袭其法数。二者实为一历，行用364年，是中国历史上使用时间最长的历法。但在明代二百年间多次出现日、月食推算上的误差。明末，又引进西洋法数，编成《崇祯历书》，未及颁行而明亡。此时的观测计算更为精确，回归年数值与现代精确值相比，一年仅差2.3秒。

《崇祯历书》经清初传教士删改后以《西洋历法新书》之名进呈清廷，据以编成《时宪历》，沿用至今。当然，在引进西洋法数之后，中国的历法的政治意义和政治功能也就不复存在了。

◎ 沈彬

算学的发展

中国算学的萌芽期可溯至四千多年前，据战国时尸佼著《尸子》记载："古者，倕（黄帝或尧时人）为规、矩、准、绳，使天下仿焉。"这说明当时已有"圆、方、平、直"等形的概念。司马迁《史记》载有夏禹（约公元前两千多年）治水时"左准绳""右规矩"的事迹。殷代甲骨卜辞明确记载了十进制记数法，甲骨文的十三个记数符号如下：

一	二	三	三	✕	介或人	十
1	2	3	4	5	6	7

八	乂	丨	百		千	万
8	9	10	100		1000	10000

其中前面1—9九个符号是数码，其他四个符号是位值符号，分别表示十、百、千、万。十、百、千、万的倍数，用合文表示，例如：

20	30	40	50	60	70	80

200	300	400	500	600	800	900

| 2000 | 3000 | 4000 | 5000 | 8000 | 30000 |

将数码与位置符号相结合，就能记数。例如242，用甲骨文表示，就是
。

在西周（公元前11世纪—前8世纪）的钟鼎文中，记数字体与甲骨文相比，略有变化，"4"写作" "，或" "，"10"写作" "，但记数方法与甲骨文大体相同。

算筹记数则意味着一个巨大的进步。算筹多用竹制成，也有骨、铁、象牙制的。截面常呈圆形，也有呈正方形或三角形的。算筹至迟在春秋时（公元前8世纪—前5世纪）已普遍使用。算筹数码有两种摆法：

算筹记数采用地位制，不用位值符号。记数时，个位上数常用纵式，其余纵横相间。例如5431，摆成 。如果没有纵横相间的规矩，摆成 就无法确定数值。在筹算主数中，零采用空位（不放筹）的办法表示。比如306摆成 。大约在宋代以后，书写算筹筹式时出现了"0"的记号，以表示零。公元3世纪，筹算成为当时中国的主要计算方法。

4	9	2
3	5	7
8	1	6

公元前1世纪的《大戴礼记》载有象征吉祥的河图洛书纵横图，即"九宫算"，这被认为是现代"组合数学"最古老的发现。

两汉开始出现了一批重要的算学著作和学者，标志中国算学的正式形成。此后一千年间，中国算学在许多方面居于世界领先地位。

《周髀算经》是我国现存最早的天文历算著作，约成书于公元前100—前50年间。它使用相当繁复的分数算法和开平方法。在现存古算书中，它最早引用勾股定理。据说古希腊的数学家毕达哥拉斯在证得勾股定理时，宰了一百头牛表示庆祝。这里引用勾股定理的目的是为了测量。《周髀算经》记载了有关这种测量的方法，如根据标竿（表）的日影的长短来量出太阳的高度的方法，用这种方法来进行天文上的测量，当然不能测出正确的结果，但用它来测量地面上的远近、高低等，是能够做到十分精确的。据《周髀算经》中的记载，当时人们已经使用这种方法来进行地面上的测量了。

因此，中国算学一开始就带有与天文历算、地理测量等生产和生活实践紧密相关的特点，所以在很长一段时期内，中国算学著作大都采取问题集的形式，而没有出现像西方《几何原本》那样从几个简明的公理出发的严格抽象演绎体系。这无疑与中国文化看待世界的根本态度有关。

中国算学早期最优秀的成果体现在《九章算术》里，它产生于汉朝，全书收集了246个应用问题的解法。书为九章：① 方田章，讲平面图形面积的计算，记有分数的运算法则和平面图形的面积计算公式。② 粟米章，讲各种粮食交换的计算，叙述了比例分配的计算。③ 衰分章，讲按照一定比率进行分配的方法，记有比例分配以及等差、等比数列的计算。④ 少广章，讲已知面积求边长和已知球体积求直径的算法，涉及开平方和开立方法。⑤ 商功章，讲各种立体的体积计算，记述了不少有关立体图形的计算公式。⑥ 均输章，讲合理运输和均匀分担的问题，涉及的数学内容有配分比例、复比例、等差数列等。⑦ 盈不足章，讲算术中盈亏类问题的解法，提出了一种具有普遍意义的解法——盈不足术。⑧ 方程章，讲用联立一次方程解应用题的方法，还叙述了正负数的概念及其运算法则。⑨ 勾股章，讲勾股应用题和简单的测量问题，以及一元二次方程的解法。

从其内容可以看出，它的丰富多彩是与实际生活，特别是农业生产密切联系着的。特别是其中负数的概念以及正数和负数的加减法法则，是具有世界意义的成就，如印度数学家到了公元7世纪以后，欧洲则到了16世纪以后，才产生比较明确的负数概念。有关联立一次方程组的普遍解法，法国数学家直到16世纪才得出类似的解法。因此，《九章算术》不仅是我国数学史上一部杰作，而且在世界数学发展史上也很重要。现在，它已被译成多种文字出版。

三国时代刘徽对《九章算术》的注释是中国数学史上极重要的文献。他最早提出十进小数的概念；在分数除法运算中首先采用将除数颠倒相乘的办法；在代数方面，提出解多元联立方程的互乘相消法；正确地表述了正负数的概念及表示法，并给出了正负数、零的加减运算法则。在几何方面，他创立求圆面积近似值的"割圆术"，并得 $\pi = 3.14$（在《九章算术》中 π 是取值3来计算的）；给出各种面积和体积公式的证明。他还第一个明确主张对数学命题应该予以证明。

三国之后，南北朝的长期混战，使大量的人口迁移到了南方，伟大的科学家祖冲之（429—500年）就生在这个时代。他博学多才，著述涉及许多方面，数学方面有《缀术》六卷、《九章算术义注》九卷、《重差注》一卷。这些著作多已失传。据史书记载，他在数学方面的主要成就有：首先，有关圆周率，他算得 $3.1415926 < \pi < 3.1415927$；另外，还得出了用分数表示的两个圆周率数据，一个较精确的称"密率"，另一个称"约率"，即：密率 $= \dfrac{305}{133}$，约率 $= \dfrac{22}{7}$。其中密率和 π 的误差很小，而且好写好记，是 π 的一个"最好近似分数"。祖冲之提出密率，比西方早一千多年。本来，圆周率的计算达到小数点后四位就足够精密、足够应用了，那么继续计算下去有什么意义呢？因为，在数学史上，许多国家的数学家都曾寻找过更加精密的圆周率，因此，圆周率精密程度常可作为衡量一个国家数学发展水平的标志。祖冲之对数学的研究不仅仅限于实用。可惜的是，在中国历史上这样的数学家并不很多。祖冲之的儿子祖暅也是有名的数学家，他

天才地解决了曹魏时代刘徽所遗留下来的问题，算出了球体体积的精确公式。这虽比欧洲迟，但所用的方法却很巧妙。

隋朝兴修了大运河等巨大土木工程，这在数学上的反映主要是三次方程求正根问题。唐朝初年王孝通著的《缉古算经》讨论了筑堤上下宽窄不一致、两头高低不一致之类堤坝的体积问题。在解决这类问题时，王孝通还第一次引入了一般三次方程的解法，解决了三次方程求正根问题。他把此书看成毕生研究的结晶。

在国力鼎盛的唐朝，算学的教学发展很快。"算经十书"就是唐初为进行数学教学选定的十种算书，是算学典籍的集大成者。它包括《周髀算经》《九章算术》《海岛算经》《孙子算经》《夏侯阳算经》《张丘建算经》《缀术》《五曹算经》《五经算术》《缉古算经》十种，许多当时提出的数学名词，如分子、分母、开平方、正负、方程等，一直沿用至今。

算学在宋代继续有较大发展。在公元12和13世纪，出现了大批的杰出人物，像贾宪、秦九韶、李治、朱世杰等。从杨辉的《详解九章算法》中得知，贾宪曾论述过"开方作法本源图"（后世称此"贾宪三角"或"杨辉三角"），另有"增乘开方法"，步骤与英国数学家霍纳（Horner）于1819年所提出的"霍纳法"相同，但时间早出七百余年。

南宋人秦九韶（约1202—1261年）于1247年著成《数书九章》，书中提出的求解一次同余组的"大衍求一术"和求高次方程数值解的"正负开方术"，都是当时世界上的先进成就。他还提出由三角形三边长（a，b，c）求其面积（A）的"三斜求积术"（今称"秦九韶公式"）：

$$A=\sqrt{\frac{1}{4}\left[a^2b^2-\left(\frac{a^2+b^2-c^2}{2}\right)^2\right]}$$

李治（1192—1279年）的主要数学著作有《测圆海镜》十二卷（公元1248年）和《益古演段》三卷（公元1259年）。书中系统介绍了我国独特的设未知数列方程——天元术。《测圆海镜》全书共170题，都是应用"天元术"讨论圆与直角三角形相切时所成线段的相互关系，即"勾股容圆"问题。"天元"代表未知数，相当于现代数学中的"X"。"天元术"，相当于现代的列方程，因古代筹式都是直行的，所以三次方程"$x^3+3ax^2+3a^2x+a^3=0$"的天元式的表示形式如下：

右旁注"太"字的项，是不含未知数的项，现称"绝对项"。其上一项就是含未知数X的一次项，再上去依次为X的二次项、三次项等等。或在含未知数X的一次项右旁注"元"字（即"天元"），则其下一项是绝对项，其上依次是含未知数X的一次项、二次项、三次项等等。"天元术"又很快推广为"四元术"，"四元术"就是以天、地、人、物四个字作"元"，分别代表四个未知数，好比现代数学中用x，y，z，u来代表四个未知数一样。到元代朱世杰，已可用此法求解多元高次联立方程组了，这成为此期算学的主要成就。

宋、元两代学者在代数学中联立一次同余式的解法，几何学中平面割圆、球面割球等方面，也都取得了很大成就。其中联立一次同余式的解法，在欧洲一直到18世纪才被一些著名的数学家发现，比中国要迟许多年。在一般西方数学书籍中，有时把此定理称作"中国剩余定理"。

14世纪中叶以后，日益繁重的计算任务，使古代的筹算已不敷所用，于是推出了新的计算工具——珠算盘。公元1578年柯尚迁的《数学通轨》，载有一个十三档的算盘图，称为"初定算盘图式"，形式已和现代通行的算盘完全相同。数学家程大位于1592年完成了《直指算法统宗》。该书共18卷，包括595个问题，大都录自古代传本数学书，是现存介绍珠算最系统的一部书。书中各种珠算口诀对珠算的推广影响重大。

珠算盘还曾流传到朝鲜、日本、越南、泰国等地，对这些国家数学的发展也产生了重大的影响。

自晚明、清代以降，中国算学就明显落后于西方数学了，算学家们虽对古代成果继续推进，但没有大的突破，而是把精力放在译介西方数学典籍上。这一时期的重要数学家如徐光启（1562—1633年）就是如此。他与意大利传教士利玛窦合译欧几里得的《几何原本》（1607年）和《测量全义》（1607年），介绍西方的测量方法，使西方三角学及测量术得以传入我国。明清之际，笔算、代数学、对数术、几何学、割圆术、平面、球面三角术、三角函数表以及一部分圆曲线说相继传入。

到雍正年间，统治者又取"闭关"政策。这种形势使数学家们转向古代数学的整理，他们把"算经十书"以及宋元算学著作重新刻印。如陈世仁、项名达等对我国旧有的剩余定理、整数论、方程论、级数论等等，又做了详细的解说和论述，取得了丰富的研究成果。这些成果虽较欧洲为迟，但都是在独立研究中得出的。

总之，中国传统算学的发展表现出较重实用的特点，它重视对实际的具体问题的解决，重视确定的结果和答案，因而在抽象演绎的理论体系方面较欠缺，发展的领域主要是在算术、几何、代数、三角等领域，其内容基本上属于初等数学范围。

造纸与印刷

◎ 曹晓晨

纸是人类书写、记事、传播思想感情的理想材料。发明纸以前，中华先民为寻求记事材料始终进行着步履维艰的探索。古代的"堆石纪事""结绳纪事"等，就是最原始的提示记忆的方法。从公元前5000—前3000年的仰韶文化起，又发明了在陶器上刻画符号以记事。殷商时代则在龟甲、兽骨上刻画文字。随着冶炼技术的发展，文字又被刻铸在青铜器上，形成"钟鼎文"。以后，玉与石也相继成为记事材料。由于甲骨稀少不便普及，金石费工而笨重，故又选用简（长方形的竹片）和缣帛为书写材料。但"缣贵而简重"，仍不理想。因此，植物纤维纸的发明，标志着书写记事材料的革命。

造纸技术的萌生，得益于古代的漂絮法。据《说文解字》解释："纸，絮——苫也。从系，氏声。"纸、絮、苫三者之间的内在联系提示：纤维原料经草木灰的水浸泡蒸煮后可以提纯，分解在水中的纤维借助透水器具的过滤，形成平滑的薄片，这促成了造纸思想的萌发。

漂絮法引发了造纸思想的事实，也给了造纸术的"西方起源说"以口实。某些西方学者根据我国古籍中有关"絮纸""蚕茧纸""棉纸"等不规范的称谓和模糊的认识而认为，中国纸只是用丝和棉制造的，而以麻和破布造纸的技术则是14—15世纪由德国人或意大利人首创的。英国传教士艾约瑟（1823—1905年）就曾提出："为什么不再提出纸和墨都是从西方传入中国的呢？这两项文化成就在中国知道它们几百年前就已在欧洲使用了。"然而近代考古实物的出土，尤其是西汉及东汉古纸的出现，却证明当中国人用纸书写的时候，西方各国还在用羊皮书。

纸的发明，一般认为应归功于中国东汉时期的宦官蔡伦。《后汉书·蔡伦传》载："自古书契，多编以竹简，其用缣帛者谓之为纸。缣贵而简重并不便于人。伦乃造意，用树肤、麻头及敝布、鱼网以为纸……故天下咸称'蔡侯纸'。"蔡伦纸易书写，是替代简牍的理想材料。蔡伦于东汉和帝元兴元年（公元105年）将此纸献给和帝，深受赏识。之后，他又首创以树皮（楮皮）造纸，扩大了原料，以致蔡伦被民间顶礼膜拜为"纸神"。

但20世纪的考古新发现却进一步说明，早在蔡伦之前就已有纸。1933年，我国著名考古学家黄文弼在新疆罗布淖尔汉代烽燧亭故址中，发现一片古纸，鉴定为麻纸，比蔡伦纸要早150年左右。1957年5月8日在陕西西安市灞桥古墓中，又掘得西汉古纸共88片，称为灞桥纸，其制造年代更为古老，是世界上现存最早的植物纤维纸。

但习惯成自然，蔡伦发明造纸的传说仍得到了国际社会的普遍首肯。如1990年8月18日—22日，在比利时南部城市马尔梅迪举行的国际造纸历史协会第20届代表大会上，来自欧、美、亚十个国家的六十多名与会专家再次公认：蔡伦是造纸术的伟大发明家。尽管对纸的发明者的争论还在继续，但鉴于西汉麻纸纸质粗糙，无法用于书写，把蔡伦作为书写用纸创始人便无可非议了。

我国古代造纸分为四个时期：一、造纸萌芽期；二、迅速成长期；三、全盛期；四、迟缓发展期。

西汉到东汉是造纸的萌芽期，而自蔡伦之后，逐渐形成了一套相对定型的造纸工艺。其技术大致分为四个步骤：一、原料的分离；二、打浆；三、抄造；四、干燥。汉代以后，造纸工艺日臻完善，但主要步骤并未改变。无论造纸技术、加工技术还是造纸设备，已形成完整的技术体系，包含着现代造纸技术的主要技术环节，堪称现代造纸技术的原始形态。现代湿法造纸工艺基本上还是沿用中国古代造纸法的主要工艺流程。

继蔡伦纸之后，在东汉末年又出现了"妍妙辉光"的名纸——左伯纸，与"张芝笔""韦诞墨"并称为当时的良纸、精笔、佳墨。但上流社会的文人仍视缣帛为贵，故迄至汉末，仍是简、帛、纸并用。

魏晋南北朝是我国造纸事业迅速成长的时期。纸被朝廷规定为正式的书写材料。故自东晋后，纸成为正宗的书写材料，无论是国家机构的奏议或文书，还是民间书画，皆以纸淘汰了简、帛，使纸得以迅速推广。尤其是社会上流行的藏书热，导致了抄书盛行，而用纸量的暴增又促进了造纸业的飞跃发展。造纸工艺日益精良，名家辈出，最

古代造纸工艺流程图

著名的是南朝时的张永。《宋书·张永传》载："张永善隶书，又有巧思，纸及墨皆自营造。"造纸技术从此推向新的起点。由于用纸量日增，造纸原料相对缺乏，又促使人们把造纸材料由单纯的用麻发展到用桑皮、藤皮等植物外皮的纤维，从而拓宽了原料来源，形成"桑皮纸""藤皮纸"以及用皮料和麻料混合造成的众多纸品。在造纸技术与设施方面也对传统工艺加以革新，开始应用施胶技术，也就是将植物淀粉经加热后，混入纸浆中予以砑光处理，从而根除了在书写时走墨、晕染等现象。这项技术的应用比欧洲要早1400多年。同时，为防止纸张虫蠹的"染潢法"（用黄檗汁和雌黄对纸进行浸染），也诞生在这一时期。这些技术有助于中国古代浩瀚的史籍流传至今。造纸设施不断向效益型发展，则是晋代造纸的一大特色。"帘床抄纸器"的发明，在造纸史上有里程碑效用。由固定尺寸的帘床生产出的纸张首次具有一定的尺寸规格，纸面薄而匀，纸质上乘，省时省力，效率大增。现代的土法抄帘床与此一脉相承。

隋、唐、宋三代，为造纸的全盛期。其中尤以唐代堪称峰极。隋初，社会稳定，人民安居乐业，造纸业有长足的进步。到唐代，官办与民营的造纸作坊星罗棋布，纸种繁多。宋代苏易简（958—996年）的《文房四谱》写道：蜀（四川）人以麻，闽（福建）人以嫩竹，北（河北）人以桑皮，剡溪（浙江）人以藤，海（广东）人以苔，浙（浙江）人以麦面（秸）、稻秆，吴（江苏）人以茧，楚（湖北）人以楮为纸。这说明纸为民用的趋势日渐兴起，各地均以当地特产为原料造纸。随着造纸术的提高，造纸成本下降，纸制品的用途也日益广泛，开始成为纺织品的代用品，出现了纸衣、纸被、纸帐、纸甲等。宋代又以纸做账簿、糊窗户、制灯笼、雨伞、鞭炮等。同时，造纸加工技艺亦日渐完善，高质名纸屡见迭出。如曾名噪一时的唐代名纸"浣花笺"，以芙蓉皮为料，色彩斑斓，实为诗画佳品，深得墨客骚人喜爱。唐代诗人李贺曾咏诗赞美："浣花笺纸桃花色，好好题词咏玉钩。"浣花笺的发明者女诗人薛涛因此名动文坛，广为后人传颂。驰名中外的宣纸也可以追溯到唐代宣州贡纸。用宣纸刻画人物眉须毕现，描绘自然则栩栩如生，"不失神采笔踪"。

时至北宋，在长江流域开始用整竹造纸，从以往只用木本植物的韧皮发展为用茎秆纤维造纸，开创了造纸原料来源的新渠道。北宋再生纸（还魂纸）的出现，标志北宋造纸工业达到新的高峰。

元、明、清三代集造纸经验之大成，尽管发展迟缓，但改进了造纸经验，使工艺流程日臻合理。造纸术约在隋唐时期开始东传朝鲜、日本，西传印度、波斯、阿拉伯，南布东南亚各国，最后传到北非和欧洲。

被视为现代"文明之母"的印刷术是中华文明对世界的另一卓越贡献。

印刷术是在一定的物质条件下发明的。如东汉的蔡伦纸和左伯纸，3世纪的韦诞墨，即是印刷术的必要物质条件。而殷商时代的甲骨文以及晋代的写阴阳文凸字技艺，也给刻字及反文印刷以极大的启迪和借鉴。

古代印刷术的发展大致可分为雕版印刷术与活字印刷术两大阶段。对雕版印刷术的发明年代尚无确切结论。世界上发现最早的雕版印刷物——唐代木刻《陀罗尼经》（公元704—751年），以及我国发现最早的标有确切日期的雕版印刷物唐懿宗咸通九年（公元868年）的《金刚经》的出土，证明雕版印刷术在唐代已普及。在唐代，雕版多用于印刷佛教经书和占星术、占梦术等书籍。但一些著名诗人如白居易、元稹等的作品也刊行于世，并作为商品出售。五代时期雕版印刷迅速发展，而宋代则是雕版印刷术的巅峰时期。明代学者高濂总结说："宋元刻书，雕镂不苟，校阅不讹；书写肥细有则，印刷清朗，故以宋刻为善。"而宋代印刷字体几经借鉴，逐步形成清逸俊美、结构严谨、笔画横平竖直、排布合理的独特风格，极易刻版和印刷，故沿袭至今。宋本书由此成为古代印本中的珍本。

雕版印刷工艺颇简单，先在印版上深刷墨汁，后覆上纸张印刷，揭下后就是印刷品。而印版的制造工艺相形之下要繁杂得多。一是选板材，即选用纹质细密、质地坚硬的木材加工成一定规格的木板。二是写字，即根据书籍版面要求，将原稿工整地抄在透明的薄纸上。三是雕刻，即在木板上涂上一层浆糊，将抄好的原稿正面平整地贴在木板上，尔后将清晰可见的反体字迹在木板上精雕细刻出来，形成凸起的阳文反字。这样的印版与现代的铜锌版颇多相似。

由于雕版印刷费时费工，势必与迅速发展的文化脱节，故在社会生活中的作用日渐衰微，渐被简捷、先进的活字印刷术所替代。

活字印刷术是北宋庆历年间（公元1041—1048年）由平民毕昇发明。北宋沈括《梦溪笔谈·活板印刷》载："庆历中，有布衣毕昇，又为活板。其法用胶泥刻字，薄如钱唇，每字为一印，火烧令坚。"至于排版印刷，则"先设一铁板，其上以松脂、蜡和纸灰之类冒之，欲印则以一铁范置铁板上，乃密布字印，满铁范为一板，持就火炀之，药稍镕，则以一平板按其面，则字平如砥。若止印三、二本，未为简易；若印数十百千本，则极为神速"。活字印刷使用方便，造价低廉，保存简便，按韵分类，以"木格贮之"，其效率大大高于雕版印刷。

毕昇之后不断有人改进胶泥活字。元代农学家王祯在《造活字印书法》中曾提到两种方法：一种与毕昇的方法大同小异，只是用稀沥青替代松脂、蜡和纸灰。另一种是在薄泥上排列活泥字，送入窑内烧制，形成整块陶字印板进行印刷。王祯本人发明了"转轮排字法"，把木活字按编号排列，排版时转动字盘，捡字操作颇为便捷。

木活字印刷在清代又有很大发展。金策就是这一时期的代表人物。清乾隆年间，金策负责编纂辑佚《四库全书》和《永乐大典》，遂令工匠造木活字203500个，刊印了佚书130多种，共2300卷，取名《武英殿聚珍版书》。他还亲自撰写了《钦定武英殿聚珍版程式》一书，论述了造活字的经验及技术细节，并对贮字器具加以改进，研制了贮字用字柜。现代排字柜可寻源于此。

锡活字是我国最早出现的金属活字。至迟在元初，我国已开始用造模浇铸的方法制造锡字，并以之印书。这比被西方誉为"活字印刷鼻祖"的德国人谷登堡的金属活字还要早一二百年。但锡活字不易着墨，其质柔软，耐磨度低，印刷品质劣，故未能盛行。相比之下，铜活字最为流行，尤以明代华氏家族的会通馆最负盛名。华燧（1439—1513年）在会通馆先后排印了《锦绣万花谷》、《百川学海》及宋人潘自牧的《记纂渊海》、谢维新的《古今合璧事类前集》等书和华燧自己著作的《九经韵览》《十七史节要》。其叔父华理也曾以铜活字印行了南宋著名诗人陆游的《渭南文集》《剑南续稿》。其侄华坚继承了华家的印书事业，以兰雪堂华坚活字铜版刊印了汉代蔡邕的《蔡中郎集》、唐代诗人白居易的《白氏文集》、元稹的《元氏长庆集》等书籍。

在明代较有名望的还有安国（1481—1534年）的铜活字，略晚于华氏铜活字。安国桂坡馆的印行数量仅次于会通馆。此外，还有金兰馆、五云溪馆、五川精舍等印馆用铜活字印书。这足以说明铜活字版在明代已具有相当规模。

我国清代用铜活字印刷的规模最大的类书《钦定古今图书集成》，是清内府最宏大的印刷工程，远比当时《大英百科全书》为巨。全书共10040卷，约1.6亿字。印刷如此一部卷帙浩瀚的巨著，仅用时三年，印刷质地上乘，素有"图绘精神，考定确当"之称，可为清制铜活字之精妙的佐证。但清内府的这套铜活字最终却惨遭毁字铸钱的厄运，成为我国印刷史上一大憾事。直至鸦片战争以后，西方铅字才流入我国，并形成现代中国金属活字印刷的主流。

◎ 姚大力

火药的应用

大约公元10世纪初叶前后，由硝石、硫黄和木炭混合而成的某种易燃易爆物品，悄然从方术之士的炼丹房进入古代中国的兵器制作场。在世界范围的兵器史上，这是人类从冷兵器时代向使用火器的全新时代过渡的重要开端。但是，生逢其时的两宋文人，虽然作诗时推尚遣词用事"无一字无来处"，却似乎没有一个人想到要探究一下这种致爆物究竟是如何被发现的。现代的人们，也只是从"火药"这个名称和几种炼丹书的字里行间，才得以推知它与"服饵"之道的渊源关系。

从字面上讲，"火药"的意思，即"会着火燃烧的药"。古人把药分为上、中、下三品。"上药令人身安命延。……中药养性。下药除病。"丹砂之类的上药，因此成为方士们合炼"长生"仙丹的主要用料。他们隐居于名山崇岳，用丹砂、金银、"众芝、五玉、五云"等等，配以其他各色药石，"合金丹之大药，炼八石之飞精"。方士们经年累月，有的甚至"养火数十年"，企盼着能造出"开炉五彩辉神室，入腹三魂返洞天"的奇效仙药。这种合金丹之术，与追求"点铁成金"的"黄白术"互为发明，于是在对各种药石、金属施以"伏火"（即用一定火候对被试物及其配料加热）等方法，使之改变某些性状的过程中，炼士们反复看到了这些物质间相互作用所导致的一系列化学反应。强烈的化学作用时常引起冲天大火，故"以烧炼破家者"代不乏人，丹灶遂被称为"火花娘"。可能正是炼药成火的灾患，将这些充满创造性幻想的中古神秘主义化学家，逐渐推上发现火药的道路。

公元5和6世纪之际，陶弘景懂得了根据点燃后是否呈青紫焰来区别真硝和"朴硝"（硫酸钠）。一百多年后，孙思邈在《丹经内伏硫磺法》里，最先载录以硝石、含炭植物皂角及生、熟木炭为硫黄"伏火"的方法。不过当时人们还不知道自己其实已配成火药。又过了大约一二百年，成于中唐的炼丹书《真元妙道要略》，即以非常确定的口气告诫说，以硝石、雄黄（三硫化二砷）、硫黄和蜜（着火后会释放二氧化碳）相合点燃，会引发强烈的火焰，乃有因此而"烧手、面及烬屋舍者"。这段记载，被认为是已知的第一个"原初火药"的配方单。

就是从唐末到宋初之间，这种能引起焰火的药石方子，从术士传到兵器家的手中，并很快就被用于实战，"火药"的名称亦开始广为人知。北宋前朝已出现专造火药的制作场。撰写于公元1044年的《武经总要》，记载了当时已投入实战的三种火器的药方。这是现在见于文献的最早的真正火药配方。

北宋时火药的含硝量还很低。这时候的火器，主要用来延烧敌阵，及布散烟幕、毒气。到南宋与金王朝对峙期间，爆炸性火器"铁火炮"（又名"震天雷"，即掷向敌营的火药铁罐）在双方军队中都渐见普及；用竹管或"敕黄纸"管子填入含硝或不含硝药料，一经点火便"焰出枪前"的管火器"火枪"，也在这时投入战争。宋人关注火药火器，不仅由于它在实战中已发挥一定的杀伤力，也因为它对敌方的恫吓作用。他们对霹雳炮、震天雷之类火器"声如霹雳""其声如雷，闻百里外"的效应叹服不已，甚至以为爆炸的声音就可以将敌人"惊死"。这种传统的用意影响后来几百年，故元朝后期一具铜手铳上有铭文曰："射穿百孔，声振九天。"火器先声夺人的威慑力，被看得与它的侵彻力同等重要。晚至明朝的军队，还在作战中使用一种"纸糊圆炮，不过震响一声而已"。明末的宋应星也提到过，火药爆炸的"惊声"可以杀人。

火药较大规模地应用于攻坚、野战和火战，大体始于元末明初。撰于明代初叶的兵书《火龙神器阵法》，载录了十余种常用火器的火药方子，其中有些已相当接近于近代黑色火药的配方。用铜铳射出的"飞炮"，由实心弹发展为开花的爆炸弹；喷筒、火药筒则成为海上"御寇之切要"。明代前期，重达四五百斤的火铳已颇为常见。但是，这一类火器装填药弹缓慢费时，发射间隙太长；尽管正统年间出现用合成单管铳原理改制而成的两头铳、多管铳，其实战效力仍很有限。此后直到明朝中后叶西方枪炮传入时，中国火器的形制再未见大的改观。在"以机巧为戒"的普遍文化背景下，个别部门的技术发展，难免要受到心有余而力不足的限制。另外在当时人们的观念里，火器"可以代矢石之施，可以作鼓角之号，可以通斥堠之信。一物而三用具焉，呜呼神矣！"火器在作战中仅能替代矢石鼓角的认识，是否也局限着进一步设法去提高其战术性能的技术发展？抑或相反，是当时火器战术性能的局限性本身导致了上述认识？更有可能的是，二者之间实际上互为因果。

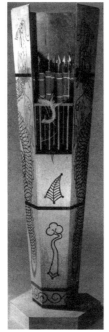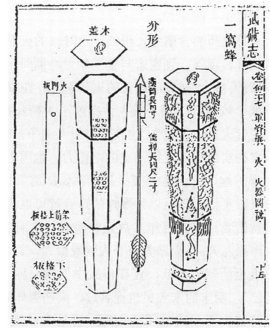

14世纪制作的"火箭"一窝蜂及其构造图

　　从明嘉靖迄于近代，中国的火器制作差不多一直是在西洋枪炮的影响下发展的。16世纪前期，葡萄牙人使用的"佛朗机铳"传入中国。该机的炮管由子、母二铳套置而成。母铳管长达五六尺，内置可拆卸的子铳，中实药弹。弹发后可将子铳退出，另以预先装填弹药的备用子铳置入母铳，继续点放。子母铳构造正好弥补了中国火器装填、点火缓慢的弱点。明军于是逐渐放弃旧铳，仿造并进而改制佛朗机铳。得自日本的鸟铳，管背有雌雄二臬（准星），用之击鸟，"十发有八九中。即飞鸟之在林，皆可射落，因是得名"。鸟铳很快获得推广，成为明军最得力的火器之一。嘉靖年间，为抗御混杂着日本浪人和中国海盗的持有火器的倭寇，戚继光在沿海编练抗倭步兵营、骑兵营和车营，军中配置火器的兵士约占全体战斗员的一半。明末又获得荷兰的"红夷炮"，时人以为它"更为神奇，视佛朗机为笨物"。其大者重5000斤。它是清军在征服全国的战争中应用的主要攻城战具。

　　到清代中叶，中国火器进一步落后于西方。在鸦片战争及后来的一系列对外战争中，脱胎于佛朗机铳、红夷炮之类的清军火器，在面对新式的洋枪洋炮时黯然失色。从同治中叶开始，西洋的后膛式枪炮引入中国。中国军队遂得采用现代枪炮以逐渐地更新自己的火器装备。

　　明清两代令中国人刮目相看的西洋火器，最初却是由于中国火药的西传而发展起来的。大约13世纪之初，中国的硝石传入西亚，因而在伊斯兰世界有关硝石的诸多较早的名称里，有所谓na-mak-i chīnī（波斯语，译言"中国雪"）、tha'j al-sin（阿拉伯语，译言"中国盐"）者。它起先用于入药，也用作烟火的发药。当地用它配制军事用火药，最早见于1280年以后撰成的一部兵书《马术与战争谋略全书》。蒙古在西征中曾在西亚等地使用他们从中原得到的火药火器。1253年，旭烈兀以皇弟身份领兵征讨阿拉伯帝国，随行军队中就有一支从中原征发的"naft抛射军"。阿拉伯语词naft原指美索不达米亚的沥青纯品，后转指以它为主要成分的军用火焰喷射液"希腊火"；硝石西传后，naft又相继被用以指称硝、烟火发药和爆炸火药。出自华北的这支naft抛射军使用的火器，无疑是乌马里在他的《眼历诸国行纪》里提到过的装填火药（bārūd）的"naft 罐子"，也就是另一种伊斯兰史料记述的蒙古人在巴格达城下施放的"铁瓶"，亦即中国的"铁火炮"或震天雷。军事上使用火药致爆，是否就是由这支留驻在伊朗的中原 naft 抛射军传授给伊斯兰世界的呢？

至于西欧，则应是从伊斯兰世界辗转获得火药火器的。欧洲文献有关火药的确切记载，始于 13 世纪晚期；而普遍地应用火药于军事，更是 14 世纪的事情了。

西洋火器后来居上，其精巧锐利超过中国，在很大程度上得益于 18 世纪在资本主义世界开始的工业革命。而清王朝坚持的"骑射乃满洲之根本"的国策，以及曾国藩在所谓"凡兵勇须有宁拙毋巧、宁故毋新之意，而后可以持久"的典型议论中所代表的正统派士大夫的治军方略，或许也促进着上述差别的扩大。就是在 18 世纪末叶，英使马戛尔尼在广东向清朝封疆大吏演示每分钟响二三十记的火枪。他大出意料地发现，在场的中国官员都反应漠然，"若无足轻重"。于此亦可见中国火器之所以落后的部分原因。

与火药使用于军事几乎同时，它也自然而然地被用于吉日喜庆的娱乐活动。这就是最初出现于北宋年间的爆仗和烟火。

《东京梦华录》载，北宋宫廷中呈演百戏，每一出毕，都"忽作一声如霹雳，谓之'爆仗'"。明人注解说："凡御前供奉皆曰仗。故爆亦曰仗也。"一部南宋时的志书曾提到，爆仗"以硫磺作爆药，声尤震惊"。只有硫黄、没有硝石的"爆药"，引燃后不可能发生惊人之响。可知爆仗实际上是使用含硝量不高的火药来引爆的。北宋皇宫里玩爆仗，还不止于呈演百戏的场合。据称除夕之夜，"禁中爆竹、山呼，声闻于外"。此处爆竹，其所指当同于爆仗者。

古人每逢正月初一，有"鸡鸣而起，先于庭前爆竹，以辟山臊恶鬼"的风俗。"爆竹"者，即"以竹著火中，烞熚有声"，用以惊走会使人染上寒热病的恶鬼"山臊"。此种风俗与除夕之夜的"守岁"之风互相激发，人们往往不待当夜更终，便提前爆竹不止。北宋时普通百姓中仍流行以竹著火中来驱鬼辟邪的做法。但在皇宫里，由于有了装火药的爆仗，显然已经用它来取代爆竹的旧形式。禁中爆竹尚未以爆仗替代，则竹著于火的声响，是无论如何也不可能闻于宫墙之外的。

正如汉末的"胡风"起于灵帝好胡服、胡帐、胡床、胡坐之类一样，爆仗也从北宋宫廷逐渐流向民间。南宋时一般民户除夕时仍以爆竹求吉利，间或有以爆仗代之者。自元明以来，爆竹就完全被当作火药爆仗的同义词来使用了。此外它还有纸炮、响岁等各种名称。从除夕到元旦，"比户放爆竹彻昼夜"，"天光愈黑，鞭炮益繁……和衣少卧，已至来朝，旭日当窗，爆竹在耳"，"满城递响，如崩瓦裂石"。从前在除夕用以迎送六神的五色纸钱，后来也被包卷在爆竹中，一经点燃爆开，即产生"满地踏金钱"的吉祥景象。燃放爆仗的时节，也逐渐从除夕、元旦扩大到各种吉庆佳日。

烟火也出现于北宋。《东京梦华录》描述了御前演戏时装扮鬼神者口中吐放的烟火，还有在戏台上就地点放的烟火。它与爆仗同时见于记载，无疑是用火药制作的。烟火先于爆仗而在北宋即流入民间。夏历六月六日崔府君生日，东都庙食之风靡盛，市内表演诸色杂艺，"或竿尖立横木列于其上，装神鬼吐烟火，甚危险骇人"。元宵灯会时施放烟火则起于南宋。北宋文人咏元夕诗作中亦偶见"烟火""宝焰"之类，仍应是指彩灯的灯火而言。

南宋时禁中元宵观灯，至夜深时即以"宣放烟火百余架"为尾声。京城的显宦大户，除在其宅第四周张灯外，亦"间设雅戏、烟火，花边水际，灯烛粲然"。当时烟火种类有起轮、走线、流星、水爆之类，还有燃着后贴地旋窜的地老鼠。宋理宗即位之初，在清燕殿排宴欢度元宵，席间烧烟火于庭。不料点着的地老鼠窜到太后座下，惊得她"拂衣径起"，御宴遂为之中辍。临安的"小经纪"商场，设有专卖烟火的摊贩。点放烟火亦已不限于元宵夜，他如元旦、冬至，皇城中行大朝会，"晚筵于庆瑞殿，用烟火、进市食、赏灯并如元夕"。南宋的一个地方官，专门雇有制作和表演烟火的艺人。此公在任期间，动用公款宴客并观赏烟火竟多达二三十次。

明成化年间，以"元夕鳌山烟火"奉皇太后欢心。隆庆时定制每岁举行。后在万历朝罢撤。但在民间，元宵观灯时放烟火之风则愈演愈炽。烟火出售以架以盒，盒有械寿带、葡萄架、珍珠帘、长明塔等。明后期的《宛署杂记》枚举京都烟火种类云："有声者曰响炮，高起者曰起火，起火中带炮连声者曰三级浪，不响不起、旋绕地上者曰地老鼠；筑打有虚实，分两有多寡，因而有花草人物等形者曰花儿，名几百种；其别以泥函者曰砂锅儿，以纸函者曰花筒，以筐函者曰花盆。总之曰烟火云。勋戚家有集百巧为一架，分四门次第传爇（音ruò），通宵不尽，一赏而数百金者。"

清朝皇宫和民间都在元宵前后的灯节放烟火。制作烟火的工场称花炮棚子，烟火种类有线穿牡丹、水浇莲金盘、落月葡萄架、旗火二踢脚、飞天十响、五鬼闹判儿、八角子炮打襄阳城等。"富室豪门，争相购买。银花火树，光彩照人。"

在被用于现代工程爆破之前，火药作为一种具有极大摧毁力的主凶之物，却偏偏是由探求生命的长驻不逝之术的炼丹师最先发现的。中国人发明了火药，但它只在欧洲才成为攻破中世纪贵族城堡的有力武器；而在中国军事史上，向火器时代的过渡，反而需依赖于洋枪洋炮的进口和仿制才最终完成。中国古代正统派意识形态反对崇尚"奇技淫巧"，但是我们的祖先将火药的作用发挥得最淋漓尽致的方面，又偏偏是烟火和爆仗的制作。凡此种种，似乎都在暗示我们，火药的故事里，或许隐藏着中国文化的某些尚未解开的秘密。

罗盘的发明

◎ 刘西陵

　　对古代中国人来说，辨认并确定方向从来就有着至关重要的意义。它既体现在日常生活的物质方面，更和宇宙的秩序、人世的吉凶祸福等观念紧密结合在一起。陕西西安半坡村遗址的房屋和江苏邳州市大墩子遗址的墓葬，都表明6000多年前的先民已掌握了辨认方向的方法。而殷墟的发掘则表明，南北向的殷代宫殿基址方向与今之指南针所指无异。

　　号称古代中国四大发明之一的指南针，究竟创造于何时，已无从查考。但东汉以后已有"黄帝与蚩尤战于涿鹿之野，蚩尤作大雾弥三日，军人皆惑，黄帝乃令风后法斗机作指南车，以别四方，遂擒蚩尤"的故事流传；东汉张衡、曹魏马钧、南齐祖冲之都曾制作过指南车，但其法不传。北宋燕肃记此车形制甚详，留存至今。指南车是一种以差动齿轮原理装置的机械，与利用磁铁在地球磁场中的南北指极性而制成的指南针，性质原理迥异。历代堪舆家亦皆将指南针的发明附会于黄帝，显然毫无根据，因为指南针并非一次性创造的产物。在其不同发展时期，有着不同的外形和名称。

　　现存古籍中，较早提到指南器具的是成书于战国末年的《韩非子·有度》："先王立司南以端朝夕。"朝夕，为一种测日影之表；端朝夕，即确定东西方向，亦即正四方之谓。司南，便是有据可考的最初

205

的"指南针"。由天然磁石琢磨而成，形似勺，底圆滑（为重心点），磁南极一头成长柄状。王充《论衡·是应》描述："司南之杓，投之于地，其柢指南。"此处所谓"地"，是杖占用的"地盘"，其形方，四周按方位五行学说刻有八干（甲、乙、丙、丁、庚、辛、壬、癸），十二支（子、丑、寅、卯、辰、巳、午、未、申、酉、戌、亥），四维（乾、坤、巽、艮）二十四向。地盘中心有一极光滑的圆面，置司南于其上，使之自由旋转，静止时长柄所指即是南方。由此可见，配有杖占地盘的司南，便是罗盘的前身。

司南的发明，基于磁石及其指极现象的发现。《管子·地数》说"上有慈石者，其下有铜金"，如同（磁）母（铁）子相恋；《山海经·北山经》中亦有"西流注于泑泽，其中多磁石"的记载。这些发现，多与堪舆（俗谓"看风水"）之术有关。司南的发明，最初为了堪舆。由于其构造特点，只能在水平位置使用，因而根本无法用于航海。

用天然磁石琢制的司南，不易找出准确的极向，且极易因震动或高温而减弱甚至丧失磁性，因而逐渐出现了制作更简便的指向器具。王充描述司南后一千年，北宋沈括在《梦溪笔谈·磁石指南》中记载："方家以磁石磨针锋，则能指南。"其后亦有人记述："阴阳家为磁石引针定南北。"磁石引针原为自汉以来的普通常识，但当时人造磁针分配极向尚未把握，只注意到磁针之针锋有指南作用，不知另端具有指北性质。故沈括说："磁石之指南，犹柏之指西，莫可原其理。"这却是我国古籍乃至世界上第一次记述用人工磁化方法制造指南针。在19世纪现代电磁铁出现前，世界上所有指南针都是采用这种方法制成。直到20世纪40年代末，中国民间仍沿用这种方法制作堪舆罗盘。时至今日，各种指南针虽名目繁多，但均以这种磁针为主体。《梦溪笔谈》还记述了四种装置指南针的方法。一是将磁针横贯灯芯使之浮于水面的水浮法；二是将磁针置于指甲盖上的指甲旋定法；三是置磁针于碗沿上的碗沿旋定法；四是用单丝水平悬挂磁针的丝悬法。其中，第一法后来用于水罗盘；第二、三法原理与以后旱罗盘的支点固定原理相似；而丝悬法的原理现已广泛应用于多种磁学仪器中。

　　沈括之前，曾公亮主编的《武经总要》中也曾记载在行军需要时，将磁铁片制成的指南鱼浮于水面以指明方向。从描述上看，指南鱼的磁化方法与指南针不同：将裁成长二寸、阔五分的鱼形薄铁叶，置炭火中烧至通红，用铁钳钳鱼首出火，将鱼尾正对子位（子位，即北方，属五行之水）并蘸入水盆数分，然后收入"密器"。其实，这套操作，源于五行学说：鱼尾正对子位，即鱼首正对午位（午位，即正南方，属五行之火）；当鱼尾蘸入水中，即淬火的一刹那，立即发黑（黑，子水之色），而鱼首仍红（红，午火之色），以此比类"夺取天地造化机"，使薄铁叶感"气"而生磁性。不过，也许最后一步，即"以密器收之"是磁化的关键，因密器中藏有天然磁石。但《武经总要》讳言之，以神其术。其后，其他铁物亦可自然磁化的现象，已为堪舆家等方术之士所知晓。李豫亨《青乌绪言》称："以铁杖不拘巨细，系绳悬之，以手击之旋，旋定必指南，即罗经法也。"明代堪舆师亦常悬铁条而指南，以代罗盘之用。

　　南宋陈元靓的《事林广记·神仙幻术》曾记述当时作为幻术玩具而流行于民间的木刻指南鱼和木刻指南龟。二者的指向原理相同，都是将天然磁石塞在腹中，唯装置形式各异，木鱼是自由浮在水面上而指南（鱼首指南），木龟则有一个固定支点，即在腹部开一小穴，将其置于竹针之上，使之自由转动，待其静止即南北指向（龟尾指南）。后者的装置原理与日后由西方传入的旱罗盘相似。

　　沈括对磁石、磁针的指南特性"莫可原其理"，而后来的学者多以阴阳五行解释之。如认为磁石受太阳之气而成，磁石孕铁，亦由太阳之气而生。南方在后天八卦中为离卦，属太阳真火。磁石为铁之母，有阴阳向背之分，针之指南北是阴阳感应必然之机。明万历以来，国人有接受西方地圆及地球东西自转之说者，便认为地球表面之气随东西自转而动，故"东西动，南北静"，物体因静而后定，故解释磁针指南为止于南北之静。

　　司南的使用需置于地盘。指南针也须配之以方位盘。最早出现的联磁针与方位盘为一体的罗经盘是一种堪舆罗盘。首见于南宋曾三异的《因话录》所描述的"地螺"。此处"螺"为"罗"之假借，所谓"地螺"即地罗。地罗用以"分列向以正南北"，"进退度数"，故谓"罗经"。其名称，或按针盘联组结构称之"针盘""盘针""定盘针"；或以其功用为辨别方向称为"子午盘""向盘"；或按针盘构造不同名之"水罗盘"（"水针盘"）、"旱罗盘"（"旱针盘"）；或据产地不同名为"徽盘"（安徽新安）、"建盘"（福建漳州）等等。罗盘的分度法源于汉代司南的地盘。汉代地盘为方、八干，十二支分层立位，分称十二支，加上四维合称为二十四向。自南宋以后，曾出现"天干辅为天盘"（圆）、"地支分为地盘"（方）的盘制。后受"合局"（即将八干、十二支、四维周列为一环）的影响，演为圆盘，以后遂成定制。二十四向分度法为历代堪舆师和航海者用之不辍。沈括即用地盘二十四位发明地图制法。

　　罗盘的创制和应用过程中，首先发现了现代地磁学所谓"磁偏角现象"。早在《梦溪笔谈》中，沈括就记述了指南针指南"常微偏东，不全南也"。《因话录》云："地螺或有子午正针，或用子午丙壬间缝针。"其中，"子午正针"是以磁针确定的地磁南北极方向（磁极子午）；子午丙壬间的"缝针"，是以日影确定的地理南北极方向（臬影子午）。这两个方向之间有一夹角，即"磁偏角"。这一发现较哥伦布1492年海上探险时发现磁偏角早四百多年，却首先应用于堪舆。堪舆家以正针、缝针分天地，别出"天盘"（即前述"天地盘"）。其后，又以天文南北极方向（北极子午）为"中针"形成"三针"学说，并各有偏重，分立学派。以后三针合图，"正针可辨方位阴阳，中针可察天星贵贱，缝针可占五行生死，三盘合用，原自贯串"。应用时互参，成为典型的中国罗经方位盘。盘图分为七层：一层天池（中心空白圆），二层后天八卦，三层正针，四层十二地支，五层缝针，六层天星，七层中针。合天文地理于一盘，正合"堪舆"之意（堪舆，天地之总名；许慎曰，"堪，天道；舆，地道也"）。磁偏角因地而异的现象，也被应用于堪舆，并有明确记载。《因话录》说："天地南北之正，当用子午；或谓江南地偏，难用子午之正，故以丙壬参之。"即，在地磁子午线和地理子午线一致的地方，仅用子午正针即可；而在江南沿海一带，地磁子午线和地理子午线形成一夹角，便须参用丙壬缝针。当然，不仅"江南地偏"，《明史·天文志》载，根据指南针术，北京也偏东五度四十分。

堪舆之术虽至少已有两千余年的历史，但应用罗盘始盛于明代，集大成于清代。在罗盘发明以前，亦以二十四路考寻休咎，要在阴阳相符。《汉书·艺文志》将堪舆归诸"形法"，说，"形法者，大举九州之势，以立城郭室舍"，并著录《堪舆金匮》14卷及《宫宅地形》20卷。《管子》中亦多列立城择址之原则。与现代的误解恰相反对，堪舆与鬼神丝毫无涉，即《汉书·艺文志》所谓"非有鬼神，数自然也"。这数，便表象为二十四向。根据堪舆学说，建筑物的高度与形状，道路与桥梁的方向，都须与一地之特殊地势，如山岳、水流的气势、形状与走向，配合和谐，融为一体。举凡古代京城的择址，无一不在山环水抱、虎踞龙盘的"帝王之宅"；集镇、乡村也往往坐落在青山秀水之畔，而"不祥之地"则可通过挖沟掘壕，打通隧道，建筑桥梁以改造补救之。可见，堪舆包含着显著的美学成分。遍观中国古都和宫殿的令人叹为观止，以及农田、居室、乡村、城市、道路、桥梁的美不胜收，多可藉风水得以说明，难怪风水之学已引起近世西人的兴趣。

罗盘为现代人熟知的用途是航海。航海也是古代方术之一。古代典籍记录指南针用于海舶始自北宋朱彧《萍洲可谈》。当时海舶兼用多种方法识别方向："舟师识地理，夜则观星，昼则观日，阴晦观指南针，或以十丈绳钩，取海底泥嗅之，便知所至。海中无雨，凡有雨则近山矣。"可见当时使用指南针十分有限，是阴晦日月星辰不见时辨识地理的几种方法之一，辨别方向仍靠天文知识。此时指南针为何构造体制，尚不清楚。但"针盘"之名不见于北宋。宣和五年（公元1123年，北宋末年），徐兢由宁波出使高丽，在《高丽图经》中始记其时航海指南针为浮针："若晦冥则用指南浮针，以揆南北。"由此可见在罗盘发明前航海时使用的指南针，是以单位磁针横贯灯草使之浮于盛水器皿中。浮针在船头、船尾各置一只。

航海而用罗盘，始见于南宋吴自牧《梦粱录·江海船舰》。据载这时有了针盘，且于风雨冥晦时"惟凭"之，足见其可靠性已大大提高。至元代，罗盘在航海中愈益重要。其时《海道经》记有"依针正北望""依针正北行"。甚至无论昼夜冥晦阴晴，都以罗盘导航，并专门编制出罗盘针路。《大元海运记》："惟凭针路定向行船。"所谓"针路"，即将船行何地，应采用什么针位，一一标识明白的航线。温州周达观《真腊风土记》序言："自温州开洋，行丁未针，历闽广海外诸州。"丁未针位南向偏西，这正是海船由温州至南洋的航路。明初郑和"七下西洋"，航船由江苏刘家港出发，到苏门答腊北端，沿途航线都标明罗盘针路；过苏门答腊又用罗盘针路与牵星术相辅而行，赖此完成人类航海史上的空前壮举。航海者正针、缝针变通使用。他们对二十四针位的重视，并不亚于堪舆家，把二十四向奉为神祇，配祀诸神之列，出海前以祝文祈祷。

明代，出于堪舆与航海这两种方术的不同需要，罗盘发展成两种盘制。堪舆罗盘因三针学说影响，逐渐发展成多层制，如前述三针合图之盘，而航海则多用二十四向盘。但这两种罗盘均为水罗盘，即以浮针定子午，而无其他形制。12与13世纪之交由海路传入阿拉伯再传入欧洲的，也是这种水罗盘，用于航海极为不便。至明代嘉靖年间，开始出现旱罗盘，较之水罗盘有巨大的优越性；因有固定支点，而不会在水面上游荡。明代以来，各种文献都公认，旱罗盘是自域外传入的。

针灸与中药

◎ 吴安尔

　　针灸和中药，都是古代中国人治疗疾病的"器用"。所谓中药，包括本草和方剂；而针灸，则是针刺和艾灸的合称。二者源头可溯及远古，至今流行不衰。

　　中国远古巫医难分。最原始的治病之术兼用巫祝与刺血、火熨。刺血用砭石，火熨以草木，这是针灸的起源。对此，内蒙古多伦新石器时代遗址出土的一端有刃、一端锥形的石针可为佐证。《山海经·海内西经》说六巫"皆操不死之药"，其中巫咸、巫彭之名屡见于甲骨卜辞，当在殷中叶，距今三千多年。

　　甲骨卜辞中未见"药"字，但有"鬯其酒"的记载。鬯，即百草合黍酿成的芳香药酒，为降神之用。古时降神之物亦用以治病，因而酒是早期的药，且在古代医药中一直占有重要地位。《黄帝内经》论及酒的作用时说："邪气时至，服之万全。"后世并有"酒为百药之长"之说。故"醫"字从"酉"。另一种降神之物是糈，亦用以治病："医之用针石，巫之用糈藉，所救钧（均）也。"殷商时期，医药之术为巫所掌，故"醫"又写作"毉"。古文《尚书·说命》记载殷王武丁说，用药不达头昏目眩，则病不愈，便可能是一种巫术体验。药物常苦口且致瞑眩，后世多称之为"毒药"。民间亦广泛流传神农尝百草，一日而遇七十毒（即七十种药）的故事。

周代巫的地位下降，医药等方技之术遂纳入王官。春秋时代王官失守，医术亦流入民间，师徒传承，由是而兴。《诗经》指物譬喻已咏及药物五十多种；《山海经》亦载百余种植物、动物、矿物药材，记有食、服、浴、佩带、涂抹等多种用药方法，能治数十种病。及至战国，巫医渐趋分离。虽然凡有疾病仍医、巫、卜三者并用，但已出现专事针、灸、药而不用巫术的游医。《史记·扁鹊仓公列传》记扁鹊把"信巫不信医"视为病的"六不治"症之一。其视病如洞见脏腑，针砭药熨相互为用，而名闻天下。

《汉书·艺文志·方技》有"医经"与"经方"二家。医经以针、灸、本草为用，而经方以（经典的）方剂为具。经方著录文献今皆不传；医经唯独《黄帝内经》十八卷流传于世，为历代医药方技之士所宗。

《周礼》所记草、木、石、虫、谷"五药"，西汉以后统称"本草"，为药物之总名。本草所具的阴阳五行之性，取决于药物本身、产地、采集时间、炮制方法等，表述为药物的四气五味、升降浮沉以及归经。升浮者为阳，沉降者为阴。四气又称四性，因另有"平"性，实则为温、热、平、凉、寒五性；与酸、苦、甘、辛、咸五味各个对应四时四方及木、火、土、金、水五行。而五行中，木火属阳，金水属阴。可见，服药便是服入阴阳五气。针灸则专论经络脏腑，"手太阴肺经""足太阳脾经""手少阴心经""足少阴肾经"等十二经脉，及分布其上的365个穴位，本身就具阴阳五气；针之灸之，无非导入引出阴阳五气。针法亦有补泻之别。前者慢进快出，将气导入，后者快进慢出，将气引出。总之，"善诊者，先别阴阳"，然后"阴病阳治，阳病阴治"，"不及者补之，太过者泻之"。使之归诸"中和"。具体而言，阳胜则热，须用寒凉药以制其阳，治热以寒，即"热者寒之"；阴胜则寒，宜用温热药以制其阴，治寒以热，即"寒者热之"。肝木不足，可补肾水，以肾水养肝木即"滋水涵木"；心火过旺，亦可补肾水，以肾水济心火，称"滋阴降火"。

《淮南子》说："世俗之人，多尊古而贱今。故为道者，必托之于神农黄帝而后能入说。"这正可解释中国古代文献愈晚出，托名愈古远的现象。《黄帝内经》成书于西汉，其中《灵枢》被后人称为《黄帝针经》，可知其专重针灸。《神农本草经》出现于东汉末年，但托名更古远。二者是传世的最早针灸、本草要典。针灸虽为"外治"之术，但在《内经》时代已相当发达。就针具而言，《灵枢》所列"九针"便各有特殊形状及效用：镵（音 chán）针，形似箭头，适于浅刺；圆针，针身如柱，头部卵圆，用于按摩穴位；鍉（音 dī）针，针身较粗，针尖稍钝，用于按压；锋针，针尖三棱，刃锋，用于刺血；铍（音 pī）针，形似双刃剑，用于切开排脓；利针，身稍粗，尖圆利，用于急刺；毫针，细如毫发，最为常见，应用广泛；长针，针长七寸（23.5厘米），用于深刺；大针，身粗尖圆，用于刺治关节病。西汉中山靖王墓出土的四根金针、五根银针中就有似毫针、锋针、鍉针者。《灵枢》并规定了按阴阳、虚实、寒热、营卫所应采用的不同针法，指出失针之宜，必生殆害。

西晋初年，针灸大师皇甫谧取《素问》《灵枢》《明堂孔穴针灸治要》（已佚）三书之要，撰为针灸专书《黄帝三部针灸甲乙经》12卷，128篇，系统论述了五脏六腑、精神气血、津液阴阳、脉诊等基本理论。以十二经穴和头、面、胸、背、颈、耳、肩、腋、腹等分部取穴，统一厘定穴位647个；并阐明针道、针法及禁忌。在针灸发展史上承上启下，迄于唐宋无有越其樊篱者，故后世称其为针灸学之祖。5世纪后，流传域外，影响颇广。

此后，针灸著作多因传抄而生重复、混淆，经穴记述也相当紊乱。中唐名医王焘曾力言误针之害，盖因俞（腧）穴不明，究其根本，在于有经无图。唐初孙思邈曾作彩色人体正、背、侧经穴图，但后亡佚。直至宋天圣四年（公元1026年），王惟一为铸针灸铜人而撰著经穴专书，后名为《新铸铜人腧穴针灸图经》，载有重新考定之穴位354个，并附有插图说明。其字图镂刻在四幅各高六尺、宽两丈余的石碑之上，置于汴京三皇庙前以供众览。第二年，他奉诏铸成针灸铜人两座，为最早之针灸模型。铜人高同人体，分脏腑十二经，旁注腧穴所会，穴旁刻题其名。自此，针灸腧穴有了更统一明确的标准，后人皆为宋之学。

针灸铜人当时便为一珍物。百年之后，宋败于金，金人指定贡献铜人为议和的一项条件。元代至元年间，针灸铜人与《针灸图经》刻石均移至大都（北京），置于太医院内。四百余年后，因石刻漫漶不完，铜人亦昏暗难辨，乃于明正统八年（公元1443年）重铸铜人，复刻《图经》。宋代针灸的另一成就是创"子午流注"针法，以井、荥、俞、经、合五俞穴配阴阳五行，天干地支配脏腑时辰，以推算经气流注盛衰开阖，按时取穴。因腧穴脏腑各随阴阳消息、五气盛衰而开阖有时，故须逐日按时开穴针灸方为有效。开穴法有"纳干法"和"纳支法"，遵循"按日起时，循经寻穴；时上有穴，穴上有时"的原则，颇类现代时间生物学说。20世纪60年代在北京出土的宋代《铜人针灸图经》刻石碎片上就载有施行灸治的特定时间。"子午流注"针法大盛于金、元。明代的针灸名家有高武和杨继洲，前者曾铸男、女、儿童铜人针灸模型各一座。后者的《针灸大成》则广为流传，直达海外。清代，因满人鄙薄针灸，太医院取消针灸一科，故而未见发展。然此疗法仍为民众所欢迎，其术不绝。

作为"内治"之学的本草，在汉代已是颇为普遍的知识。《淮南子》《尔雅》《说文解字》，皆载有多种药物。但传世的第一部典籍是《神农本草经》。《本草经》概括了四气五味、君臣佐使、七情和合等中药学说；载药365种，并

明代针灸铜人，高213厘米，全身共标666个针灸穴位

袭董仲舒"性三品"及《内经》君臣佐使之说，按药效及主治分之为上、中、下三品，各应天、地、人。上品120种为"君"，主养命以应天；无毒，效力缓和，常年服用可获轻身益气、不老延年之效。中品120种为"臣"，主养性以应人；无毒或微毒，斟酌得宜可遏病补虚羸。下品125种为"佐使"，主治病以应地；多毒，不可久服，有除寒热、祛邪气、破积聚之功效。从中可以看出，本草以摄养卫生为第一要务，用以治病则是下策。这一"防患于未然"的思想自《内经》就已确定。《本草经》所载药物主治之病症约有170余种，所记药效有些在世界医药史上属最早发现。如麻黄平喘，常山抗疟，黄连止痢，海藻疗瘿，苦楝子驱虫，当归调经，阿胶止血，乌头止痛，汞、砷剂治恶疮、疥癣等。并对某草之入药部分有所阐述，如麻黄用茎发汗，用根止汗；款冬用花，葶苈用子，当归用根，夏枯草用全草。根据不同的药性，分别采用丸、散、酒、膏等剂。

早期的药疗，仅以一味药治一种病，即所谓"单味药时代"，《神农本草经》便是其总结。《内经》所载药方，亦仅用一两味药。这些皆属《汉书·艺文志》所著录的"医经"一类，且均托名远古，不著私人姓名。《艺文志》著录"经方"不传，但皆为方书则毫无疑问。东汉末年，张仲景著《伤寒杂病论》，撷古代医典之精华，融理、法、方、药于一体，成千古"方书之祖"，医道为之一变。此书至宋分为《伤寒论》与《金匮要略》，以三阴三阳论治则，前者载方113首，用药170余味；后者载方262首，用药214种。详述药物炮制，方剂配伍、制剂及用法。如炮制，记有麻黄去节，杏仁去皮尖，甘草蜜炙，附子需炮，大黄酒浸，厚朴姜炙等。所用剂型有汤、丸、散、酒、洗、浴、熏、滴耳、灌鼻、灌肠、软膏、肛门及阴道栓剂等。每剂用药不多，但配伍极为严密精当。以麻杏石甘汤与麻黄汤为例，二者均仅用四味药，且皆以麻黄、甘草、杏仁止咳平喘。但前者配伍石膏，后者配伍桂枝，因致两方功效、主治截然不同。因而书中所载之方，后人称之为"经方"，历代沿用不辍；又因张仲景以私家撰此经典，而誉之为"医圣"。今人用茵陈蒿汤治急性黄疸型肝炎，白虎汤治乙型脑炎，麻杏石甘汤治急性支气管炎及肺炎，乌梅丸治胆道蛔虫症等均有显效。此后，本草书及综合医书中均载方剂，但除张仲景的"经方"外，后世所出者皆别称"时方"。

史传张仲景曾预言侍中王仲宣二十年后当落眉，后半年而死，令其服五石汤。但仲宣受汤不服，二十年后果然落眉而死。五石汤原方不可考，但均为《神农本草》中的上品之药却无疑问。魏晋以降，道家长生久视、神仙黄白之术盛行，摄养卫生而炼丹服石蔚然成风。其中以寒食散（亦名"五石散"）最为流行。寒食散之方，大抵采丹砂、雄黄、云母、钟乳之类炼就。史载晋哀帝与北魏明元帝皆因服寒食散殒命。针灸大家皇甫谧，亦是由于中年服石招致"风痹"而习医术的。炼丹术可溯至战国时期，至东晋道教大师葛洪的《抱朴子》集其大成，促进了制药化学的发展，扩大了化学药物的应用范围。南梁道士陶弘景亦擅炼丹，著有《合丹法式》。唐代炼丹者首创的轻粉能治癣疥，红升丹能长肉生肌，白降丹能拔脓化腐，至今仍为外科常用。

葛洪于方药亦有贡献。《肘后救卒方》被后人称为简要临诊全书。书中最早记载了天花病。所载方药大都易得、价廉、有效，许多为救急丸、散。陶弘景则在本草分类法上颇有创新，他突破《神农本草经》三品分类法，又搜集倍于《本草经》的新药，著《本草经集注》，载药730种，依药源分为玉石、草木、虫兽、果、菜、米食、有名未用七类；复按主治作用分本草为80余种"诸病通用药"，如治风通用药有防风、防己、秦艽、芎䓖；治黄疸通用药有茵陈、栀子、紫草、白藓等，以便于临诊用药，为后世本草书所袭。此外，刘宋雷敩《炮炙论》（已佚，后世集为《雷公炮炙论》）为第一部制药专书，阐述了各种药物的炮制方法17种，如炮、炙、煨、炒、煅、水飞、蒸煮、破等，目的在于降低毒性，改变性能，即改变其阴阳五行之性，便于贮藏和制剂。

唐宋时期最值得称道的是敕编本草、方书的出现。唐显庆四年（公元659年），颁行《新修本草》，包括药图、图经、本草三部分，是中国乃至世界第一部药典。药图由描绘地道药材的标本而成，开世界药学著作图文对照之先例。所载以白锡、银箔、水银合成银膏，作为牙科充填剂，是世界最早使用汞合金补牙的记录，先西方一千多年。宋代先后颁行《开宝重定本草》（已佚）、《嘉祐补注神农本草》（已佚）及《政和经史证类备用本草》，载药1700余种，较唐《新修本草》增加一倍。主要方书有：《太平圣惠方》，载方16834首；《圣济总录》，载方2万余首。为显示官方力量，而使本草、方剂愈见庞杂繁冗。宋代设置"御药院""尚药局"等药政机构，并立有官药局"太平惠民局"和"和剂局"，以控制药品，推行"局方"，疫病流行时则免费供药。同时，药物的鉴别、采集、栽培、炮制等技术也大大提高。唐宋两代，名医辈出，民间的本草、方书也极多。如初唐孙思邈主张人人通医，著《千金方》，简便实用，有"药王"之称。中唐王焘的《外台秘要》载方6000首，保存了大量失散方书。宋代私人编著的《济生方》之中，归脾汤、济生肾气丸等仍为今人沿用。许多方书向专科化方向发展。《小儿药证直诀》中用于小儿痘疹初起的升麻葛根汤，治小儿心热的导赤散，治脾胃虚弱、消化不良的异功散，以及治肾阴不足的六味地黄丸等均为后人喜用之有效方剂。其后，金元学派也创制不少名方。如"补土派"的升阳益胃汤、补中益气汤、沉香温胃丸；"滋阴派"的滋阴降火之剂：越鞠丸、大补阴丸、琼玉膏等，皆疗效显著，为后人称道。

明代，集本草学大成。李时珍历经三十多年，"渔猎群书，搜罗百氏"800余种，亲身"一一采视，颇得其真"，著成《本草纲目》。全书载药1892种，附方11096首，绘药图1000余幅，共190万字。总论七方十剂、气味阴阳、升降浮沉、七情和合、脏腑标本、用药禁忌。列举各科百病主治之药。该书以"由贱至贵"的分类原则而采取的部类分类法，将本草分为：水、火、土、金石、草、谷、菜、果、木、服器、虫、鳞、介、禽、兽、人16部；部下有类，如水部下有天水、地水之类，总共62类，为当时世界上最完备的分类系统。书中对历代本草之误亦多所订正。全书内容涉及植物学、动物学、矿物学、物理学、天文气象学等广泛领域，具有多学科价值。《本草纲目》于1607年传入日本，后又传入西欧，至少有七种文字之译本。由于《本草纲目》以宋代《政和类证本草》为蓝本，故明清本草家多认为该书割裂旧文、任意剪裁改窜，又泛引杂说，内容繁复。更有人反对《本草纲目》设有"人部"，且将人之头顶骨入药。因而自此书刊行后，便引发了复古及直接研究本草之风，成果亦著。

针灸与中药，很早就流传域外。公元5世纪，《针灸甲乙经》传到国外；唐代前后，向印度输出的"神州上药"有人参、茯苓、当归、远志、乌头、附子、麻黄、细辛等多种；炼丹术多次传入阿拉伯，进而传入欧洲。公元701年日本采取唐制，以法律形式规定学医者必修《素问》《黄帝针经》《针灸甲乙经》《新修本草》等书。近几十年来，欧美、日本诸国研究中药、修习针灸者更是日渐增多。

八 器物与玩好

青铜器具

◎周永珍

经历了漫长的石器时代之后，人们最先认识的金属大概是自然铜。用它来制作的小件工具和饰物称为红铜器。但由于当时石器仍占优势，这段时期还是铜石并用时代。后来，又发明了冶铜技术，在红铜中加上适量的锡，以降低熔点和增强硬度。以这种合金制造的器具，即是青铜器。随着青铜器的大量出现和相应的政治变革，人类社会开始步入了青铜时代。

中国早期的铜器在黄河流域的马家窑文化、龙山文化、齐家文化中都有发现，其中年代最早的约为公元前3000年，器形有刀、斧、凿、锥、环、镜等小件工具和装饰品，质料有红铜，也有青铜，制作方法有冷锻的，也有单范铸造的。山西襄汾陶寺遗址出土的一件铃形器为合范铸成的红铜器，表明当时已经掌握了相当水平的铸造技术。

合范铸造法是我国青铜时代铸造工艺的主要特点，范大都是黏土和砂子做成的陶范。铸器时，首先要塑出器物的泥模，再在泥模上翻出外范，外范要根据脱模的需要分割成若干块，泥模上的装饰花纹也翻印在外范上。然后，又根据器物所需的厚度，用泥模削成范芯。外范和范芯经晾干、焙烤后，即可合范铸器。

按照史书的记载，我国在夏朝初年就开始采矿冶铸铜器，但从考古发现来说，二里头文化可以确认已进入青铜时代。它的遗址在河南偃师县西南，自1959年以来，经过三十多年的持续努力，已发掘出两座大型宫殿基址、大面积的居住址、窑址、铸铜遗址以及众多的各类墓葬，获得了大量的陶器、青铜器、玉石器等遗物。目前在学术界对这种文化的认识还存在分歧，有人认为这种文化就是夏文化，但也有人认为它的早期是夏文化，而晚期出现的大型宫殿基址，乃是商汤所都的西亳遗址，应是商文化。遗址所出的木炭标本经碳14测定，其年代约为公元前1900—前1500年。

在二里头文化晚期已经出现具有相当规模的铸铜遗址，出土很多陶范和炼渣。青铜器的种类也较多，工具有刀、锛、锥、凿、鱼钩；武器有戈、戚、镞；装饰品和乐器有镶嵌绿松石的牌饰和铃等；礼器则有爵、斝、鼎、盉等。其中以礼器和绿松石铜牌饰最为引人注目。所谓礼器就是指祭祀和宴飨时使用的饮食器皿和乐器，是最神圣和珍贵的器物，在铸造工艺上也比其他器物更复杂，因此最能代表当时冶铸技术、工艺所达到的水平。

二里头文化的青铜礼器中出土数量最多的是爵，现已发掘了十几件。这是一种小型的饮酒器，器形为束腰、平底、长流、三细足、单鋬，口上也有带小柱的。斝和盉也都是酒器，多与爵同出而数量较少。鼎仅一件，鼎腹为平底盆状，三足为锥状空足，口上有双耳。二里头的青铜礼器都是薄胎，一般都没有花纹，有的器形也不甚规整，加工也不精细，通常器表都存有铸缝，表明当时的冶铸技术水平不高。但是镶嵌绿松石的牌饰却制作精美，用绿松石组成兽面纹饰，表现出熟练的镶嵌技术。

继二里头文化青铜器之后的是郑州商代遗址的青铜器。郑州商代遗址是一个大型的都城遗址，已发现的有夯筑的城墙，城内东北部有宫殿基址，城外有铸铜、制陶的作坊；此外，还有墓葬和铜器窖藏等。

在这里出土的青铜器有了很大的发展和变化。以青铜礼器来说，数量有了明显的增长，器类也增加到十几种，有方鼎、圆鼎、鬲、爵、斝、斝、尊、罍、卣、盉、盘等。冶铸技术有了很大进步，已经掌握了铸造大型礼器的技能，如一件大方鼎，高达1米，重86.4公斤。大多数器物的表面都饰有饕餮纹和乳钉纹。这些变化为我国灿烂的青铜文化奠定了基础。

与此同时，长江流域的青铜文化也勃然兴起。湖北黄陂盘龙城遗址发现有周长超过一公里的夯土城墙，城内东北部有宫殿基址群，城外则有居住址和墓葬，遗址的年代约和郑州商城同时。盘龙城出土的青铜器大都出自墓葬。略大的墓都随葬有青铜礼器，器形有鼎、爵、觚、斝，这是最常见的礼器组合；大型墓随葬的铜礼器则有鼎、鬲、甗、簋、爵、觚、斝、盉、卣、罍、盘等，此外还有象征权力的铜钺和青铜武器等。这些青铜礼器也都在器表饰有饕餮纹等纹饰，有的器形也较大。从器形、花纹和铸造技术方面来看，与郑州商城的青铜器基本上是相同的。据推测，盘龙城遗址很可能是商朝前期在长江中游的一个重要方国。

1989年，江西新干县发现大批青铜器，它们大概出自一座大型墓葬中，其中有方鼎、圆鼎、鬲、甗、卣、罍、豆、瓒、铙等礼器，以及大型铜钺、兵器和具有南方特点的工具。所出的方鼎与郑州的相同，而双耳上有虎形饰。圆鼎中有的为扁足，作虎形，双耳上也有虎形饰。甗高达115厘米，为少见的大型器。铙的器形也较大，是具有南方特色的乐器，黄河流域尚未发现这种乐器。这些青铜器器表都有纹饰，有饕餮纹、乳钉纹、圆涡纹等。这批青铜礼器风格与郑州商城相近而略晚。鉴于青铜礼器上都有虎形装饰，也许是商朝时期虎方族的遗存。

商代黄河流域或长江流域青铜文化的急剧发展，需要大量的铜、锡等金属原料，这些原料来自何方，以前并不清楚。20世纪70年代以来，在长江沿岸的湖北大冶铜绿山、江西瑞昌、安徽铜陵和南陵都出现规模很大的古矿冶遗址，有供采掘的竖井、平巷等遗迹和各种采掘工具，也有炼铜用的炼炉遗址等。这些矿冶遗址中年代最早的大约相当于郑州商城时期。正是由于有了这样充足的原料供应，商代青铜器文化才得以进入它的最繁荣阶段，即商代晚期的安阳殷墟时期。

安阳殷墟是商代晚期商王盘庚迁殷以后的都城遗址，最早以发现甲骨文而驰名。自1928年开始发掘以来，已发掘出小屯村东北的宫殿宗庙建筑基址群，发掘了侯家庄西北冈商王陵墓群和祭祀坑，还有苗圃北地的大规模铸铜遗址和其他各种手工业作坊等，充分显示了商代晚期都城的规模。

殷墟出土的青铜礼器早在北宋时期就见于著录，而自清代以来发现日多。清末民初，盗掘之风日烈，外国人趁机收购，遂使很多重要的青铜器流失国外。1928年殷墟发掘之后，才有了经科学发掘的殷墟青铜器，至今已累积约千余件。仅1976年发掘的妇好墓所出的青铜礼器就多达210件，由此可见殷墟青铜器繁荣时期之一斑。

商代晚期青铜器的器类又增加了许多，除了前一时期已有的器形外，新增加的有瓿、壶、觥、觯、甒、方彝、方罍、方壶、方斝以及各种鸟兽形象的尊。妇好墓出土的偶方彝，器盖铸成殿堂式的屋顶模样，而三联甗则由一件六足甗架上置三件大甑组成，这些都是前所未见的。方鼎的形状也有明显的变化，由以前的方斗形变成长槽形，成为方鼎的固定形式。乐器则有铙和鼓。铙都是三件或五件一组、形状相同、大小递减的编铙。鼓是仿木鼓铸造的，鼓面上有鼍皮纹。青铜器的花纹也趋于繁缛诡谲，普遍以雷纹为地纹，其上突出主体花纹，其式样有各式饕餮纹、夔纹、鸟纹、蝉纹、鸮纹、蚕纹、龟纹等，往往布满器身；凸起的扉棱和牺首也被广泛用作装饰。商代晚期的青铜器大都胎厚体重，显示出庄严、敦厚的风格，安阳西北冈王陵区大墓出土的后母戊大方鼎，重875公斤。铸造这样大型的器物在技术上有更高的要求，如后母戊大方鼎的鼎身和四足是整体铸造的，鼎耳则是在铸成的鼎身上，再安模、翻范后浇铸而成的。铸造时还必须有较大的熔铜炉群，可以一次熔化足够数量的原料，而且有可能采用经地槽流注的方法进行浇铸。商代晚期青铜器的另一个特点是开始出现铭文，即将所刻的文字翻印在范芯的外壁，铸在器内，以为标志。较早的铭文只有很少几个字，大都是族徽、人名或父祖名，如"妇好"之类。商末才出现三四十字的长铭，内容多为因受赏而为父辈作器，如安阳后冈祭祀坑出土的戍嗣子鼎，有铭文三十字，就是因商王赏贝廿朋而为其父癸作器以为纪念的。

以安阳殷墟为代表的高度发达的青铜器文化，必然会对它的四邻产生巨大的影响。现在发现商代晚期青铜器的地点已遍及河南、河北、山东、山西、陕西、湖北、湖南、安徽、江西、四川等地，其中的山东益都、山西石楼、陕西城固、四川广汉、湖南宁乡出土的青铜器群，可能是商代晚期各个方国的遗存。

周人在灭商之前，作为商王朝在西方的一个方伯，肯定会接受商代青铜文化的影响。因此1972年在岐山京当公社发现的一批铜器也许可以表明周人在商朝前期已经能够铸造商式铜器了。但是，直到商代晚期，周人的青铜器铸造还不能说是很发达的，因为迄今在先周文化的遗址和墓葬中发现的青铜器数量并不太多。只是在灭商之后，周人虏获了具有高超铸铜技艺的商代工匠和充足的铜、锡矿源后，西周的青铜器铸造才迅速地发展起来。

西周早期的青铜器显然继承了商代晚期青铜器的传统，两者的青铜礼器在器类、形制、纹饰、组合等方面基本相同。不过，综观西周早期的青铜礼器，仍然可以发现它的某些特点。如方座簋、四耳簋是周初出现的新的形式，陈放礼器用的禁是前所未有的。西周早期之末还出现了三件一组的编钟。在花纹方面也出现了简朴的式样，用弦纹或一条纹饰带围绕器物的颈部和圈足。礼器的基本组合也不同于前代。商代晚期最常见的是爵、觚组合。而西周早期则是鼎、簋组合，即使有酒器，也多以觯代觚。尊、卣也往往同出，有的是一尊二卣，卣的形状相同，大小有别。在器形方面，西周早期之末的鼎、尊、卣等器的腹部普遍呈垂弛的形式。这些都是可以用来识别西周早期青铜礼器的标志。

另外，西周早期青铜礼器上长篇铭文增多，且多有关史实，这就大大增强了西周青铜器的史料价值。如利簋所记的武王克商，何尊所记的成王经管成周，𤼈鼎所记的周公东征，克盉、克罍所记的初封燕侯，宜侯夨簋所记的授土授民，小盂鼎所记的征伐鬼方，等等，都可以补文献之不足，是研究西周历史的重要资料。

西周晚期的青铜器发生了很大的变化：早期常见的爵、觚、觯、尊、卣、盉、斝、觥、方鼎、方彝等已很少见，甚至消失，代之而起的是盨、簠、匜等；原有的器类形式也改变了，鼎足由柱状足蜕变为蹄状足，簋多带盖，圈足下更附三个小足；饕餮纹、夔纹、鸟纹等早期花纹几近绝迹，而流行窃曲纹、重环纹、垂鳞纹、环带纹和瓦纹。这种变化不仅反映了当时的贵族阶级在生活起居、日常器用上的改变，也反映了他们在意识形态、美学观念上的变化。

西周晚期的青铜礼器有很多出自窖藏，其中以在周原发现的最多。周原是周人的旧都。近些年的考古发掘，在那里发掘出很多建筑基址，有封闭性的内外两重的院落，也有分散的网状柱基的建筑群，表明这里的贵族宅第鳞次栉比，而青铜器窖藏大都出于这类建筑附近。据推测，大概是在西周末年，幽王无道，犬戎入侵，贵族们仓皇出逃，而将青铜礼器埋入地下。窖藏青铜器大都是西周晚期的，有的是一家数代人的遗物，如微氏家族铜器群包括了从康昭时至共懿时四代人的器物，对于研究西周青铜器的断代有着重要意义。

西周晚期青铜器中，不少是有长铭文的，内容涉及土地制度、奴隶交换、刑法诉讼、征伐战争及册命制度等，都是研究西周晚期社会历史的重要资料。宣王时的毛公鼎，为现存铭文最长的青铜器，全文499字，是一篇完整的册命。裘卫四器的铭文内容涉及土地的赔偿和交换。曶鼎记录了以匹马束丝换取五名奴隶的情形。倗匜则详细记录了诉讼、判决、刑罚的整个过程，虢季子白盘记录了征伐猃狁、得胜庆贺的史实。后人借此可以窥知西周晚期生产力的发展及社会结构的更趋复杂。

平王东迁，王室衰微，因此东周时期各诸侯国的青铜器数量急剧增加，诸如齐、鲁、晋、秦、楚、吴、越、蔡、曾、中山等国的铜器，多有发展。由于这些诸侯国经济发展不平衡，生活习俗不相同，各地的青铜器往往具有地方特点。总的来说，东周青铜礼器的器类有鼎、鬲、甗、簋、盨、簠、豆、敦、壶、罍、舟、鉴、盉、盘、匜等。鼎的形式多为圆腹、附耳、蹄足、有盖，顶有三钮。鼎的数量，多有定制，且多与簋相配，以示地位之高下，如九鼎八簋、五鼎四簋之例。

乐器则有编钟、编镈；战国早期的曾侯乙墓出土的一套编钟，在迄今的发现中属数量最多、保存最好的，计钮钟19件、甬钟45件、外加楚王所赠的一件镈，共65件。曾国在当时并非大国，统治者竟如此奢靡，可见一时之风尚。东周青铜器上的花纹也有很大的变化，盛行蟠螭纹、蟠虺纹。宴饮、射猎、水陆攻战等贵族生活写实的图像纹饰也时见于铜器上。

东周青铜器的铸造技术和工艺都有了新的发展，分铸技术被普遍采用，有的还用焊接方法将预先铸成的器身和附件焊接在一起。春秋中叶以后出现了失蜡法熔铸技术。用蜂蜡一类的材料做模，雕塑出花纹，然后敷细泥为范，范干后，加温使蜡模熔化流出，然后烧铸成形。用这种方法铸出的青铜器，花纹纤细，玲珑剔透。河南淅川下寺楚墓出土的铜禁，湖北随县曾侯乙墓所出的尊、盘，都是用失蜡法铸造出的精品。此外，镶嵌、鎏金、错金银、线雕等工艺也广为应用，使东周青铜器的装饰纹样更加绚丽辉煌。

东周青铜器及其铸造技艺虽然仍有相当大的发展，但当时新的冶铁技术已经出现。至迟在春秋时期已有人工冶炼的铁器。而到战国中晚期，冶铁技术又有了进一步提高：铁的农具和手工工具被普遍使用，并在生产领域中占据支配地位，铁兵器也有很多发现，甚至上面提到的中山王厝鼎也是铜身铁足。随着冶铁技术的出现和发展，历史也由青铜时代进入早期铁器时代，作为青铜时代象征的青铜礼器，在走完了它的发生、发展和繁荣的时期之后，逐渐走向衰亡，被铁器、漆器等其他新兴器种与工艺所代替。

玉器文化

◎ 杨伯达

玉器在中国文化史上占有特殊的重要地位，历来为人们所重视。但"中国玉器文化"是晚近才提出来的新概念。研究这种特殊文化现象的目的，在于分析我国玉的内涵，玉器发生发展的长久历程、工艺特点和艺术风格；指出它与书法、绘画及各种工艺美术的相互关系；阐明其社会功能的多样性、持久性，对社会生活所产生的广泛影响和所发挥的重要作用。

玉器文化是中华文化的一个重要组成部分，它是我国政治、经济、宗教、社会关系的反映；它凝结着蒙昧时代的祖先对自然界、群体生活的朴素理解；它蕴含并升华着文明时代的先民在生产和生活中的实践；它包容着前人的美学、道德等意识以及他们的追求和理想；它影响并规范着市庶的物质、精神生活。

正因为玉器文化现象是十分复杂的，所以这一新的研究课题也是非常艰巨的，它涉及自然科学、社会科学的诸多学科，需要地质学家、岩石学家、宗教学家、历史学家、考古学家、美学家以及工艺史家、艺术史家等的通力合作。在这里，笔者仅就玉器文化的三个侧面——玉、玉器和鉴玩略抒己见。

一、玉的内涵

我们首先需要研讨玉的内涵，这是玉器文化的物质的、精神的重要前提。可以说，玉器文化是建立在人们对玉内涵的理解益趋深化和提高的基础之上的。

对于玉的内涵，《说文解字》释云："玉，石之美者，有五德……"这是汉儒批判地继承先秦儒家的玉德观并对其进行提炼后得出的结论。那么，先秦儒家的玉德观又包含哪些内容呢？这就是孔子所谓玉有十一德的说教。值得注意的是，孔子在向他的弟子讲授玉有十一德时，还说道"夫昔者君子比德于玉焉"。由此可知孔子也是继承上世传之已久的君子比德于玉的准则，用和阗玉可视、可听、可信的诸种特性阐明儒家的各种伦理规范，并使其形象化、通俗化，进而促使玉成为儒学精神——德的化身与表征。

再往上溯，在儒家玉德观这一内涵形成之前，玉还有更广泛的已为后人忘却了的诸种内涵，如工具、佩饰（山顶洞人的玉串饰）、祭器（以玉事神）、瑞信（良渚文化玉钺、红山文化勾云形器）、财富（良渚文化玉璧）、敛葬（良渚文化、红山文化的玉葬）等六大内涵及其社会功能。这些均已为考古出土资料和文献记载所证实。而令人惊奇的是，上述这一切都发生并完成于先民们徘徊于文明门槛之前的原始社会后期。这使我们不能不承认——构成我国玉器文化基础的玉的内涵在彼时就已十分充实并相当成熟了。距今70万年至20万年前的"北京人"，曾从离其住地两公里之外的花岗岩山坡上找来水晶打制工具。水晶古称水玉，无疑就是"北京人"的玉。距今约2万年前的"山顶洞人"，以白色石灰岩小珠、椭圆形黄绿色岩浆岩小砾石石坠做装饰品。这些小石珠、小石坠无疑也是"山顶洞人"心目中的玉和玉器。所以，从"北京人"始，至距今6000—4000年前的原始社会后期，是先民发现玉并逐渐深入认识玉、解释其内涵的最初阶段。此时，玉在群体的政治、祭祀、装饰以及丧葬等重要社会生活中发挥了显著的作用，这说明古人对玉的认识和使用已达到相当高的水平，远远早于其他任何工艺美术。

在漫长的年代里，各原始部落（联盟），从自己居住地附近找到的玉，其品种、质色、名称是多种多样的，它们仅仅通行于各自的部落成员之间。《说文》《玉篇》《广韵》《集韵》等书上注释的带"玉"偏旁的形声字很多，如玌（音求）、玒（音江）、玼（音诧）、玗（音紫）、玖（音九）、玘（音起）、玬（音法）、玪（音江）、珆（音师）、玟（音莫）、玪（音前）、玥（音亶）、球（音邮）、珨（音扶）、珬（音诉）、玹（音现）等，故均释为玉名。这些玉名很可能先产生于各个不同的原始部落，待文字出现后再依声造字，得以流传。

后来，昆仑玉亦称和阗玉（于阗玉）终于进入内地，成为玉器文化史上具有划时代意义的大事。和阗玉由于其质地优良而受到人们的喜爱，经过长期筛选，被确认为"真玉"。和阗玉打破了玉坛固有的平衡，压倒群芳，占据了主角地位，各地方玉遂屈居其下。先秦儒家抓住已深入王室、公侯、士大夫等统治者心目中的和阗玉，将其与儒学规范相比附，既形象地阐发了深奥的儒学概念，又使和阗玉德性化，更加巩固了它的主流地位。发人深思的是，生活于清代盛期的文学大师曹雪芹，创造了礼教叛逆者贾宝玉的形象，他呱呱坠地时便从娘胎里带来一块宝玉，于是，宝玉也成了他的大名和命根子，佩戴在身上，形影不离。当贾宝玉失去宝玉后，他则变成失去灵性和理智的痴人。这的确发人深省：莫非宝玉真的是中华民族文化的命根子吗？

和阗玉的矿物学属性，是由法人德穆尔利用法国侵略军在第二次鸦片战争期间从圆明园劫掠的和阗玉玉器检测得出的。他首次披露：和阗玉的主要化学成分为钙镁硅酸盐，角闪石玉，硬度为莫氏$6°$—$6.5°$，比重2.9—3.1，显微结构以纤维状为主要特征。这个分析结果于20世纪初传入我国。

不过，我国古人对玉内涵的理解是岩石的、美感的、宗教的、政治的和道德的等因素的结合体，其中精神属性又是主要的。前人并没有站在矿物学角度做出自然科学的结论，而是从直接经验和自我感觉出发，首先承认玉是岩石中的美石，再赋予它以诸种文化的解释。我国古文化就这样伴随着玉、玉器同步成长、日趋进步。玉不仅是我们民族文化的奠基石，它也是我们民族文化发展提高的阶梯及其重要内涵。

翡翠产于今缅甸北部山区，大约在汉代进入我国玉坛。由于它那类似玻璃的质地和苍翠欲滴的绿色，得到了个别文人的青睐，而获得了像翡翠鸟那样的美名——翡翠。尔后，历代都有少量翡翠流入我国，但并未引起人们的广泛兴趣。所以翡翠往往被误认为碧玉或绿玉。至清代乾隆时期，翡翠输入增多，并在乾隆晚期开始为人们赏识。嘉、道之后，翡翠身价日益抬高，超过了和阗玉。慈禧太后特别喜爱翡翠首饰，经常向粤海关索取。经法人德穆尔检验，翡翠的主要成分为钠铝硅酸盐，辉石族矿物，比重为3.33。硬度为莫氏7°，显微结构也呈纤维状。由于翡翠硬度高于和阗玉，又称为硬玉，和阗玉遂相应地称软玉。翡翠在晚清的兴起有两个原因：第一，与和阗玉那种内在的含蕴美不同，翡翠之美乃是一种外向的、辐射的、富有刺激性的类似宝石般的美，这是它的固有条件；第二，道光时期新疆发生了张格尔叛乱和沙俄的入侵，新疆和阗玉贡路受阻乃至中断，于是内地玉材匮乏，不得不以岫岩玉、南阳玉补充，翡翠便乘虚而入，成为玉坛上的后起之秀。当然，它不可能具备和阗玉的上述内涵，仅是华美的玉材而已。

二、玉器艺术

我们民族崇玉爱玉的传统、玉内涵及其功能的进一步扩展，促进了玉器雕琢工艺的改进与提高。铊机的使用提高了治玉效率，使玉工艺最终脱离了石器工艺，迈进独立的手工艺领域，成为崭新的玉器工艺，被后世称为"碾玉作"或"玉行"。铊机是旋转性圆盘工具，带动水调金刚砂磨琢玉料而成玉器。经鉴定，从商代妇好墓出土的玉器，即用铊具碾琢，彼时铊机效率较高，已是成熟型的琢玉手工机械工具。据此推论，原始铊机理应出现于原始社会末期，亦即红山文化、良渚文化的繁盛期。目前所见这两个原始文化的玉器，便有使用铊机的痕迹，故笔者以为原始铊机可能出现于彼时。铊机的发明、改进与推广，是玉器工艺走向独立发展道路的重要技术条件。可以说，如果琢玉不用铊机，而仍沿用治石的陈旧工艺，那么不仅玉器艺术难以提高，玉器工艺也不能与石器工艺分离而独立。

另一推动玉器艺术发展的因素，则是和阗玉的传入及其推广。已如前述，和阗玉从今新疆维吾尔自治区的和阗、叶尔羌出发，经过荒漠、河西走廊进入关中，到达中原。这条玉石贡路比丝绸之路早约千余年，也是联系东西文化的纽带和桥梁。和阗玉的美是内含的、蕴藉的，与中华民族的性格及文化面貌极其吻合，很快就被人们接受和喜爱，并赋予神秘化、政治化、德性化的内涵。从此，和阗玉凌驾于各地方玉——良渚文化玉、红山文化玉之上，主宰了玉坛。以迄今为止出土的各个原始文化玉器与和阗玉比较，便不难发现，前者不论在温润、光泽还是在洁白、缜密上，均无法与和阗玉相比。这就是和阗玉能够压倒各地方玉的优势所在。总之，和阗玉给人们的美感及其德性的内涵，成为玉器美术蓬勃发展的美学条件和精神支柱。

玉器美术是中国工艺美术的一支，随其发展而发展，随其衰微而衰微，其基本脉络和工艺格调也往往是一致的、相通的。但是，玉器艺术的个性又是鲜明的，特色也是突出的。引发其个性、特色的基因是：

一、由于玉的社会功能的多面性，促使其器型丰富多姿，变化多端。不过，略经概括，不外乎分为圆曲系（璧）、直方系（斧、圭）、圆直折中系（琮）、肖生系（人、兽、禽）四系。它奠基于原始社会，后虽经长期的、互为交织的发展和演变，而万变不离其宗。圆、直两系玉器的厚度不足，往往呈扁体，正、反两面均有图案装饰，这是石器孑遗及玉材制约所致。新兴的折中系（陈设、器皿）、肖生系两种玉器，体量均有所增强，但仍偶见圆、直二系的遗痕。

二、玉的灵性与德性，决定其艺术表现上出现了以"良玉不琢"为主旨，略加琢磨，充分显示其本质的玉器；与之相对的则是精雕细琢的玉器。前者以良渚文化玉璧及后世的礼制玉器为代表，后者以良渚

内蒙古翁牛特三星他拉村遗址出土的新石
器时期玉龙(红山文化)

江苏武进寺墩遗址出土的新石器时期兽面
纹玉琮(良渚文化)

文化玉琮及之后的佩饰、陈设类玉器为其典型。这两种不同的做工和
艺术表现手法，贯穿于玉器艺术史的始终。

三、惜玉如金，因材施艺。和阗玉来自迢迢万里之外的昆仑山北
坡，是有灵性与德性的珍贵材料，在使用上要非常谨慎，精打细算。
而治玉不可避免地要受到玉材形状和质地的制约，尤其是采于河滩或
沙中的子玉，其制约性更强，在肖生玉和玉山子上表现得更为明显。
玉色或皮子的巧妙利用，称为"俏色"或"巧色"；化玉之瑕绺、石性
等弊病为利的做工，称为"巧作"。当然，强调惜玉如金、因材施艺过
分，束缚手脚，便走向反面，成为玉器艺术的灾难("玉厄")。

四、铊机碾琢的玉器与刀凿雕刻的工艺品、艺术品不同，有着特
殊的韵味。铊机善于碾磨，磨出来的玉器不论平立造型还是阴阳纹路，
都不可能像刀凿雕刻那样锋芒毕露、挺拔流畅，而以其浑厚圆润、悠
缓妩媚见长。粗简者往往留下铊砂痕，与刀斧痕也不尽相同。

五、仿古玉有着独立的体系和独特的美术价值。仿古是宋代之后各
门类艺术产生的共同倾向，但玉器仿古却有它的特殊性。书、画、铜、
瓷仿古，均有其明确对象，要做到既似又精，虽下真迹、实物一等，
但足以乱真。而玉器仿古对象往往模糊不清，遂自我作古，甚者便假

托杜撰，冒充古玩，在仿古的潮流中雕琢出臆想的、折中的、富有个性的新式玉器。玉匠们往往以杂色玉、边皮、脚料再经人工致残或染色等手段，仿制受侵蚀的和残损的古玉，为仿古玉增添了沁色美、残缺美和古色古香的韵味。

上述五点原因，使得玉器艺术产生了鲜明的个性和特色。这种特色虽也在历代玉器的时代风格影响下变化着、发展着，然而，它那浑朴圆润的格调，内在的、含蓄的典雅气质，以及小中见大、以微显幽的视觉效果，却一直是历代玉器艺术的主流和精髓。

三、玉器鉴玩

玉器鉴玩是玉器文化长期发展及其沉淀的必然结果。

玉器不论具有何种社会功能，都有程度不等的审美价值。即使是可以通神的琮、代表等级的圭等庄重高雅的玉器，也都包含着一定程度的美的因素。但无论如何，上述玉器还都是宝器，不可供玩赏之用。

不过，玉玩的起源也很久远，在商代王室已经出现，如殷墟妇好墓出土的玉跪人、玉虎、玉象等肖生玉都不是装饰性或供奉性的玉件，应是迄今所见最早的独立观赏玉器。又如商纣王收藏的大量玉器，仅被武王缴获的旧宝玉就有14000件，佩玉亦有8万件之多，可知商族是爱玉、玩玉的民族。遗憾的是，武王灭商后，把周族的农耕文化强加于商地，抑制商族爱玉、赏玉的传统，推广本族的玉材观，进而将玉更加政治化、神秘化，客观上推迟了它的艺术化进程。尔后，儒家赋予玉以德性，更加延缓了玉器鉴赏的发展过程。佛教传入我国之后，也抓住玉不放，做玉佛以供养，这对鉴赏玉器的发展也是不利的。尽管如此，宋代后仍出现了不少富有生活气息和人情味的以山水、人物、禽兽、花卉等为题材的玉器，其中不乏鉴赏玉。

另外一方面，从宋代起，收藏家也已注意到对古玉的搜罗与庋藏。有的收藏家在搜罗书画、铜瓷的同时，还收集古今玉器。如宋高宗赵构幸清河郡王第，张俊曾进贡42件新旧玉器，其中有古剑璏等旧玉器。上行下效，搜罗古玉的风尚愈演愈烈。宋代吕大临《考古图》（1092年）收录古玉14件。元代朱德润编纂《古玉图》，此为专门性玉器图录之鼻祖。明代曹昭《格古要论》、高濂《遵生八笺·燕闲清赏》等鉴赏文玩的专著，均有论述古玉器的篇章。在清代，随着金石学的发展，玉器考据取得进展。乾隆帝弘历不仅是清代最富有的玉器收藏家，也是古玉的鉴赏家和考据家，他留下了有关玉器的诗近700首（篇），多系有感而发，包括描述、鉴赏与考据等内容，颇有研究价值。清末吴大澂编纂《古玉图考》，以经学考证古玉的定名、形制和功能。19世纪末至20世纪上半叶，有关玉器辨伪、染色等的专著《玉说》《玉纪》《古玉考》《古玉辨》等相继问世，说明对古玉的收藏、鉴赏、研究有了蓬勃的发展。

自宋代以来，具有各种社会功能的古玉统统成了文玩，为玉器爱好者收藏。古玉的鉴玩包括欣赏和鉴考两个主要环节，成为一种高尚的、充满了学术空气的文化享受，可以达到增长见识、怡养心身的目的。明、清以来，尤其是清代，在鉴玩古玉的同时，还欣赏新作玉器。乾隆帝在这方面也是一位代表人物，他的诗篇中有不少是吟咏苏、扬两地玉工所琢碾的各种玉器的。他看到苏州专诸巷所雕《桐荫仕女图》后，曾赋诗表彰曰"女郎相顾问，匠氏运心灵"。扬州玉工所碾的最著名的一件大玉，则是《大禹治水图山子》。此山子完成于乾隆五十三年，乾隆帝题长1800余字御制诗及释文，赞此玉雕"博大悠久称观止"，并阐明制此大玉山的目的是"获此巨珍以传古王圣迹，非耳目华器之玩可比也"。这位皇帝还告诫子孙"慎守旅獒之训，以凝承大宝，庶不负予制器垂裕之深衷耳"。说明他玩物而不丧志。

这种赏心悦目、怡神养性、寓教育于鉴玩的活动，是一种特殊的文化现象，它是我国的玉、玉器内涵决定的，也是中华民族文化传统中派生的一种高尚的文化生活。古玉鉴赏活动的经久不衰，又将我国玉器工艺、玉器文化推向更高级的阶段。

玉器文化有着强劲的生命力，它不仅影响着我们民族的过去和现在，还将影响到未来。

瓷器之国

◎ 张小舟

　　在世人的眼中，瓷器与中国似乎不可分，以至于在英语中，"瓷器"和"中国"是同一个单词。的确，发明制作瓷器是中国人对世界文明的重大贡献，其影响的深远人所共知。

　　最早的瓷器产生于东汉时期，此前经历了由陶到瓷的漫长发展阶段。早在新石器时代初期，我们的祖先已掌握了制陶技能，到商周时期，出现了一种火候较高、外表包着青绿或黄绿色薄釉的陶器，由于它已具备了某些瓷器的特征，因此被称作"原始青瓷"。一般说来，真正的瓷器应该具备这样的特征：以瓷为胎，烧结温度高，不吸水，半透明，叩之有金石声。在浙江上虞一带东汉晚期窑址中发掘出的瓷器已达到这种水平。烧制瓷器取材容易，工艺简单，但烧制出的成品自有千种风流，万般神韵，以"点土成金"来形容是一点不过分的。早于瓷器出现的青铜、金银、漆器等，或庄严、或华贵、或典雅，然而由于用料讲究，工艺繁复，只能为贵族所独享，而瓷器则是"天下无贵贱通用之"的。与陶器相比，瓷器又有耐用、清洁、赏心悦目的优点，所以瓷器一经问世就备受青睐，在大江南北迅速普及，成为人们最普遍的日常生活用器。

　　说到瓷器的生产，素有"南青北白"之说，谓南方以烧制青瓷为主，而北方则以生产白瓷见长。当然这是不严格的划分，但唐代以前情况大致是如此的。

在南方众多的青瓷窑中，越窑青瓷最为出色。越窑之名见于记载，最早在唐代。陆羽《茶经》云"越瓷类玉"。其窑场集中在越州境内的上虞、余姚等地。其实在唐代以前，这些地区就是烧制青瓷的集中地，所以说自东汉以来至唐宋的一千多年间，越窑青瓷的生产一脉相承。西晋时期，越窑瓷业发展很快，窑场增加，仅上虞一地就发现这个时期的窑址六十多处。产品质量也显著提高，在江苏宜兴发现的江南大门阀士族周氏家庭墓中，出土的神兽尊、方壶、砚、熏炉、槅等，制作精致，釉层均匀，釉色青灰，器形端庄稳重，达到了较高的水平。

经六朝至唐，越窑青瓷更趋完美，原料加工和制作精细，胎薄而坚实；釉色滋润，隐露精光，如冰似玉，被誉为"千峰翠色"；器形规整，轻灵俊秀。当时饮茶之风盛行，士大夫、文人以饮茶为风雅。饮茶不但讲究茶叶的色香味和烹茶方法，也力求茶具的精美，以求其与茶色相一致的效果。而越瓷的青绿色泽与茶水的颜色配合，相得益彰。被后代称为茶圣的陆羽评价说："碗，越州上。越州瓷青，青则益茶。""越碗初盛蜀茗新，薄烟轻处搅来匀"（施肩吾《蜀茗词》）的吟唱，道出了越碗与新茗相配合的情趣。除碗之外，瓯也是唐代流行的茶具。据陆羽的描写："瓯，口唇不卷，底卷而浅，受半升已下。"对照已发现的唐代瓷器，可知所谓瓯就是盏。孟郊"蒙茗玉花尽，越瓯荷叶空"的诗句，证明了瓯与茶的依存关系。在唐代，酒也深受人们特别是文人的喜爱。当时盛酒的酒壶叫作注子。在宁波出土的唐代越窑注子有五种不同的形制，其流（出水口）有长有短，其柄有曲有直，而腹部多做成瓜棱形，瓜棱凹进处釉厚、色深，凸起处釉薄、色浅，这就使得同一件器物的色泽有了深浅不同的变化，因而更有韵律感。

晚唐时期，越窑烧制的专供皇室使用的御用瓷被称为秘色瓷。根据宋人的记载，以往都认为秘色瓷出现于五代，是吴越政权的钱氏下令烧造的，因命民间不得使用而得名。但1987年在陕西省扶风县法门寺唐代塔基的地宫中，出土了十几件秘色瓷器。这些青瓷器之所以被断为秘色瓷，是因为在地宫中石刻的器物账中明确写着"秘色瓷"字样。由此可知在唐末已有秘色瓷器了。这一发现解开了陶瓷史上一个久而未决的谜。十几件秘色瓷中有八棱净水瓶、碗、盘等，器形较大，釉色是沉稳的湖绿色，温滑莹润，的确有如玉的感觉。越窑在宋代还曾烧造过贡瓷，但由于诸多名窑的兴起而逐渐衰落了。

　　唐代南方烧造青瓷的著名窑场很多，仅就见于《茶经》的而言，除越州窑外，还有鼎州窑、婺州窑、岳州窑、寿州窑、洪州窑。有一处瓷窑不见于史书，而瓷品又极富特色，这就是位于今湖南省长沙市郊的长沙窑。通过考古发掘，在长沙窑局部窑址就获得遗物2200多件，瓷器式样之多，在唐代瓷窑中少见，器物主要有壶、碗、盘、文房用品及玩具等。长沙窑瓷最突出的是它的装饰艺术，首先模塑贴花是一大特色。贴花多装饰在壶一类器物的腹部，纹样有人物、动物、果木等，较具特征的有胡人乐舞纹样。在器皿的贴花部位，往往覆以褐色圆斑，表面再施青黄色釉。另外长沙窑瓷首创了釉下彩绘技法，突破了青瓷的单一色调，用生动的笔触，以褐、绿等色彩绘出戏童、水鸟、动物、花木等，极富情趣。这些瓷器上还书写诗句、民歌，内容多诉说离愁，如"一别行千里，来时未有期，月中三十日，无夜不相思"。一件传世的长沙窑壶腹部写着"卞家小口天下有名"，这是窑场主为自己烧造的瓷器所做的广告，带有明显的商业意味。

　　烧造白瓷的工艺比青瓷复杂，需要掌握好火焰及胎釉中铁的呈色，因此白瓷的出现比

《钦定古今图书集成》版画"瓷器窑图"

青瓷为晚。北方地区所发现的最早的白瓷器，出土于河南省安阳市的北齐范粹墓中。隋代墓葬中出土的白瓷器已达较高水平，内中有高大的彩绘瓷俑。进入唐代，北方出现了与南方越窑齐名的烧造白瓷的邢州窑。基于李肇《国史补》有关"内丘白瓷瓯"的记载，三十多年来多在内丘境内寻找邢窑遗址，但无所获。1980年才在河北省临城县祁村发现了邢窑窑址。据考，窑址所在地唐时不属邢州内丘，而属赵州临城，但与内丘交界，而《国史补》所记只是就大体而言。邢窑白瓷胎质细腻，釉色白而润泽，"类银类雪"。虽然陆羽从品茶的角度认为越州瓷为上，但也记录了"或者以邢州处越州上"的说法，应该说邢窑白瓷与越窑青瓷是唐代瓷品中的双璧。邢窑遗址出土的白瓷器有碗、壶、小瓷塑等，以碗的数量为最多，也最有代表性，其中一种在玉璧形底中心施釉的碗，是精工细做的产品。白瓷的出现，为后来多种彩绘装饰的发展提供了可能，因而在瓷器发展史上具有重大意义。

由五代入宋，迎来了瓷业发展的繁荣时期，定、汝、官、哥、钧五大名窑争奇斗艳，此外耀州窑、龙泉窑、吉州窑、磁州窑等也各放异彩。

定窑创烧于唐代，由于它的兴起，原名噪一时的邢窑衰落了，以至于宋人只知有定而不知有邢。定窑遗址在今河北省曲阳县涧磁村，唐时属定州。定窑白瓷胎薄，釉为象牙白色。装饰技法有刻花、划花、印花等。纹样有各种花卉以及燕雀、戏婴等。花纹细腻而不繁缛，器物富丽又不失古朴典雅。定窑器多采用覆烧方法，即将碗、盘等器一个摞一个倒扣着装窑烧制，这种装窑方法的特点是产量高，但所烧器物的口沿部分无釉，被称为"芒口"。为追求瓷器整体的完美，一些瓷器的芒口处被包以金、银、铜等金属，称之为金扣、银扣和精装定器。据记载，定窑除烧白瓷外，还间烧其他釉色的瓷器，其中紫定甚为珍贵，近年在定窑遗址已有发现。

传说宋徽宗不喜欢定窑器有芒口，因而命汝州贡瓷，从此汝窑名闻于世。然而汝窑瓷器传世极少，以至于有人怀疑它是否真的存在。1987年在河南省宝丰县清凉寺发现了汝窑窑址。汝瓷的特点是胎为青灰色，釉料中掺有玛瑙，色天青，并有美丽的开片。

宋代官窑是官府设置专为宫廷烧制瓷器的窑场。北宋宣政间，官府在京师汴梁自置窑，始有"官窑"之名。北宋官窑窑址至今尚未发现，而传世的官窑瓷器有一些与汝窑瓷器接近，因此也有人主张汝瓷即官窑。实际上官、汝两窑都是存在的，但汝窑在很大程度上影响了官窑。宋高宗南渡后，在杭州另立新窑，是为南宋官窑。南宋叶寘《坦斋笔衡》记："中兴渡江……袭故京遗制，置窑于修内司，造青瓷，名内窑……后郊坛下别立新窑。"郊坛官窑窑址在今杭州南郊乌龟山一带，窑址出土的瓷器胎薄，胎色黑灰或黑褐，与记载的"紫口铁足"吻合。其釉色有粉青、米黄等，施釉较厚，器物中很多是仿商周秦汉时古铜器和玉器的，显然是受了当时复古之风的影响。

关于哥窑，有记载说："哥窑与龙泉窑皆出处州龙泉县。南宋时有章生一、生二兄弟各主一窑，生一所陶者为哥窑，以兄故也；生二所陶者为龙泉，以地名也。其色皆青，浓淡不一；其足皆铁色，亦浓淡不一……哥窑则多断纹，号曰百圾碎。"哥窑窑址至今没有找到，从传世器物看，哥窑瓷胎有墨灰、浅灰、土黄，釉有粉青、月白、油灰、青黄各色，因此有人提出传世哥窑瓷器也许并非一个窑口所烧。至于其产地则有龙泉、景德镇、吉安、杭州等多种推测。哥窑问题是陶瓷史上的悬案。

钧窑在河南省禹县。钧瓷的特点在于它的不透明的乳浊釉，烧结后器物的釉色千变万化，那青中带红的颜色，宛如蓝天中的晚霞，极具诗情画意。"夕阳紫翠忽成岚"，是对钧瓷绚丽色彩的绝好描绘。人们发现在钧窑贡瓷底部都刻有数字，对于这些从一到十的数字的意义，自清以来就有种种推测。通过对窑址器物的研究，得知这些数字是表示器物型号大小的，"一"是最大的器皿，而"十"就是最小的。

宋以前瓷器总的特点是器形简单，装饰较少，而以釉色取胜，追求古朴、自然的风格；五大名窑之外，耀州窑瓷的橄榄绿、龙泉窑瓷的梅子青、景德镇瓷的影青、建窑瓷的兔毫和鹧鸪斑都各具魅力。宋代以后，中国瓷器的发展进入新的阶段。

元代，由于青花瓷器烧制成功，使瓷器的装饰有了突出变化。其工艺是以钴料在瓷胎上绘画，然后覆盖透明釉，经烧制呈现蓝白分明的艺术效果。青花瓷的产地在景德镇，此后景德镇的瓷业迅速发展起来。青花瓷玉肌青骨，淡雅娴静，是中国绘画技巧与制瓷工艺完美的结合。元青花瓷器类多样，有高足杯、折腹碗、菱花口大盘、盖罐、玉壶春瓶、贯耳瓶等。花纹较繁缛，层次多，画面满，但主次分明，浑然一体。关于青花的起源，学术界有两种看法：或以为自波斯传入，或主张是中国自创。然而，烧制青花必需的两项工艺釉下彩绘和运用钴料，在唐代就已具备，至元代已有四百年左右的历史，故青花瓷正是在前代制瓷基础上创制成功的。

明代瓷器生产仍以青花为主，但彩瓷开始流行。成化时期，烧制成功釉下彩与釉上彩相结合的斗彩。斗彩以青花为基本纹饰，点缀以三四种以上颜色的釉上彩，风格清新、活泼。彩瓷的出现是以有高品质的白瓷为前提的。嘉靖、万历时期的五彩是把青花作为一种颜色因素，与多种釉上彩结合，色调浓厚、鲜艳，此时青花装饰在器物上已不居主要地位了。景德镇在明代成为全国制瓷业的中心，当时至精至美之瓷，莫不出于此。

彩瓷的出现刺激了人们审美趣味的改变。清代彩瓷在明代的基础上大大地发展了，品种有民间五彩、珐琅彩、粉彩、斗彩、素三彩等。清瓷的另一突出成绩是能成功地烧制各种色釉。仿宋各名窑的瓷器可达乱真的程度；明一度失传的铜红釉得到恢复，烧出的郎窑红深艳美丽。清代新创的色釉还有胭脂水、珊瑚红、秋葵绿、乌金釉、天蓝釉等。清瓷在工艺方面极尽精巧，镂空套瓶、转颈瓶、青花玲珑瓷都是具有代表性的器物。《陶说》记述了当时的制瓷业几乎可以仿制各种手工艺品，"戗金、镂银、琢石、髹漆、螺钿、竹木、匏蠡诸作，无不以陶为之，仿效而肖"。清瓷流行各种吉祥纹样，如牡丹、石榴、桃、松鹤、鹿、蝙蝠等，以象征富贵、多子、福、禄、寿等。清瓷追求奇巧的风格，工艺水平空前之高，被誉为我国瓷器发展史上继宋之后的又一高峰。

九　烹调与饮食

菜肴菜系

◎ 王学泰

有了菜肴才能形成菜系。菜本指野菜。《说文》释菜云："菜，草之可食者。"后来，它逐步演变成对一切菜肴的简称，即指与主食相对的辅助性食品。

早在先秦，人们就产生了主、副食概念。人们把赖以充饥的、为人体提供大部分养料的、用谷物制成的熟食看作主食。《黄帝内经》就有"五谷（稷黍麦菽麻）为养"之说。与此相对，《内经》又说，"五果（枣李栗杏桃）为助、五畜（牛羊猪犬鸡）为益、五菜（葵藿薤葱韭）为充"，明确地把果、肉、菜列为辅助食品。人们把以果、肉、菜为主料、用五味（酸苦辛咸甘）调和制成的或生或熟的食品统称为菜肴。这个制造过程就是烹饪。

烹饪自先秦至近代大约可分为三个时期：一为先秦至汉魏六朝，二为隋唐宋元，三为明清至近代。

第一时期的烹饪技术还较原始。虽然此时人们已掌握了火烤、水煮、汽蒸、油脂煎炸的技术，但广泛应用的还只是烤和煮。烤、煮主要用来加工肉食，做熟的肉往往是大块的（当时称之为胾），要先切成薄片（称之为脍），再蘸醢（肉酱）、酱而食。不同的肉都有与之相应的醢、酱相配，故孔子言"不得其酱不食"。大块的"胾"不能入味（烤、煮之时也不调味），因此"脍"只有切得薄才能充分入味，故孔子又说：“脍不厌细。”

在先秦，通常只有贵族才吃得起肉，人们称之为“食肉者”；平民百姓则被称为“食蔬者”或“食菜者”。孟子在描绘他的“仁政”理想蓝图时说，“七十者可以食肉矣”，可见对平民百姓来说肉很难得。秦以后有些改变，但从史书记载来看，平民百姓在招待客人时也只有“黍饭只鸡”而已。平民百姓主要是制成“菹”（腌成的酸菜）或煮成羹作为佐餐之菜。

羹是不为等级所限的菜肴。故《礼记·王制》中说：“羹食自诸侯以下至于庶人，无等。”现代以羹为名的菜，多比汤略稠、略浓，而古代的羹一般比现在的羹还要浓稠一些。羹是这个时期最重要的菜肴，不仅因为它被普遍食用，而且因为只有制成羹才注重调和五味。羹在《说文》中写作𩱡，解释为“五味调盉”。这意味着，人们懂得使用五味调料后，首先把它用于制羹之中，后世称制羹为调羹就是这个道理。高级的羹要用肉或鱼煮制，羹中还要加些料屑。先秦古羹写作𩱛（见《陈公子甗》），其中之“屮屮”就像碎米之形。孔子厄于陈蔡而绝粮，制羹时“藜而不糁”，即只能在汤中放藜菜而不能加米屑。

饮食作乐是先秦人最重要的享乐方式之一，特别对生活优裕的统治者来说，“口欲穷刍豢之味”是他们最大的享受。夏商两代亡国之君桀与纣，都被后世指责为侈于饮食、追逐美味，春秋战国时代处于乱世，诸侯卿大夫以酒食为消闲享乐者更多，并出现了善于调制美味的名厨易牙。《吕氏春秋·本味篇》中还对“味”作了细致的分析，总结了先秦厨师调味烹饪的经验，强调水（传热介质）、火候、齐（调料剂量）三者的统一：首先当时只在羹中调味，所以水是给食物加热和使食物入味的中介；其次，水的“九沸九变”是通过火候大小实现的，并且只有火候适当才能清除异味；最后食物美味的实现，还是要靠在烹调中按照一定剂量（齐）搭配五味。对味的追求成为中国烹饪理论的核心。

第二时期，菜肴烹饪技术有了长足的发展。首先，菜肴原料大大增加，大批海味、外来蔬菜、豆制品，如海蜇、乌贼、鱼唇、鱼肚、玳瑁、海虾、菠薐菜、莴苣、豆腐、面筋等入馔，丰富了菜肴的品种。

此时还出现了数量众多的花式肴馔，即工艺复杂、具有美丽外观与典雅命名的菜肴。这些菜肴已经注重色、香、味、形、器的统一。如"五生盘"是用牛、羊、兔、熊、鹿五种肉切出刀面拼摆的花盘；"玲珑牡丹鲊"是"以鱼叶斗成牡丹状，既熟，出盘中，微红如初开牡丹"。其他如"箸头春""金铃炙""莲房鱼包""鸳鸯炙"等，都是这类菜肴。这些菜肴可以满足食客视觉、嗅觉、听觉等多方面的享受。

这个时期烹饪史上最重要的事件是"炒菜"的出现。作为菜肴加工方法的"炒"，是在锅中放入少量油为中介质，在锅底加热后把肉或蔬菜倒入锅中，然后不断地翻腾，并在由生变熟的过程中根据需要加上各种调料以入味。炒菜的原料一般体积较小，如末、丁、片、丝、条、块、球等。炒的门类极其复杂，包括清炒、熬炒、煸炒、抓炒、大炒、小炒、生炒、熟炒、啜炒、干炒、软炒、老炒、托炒、溜炒、爆炒等。其他如烧、烩、焖、炖等也都是在炒的基础上再辅以其他烹饪方法，可看作是炒的发展。"炒"字出现很晚，以"炒"这个概念命名菜肴则更晚，但用炒的方法制作菜肴滥觞于1500年以前。《齐民要术》中介绍过的"鸭煎法"就是一种较原始的炒菜，类似现在的炒肉末。到了宋代才有了以"炒"命名的菜肴，如生炒肺、炒蛤蜊、炒兔、炒鸡兔、炒蟹（见《东京梦华录》）、炒腰子、炒假肺、炒鸡蕈、炒鳝（见《梦粱录》）等。作为一种烹饪法，炒的加工对象极为广泛，蔬菜中的果类、叶类、块根、块茎、茎类都可以用炒的方法加工，其他如山珍海味、家畜家禽、面筋豆腐乃至粥饭糕饼无不可炒。炒菜营养丰富，不仅因为它的配伍多，是由多种菜搭配成的合菜，也因为它的加工时间短，各种营养成分流失较少。炒菜可荤可素，也可以荤素合炒，有少量的肉与较多的蔬菜便可以炒一个菜，这是用水煮、火烤、气蒸、油煎等烹饪法做不到的。"炒"之所以在被发明之后很快为大家所接受，而且发展成为独占鳌头、花样繁多的烹饪方法，是因为以农立国的中国人，其食物结构以粮食为主，"以菜为充"，"以畜为益"，而菜肉齐备的炒菜正是适应了这种饮食习俗。

由于两宋商业的发展，在一些大城市的市肆中出现了风味菜肴，如汴梁、临安的一些餐馆中挂出了"胡食""北食""南食""川味"等招牌，以表示该店菜味的独特风味，这便是菜系形成的嚆矢。

因此，在第三时期，菜系逐渐形成。严格说来，各省、各地区甚至各县都有独特风味的肴馔。但要称为"菜系"，这些具有独特风味的肴馔就应能组成系列，在原料选择、调料运用、烹调技艺上都有自己的特点，并且各种肴馔的制作有一定的内在联系。

菜系的形成，又是与该地区的商业、交通、文化发达相联系的，以城市繁荣为基础的。只有具备了这些条件，才会出现大量的酒楼饭馆，烹饪技艺才得以广泛交流，各种珍异的食物原料才得以荟萃，从而才能形成大量的名馔佳肴。菜系的形成还要有一定数量，并有能世代相传的厨师，这是菜系形成的关键。另外，还要有一批高水平的消费者和有文化教养的美食家品评提倡，这是菜系形成的动力。

明清两代，由于手工业、商业的发达出现了一大批繁华的城市，特别是在沿海各省，运河、长江、黄河两岸，大、中、小城市星罗棋布。饮食行业往往集中在繁华的城市商业区，有的还形成了饮食市场或饮食街，如北京的大栅栏，南京的秦淮河，杭州的西湖，开封的相国寺等。众多酒楼饭肆集中在一起，互相竞争，取长补短，自然大大提高了肴馔的品质。

由于对菜系的理解不同，对中国到底有多少菜系，迄今尚无一致的意见。以下选取历史渊源较深、具有全国性影响并带有独特文化背景的六个菜系，分别加以介绍。

一、京菜

北京作为首都已有七百余年的历史，它是帝王、贵族、士大夫长期活动的中心。而京菜就是为贵族饮宴、官场应酬、士大夫雅集服务的，因此它占个"贵"字。

京菜还有集大成的性质。北京地理位置接近游牧地区，历史上

的辽、金、元、清时期，又都是由游牧民族居统治地位，故统治集
团的口味与饮食需求必然对北京肴馔起决定性影响。元代忽思慧
《饮膳正要》写于北京，其中记载的宫廷菜肴就以牛羊肉为主。直至
近代的全羊席、烧羊肉、烤羊肉、涮羊肉，乃至小吃中的爆肚、锅
贴，都是北京肴馔中最有特色的。清统治者满洲人在关外就嗜食猪
肉，其烹饪技艺简单古朴，以烤、烧、煮、炖为主。所以北京菜肴
自清以来猪羊并重，就是受到满族食俗的影响，其代表菜肴是为烤
乳猪、白煮肉等。

　　另外，北京又是各地士大夫云集之所，他们带来了各地技艺高超
的厨师，也使京菜能够吸收各地所长，从而丰富了北京肴馔的风味。
对北京影响较大的是山东、淮扬、江浙三个菜系。山东本距北京较
近，清初至中叶京朝显贵中山东人又很多，故山东人几乎垄断了清代
北京的饮食业，有名的大饭庄如同丰堂、福寿堂、惠丰堂都是山东人
开办的。山东菜中的"爆""锅爆"技艺，与其善于运用葱香味的烹
调特点，对北京烹饪有很大影响。如爆羊肉、锅爆豆腐等，都是吸收
了山东烹调技法和调味特点的北京普通菜肴。此外，淮扬（指扬州、
淮安一带）、江浙（指苏南、浙西一带）人在北京经商、求官的特别
多，口味也特别高，有些人士还能设计菜肴。因此，北京厨师即使并
非来自江南，亦以能"包办南席"相标榜。近人徐凌霄云"明明是老
北京的登州馆，也要挂'姑苏'二字"（《旧都百话》），正说明了南菜
在人们心目中的地位。南菜北上后其风味也产生了变化。如淮扬、江
浙重甜味、淡味，而北方重咸味、厚味。南菜要在北京立足，不免要
入乡随俗，在调味上略加变化，创制出一些南北合璧的菜肴。如晚清
翰林潘祖荫创制的鱼羊合烹而成的潘先生鱼，苏州人吴闿生创制的吴
鱼片等，都属于带有江浙色彩的北京菜。近百年来被称为"世界第一
味"的北京烤鸭，始出于明宫廷烤鸭，它用北京填鸭为原料，并吸取
了淮扬一带注重色泽的烧烤技艺，而烤成后用于调味的甜面酱和生葱
及配食的荷叶饼又都属于山东风格，可以说是典型地反映了北京菜的
"多源性"。

清乾隆以来逐渐流行的最高规格的宴席——满汉全席，其菜式、冷碟近两百种，点心几十种，也反映了北京菜的渊源。这道宴席是以满洲烧烤与南菜中的鱼翅、燕窝、海参、鱿鱼、鲍鱼等为主菜，并以满洲传统糕点——饽饽穿插于菜肴之间，以淮扬、江浙羹汤为佐菜。它集京菜之大成，比较全面地反映了北京肴馔的技艺和风味。

总之，京菜如同北京在中国的地位一样，是万流归宗之处，有兼收并蓄之胸怀。因此，它不是以一两种肴馔名世，而能推出几十种甚至百种以上具有独特风格的肴馔，从小吃到大餐乃至整桌筵席，都有其他菜肴不能企及者。另外，京菜不追求怪诞，不走偏锋，不寻求刺激，善于把平凡的食物加工成为美味的菜肴，其口味也易于被一般人接受。

二、鲁菜

山东菜肴的渊源更为久远，最早可追溯到春秋战国时的齐鲁。北魏贾思勰的《齐民要术》所总结的烹饪经验，有不少就取之于齐鲁一带。因之，鲁菜的特点是"古"，特别是鲁菜中的阳春白雪——孔府菜，保留了不少古式菜肴。

鲁菜主要由济南菜与胶东菜组成。济南菜肴依靠鲁中、鲁西北、鲁西南的丰富食料，如大明湖的茭白、蒲菜、藕，章邱的大葱，黄河的鲤鱼，泰安的豆腐，北园的蔬菜等。济南厨师精于制汤，善于用爆、炒、炸、烧等烹饪方法，多以淡水鱼、猪肉、蔬菜为原料。其代表菜肴为奶汤鲫鱼、糖醋黄河鲤鱼、奶汤蒲菜、锅烧肘子、油爆双脆等。胶东菜以烹饪海鲜著称，无论是用名贵的海产珍品如鱼翅、海参、燕窝、干贝，还是用小海味如鳞、介、虾、蟹，都能烹饪出精洁鲜美的名肴。其代表菜肴如绣球海参、烧五丝、鲅扒鱼唇、红烧干贝肚、芙蓉虾仁、芙蓉干贝、炸蛎黄等。

总的说来，山东菜在烹饪技艺上重视爆、炒、扒、锅，烹制出的菜肴脆、嫩、鲜、滑。在调味上以咸味为主，酸、甜为辅。调和咸味除了用盐以外，还常用豆豉、酱等。山东人喜食葱，烹调中也常用葱烧海参、葱烧蹄筋、葱烧肉等。双烤肉、炸脂盖等山东名菜更以生葱段佐食。在爆、炒、烧、溜的诸菜式中，山东厨师都以葱花炝锅，以取葱香之味。

三、淮扬菜

自唐以来，扬州即为富商大贾的云集之地，明清两代扬州的盐商更是富可敌国，连乾隆皇帝下江南时看到盐商的饮食排场都为之咋舌。大多盐商家皆有名厨，往往均能烹制一两种令人叫绝的肴馔。故盐商请客设宴往往从各家请厨师取其所长，以凑出市肆不能企及的筵席。因此，李斗在《扬州画舫录》中说："烹饪之技，家庖最胜。"淮扬菜系正是在消费水平极高的富商的奢侈需求下逐渐培植起来的，故淮扬菜占个"富"字。

扬州处于江淮湖海之间，盛产鱼鳖虾蟹及各种海味与蔬菜，这为烹饪的发展提供了丰富的原料。如果说山东菜以急火快炒见长（这反映商业经营对烹饪的要求），淮扬菜则以炖、焖、焐、蒸、烩等见功，加工时间较长（这正是"家庖"的流风余韵）。其名肴如三杯鸡、炖金银蹄、栗子黄焖鸡、荷叶蒸肉、八宝鸭、扬州狮子头、蝴蝶海参等，都带有此特点。因此淮扬菜注重原汤原汁，要求鸡有鸡味，鱼有鱼味，突出主料的味道，再恰当地配以辅料，使两者相得益彰。其选料精严，讲究刀功、造型，瓜灯镂刻，更显得富贵气十足。

淮扬菜口味偏甜，但不过当，而且往往糖盐并用，以糖起提鲜作用，使得菜肴鲜味悠长，回味无穷。淮扬菜还重视色泽，善于运用糖色、红曲色、清酱色及原料本色。如"雪里藏蛟"，即以蒸制而成的雪白蛋清泡为底色、上覆以乌黄发亮的爆炒鳝丝，对比鲜明，真如蛟卧雪中。淮扬菜肴的色彩往往与菜味相应，凡色彩浓亮则味也浓、汁也厚；凡色彩清淡素雅的，其味清鲜利口，汤清见底。

四、江浙菜

江浙指苏南（苏州、无锡一带）和浙西（杭州、湖州一带），其经济是中唐以后逐渐发展起来的。五代以来，经济、文化中心南移，此地区成为文人渊薮。如果说淮扬一带烹饪发展主要是为了满足富商大贾需求，那么江浙一带烹饪技艺的发展和特色，正反映了士大夫的趣味与追求。自宋以来，饮食著作多为江浙文士所撰，如对后世素食影响很大的《山家清供》（杭州林洪）；精于肴馔制作法的《易牙遗意》（吴县韩奕）；注重人体与健康关系的《遵生八笺》（钱唐高濂）；富于实用价值的《居家必备》（高濂），兼采用南北肴馔制法的《食宪鸿秘》（嘉兴朱彝尊）；提倡素食、淡食的《闲情偶寄·饮馔部》（杭州李渔），集传统烹饪理论之大成并构筑了理论体系的《随园食单》（钱唐袁枚）；搜罗肴馔十分丰富的《养小录》（嘉兴顾仲）等。士大夫们品评佳馔名肴，总结烹调经验，为江浙烹饪技艺与实践的发展提供了依据。

江浙菜的特点是注重蔬菜。《山家清供》主要搜罗蔬菜制品，《闲情偶寄·饮馔部》中对笋、蕈、莼、菜评价极高，认为只有它们才能体现清鲜之味。这些蔬菜为主料的菜肴，不仅为人们日常所食，而且也是流行饭馆的名肴，如鸡油菜心、南腿菜扇、糟烩鞭笋、西湖糖醋藕、镜箱豆腐，以及久享大名的莼菜羹等。其次，江浙菜又注重产于河湖港汊的鱼虾蟹贝。江浙一带本是鱼米之乡，鱼虾现捕现食，味道十分鲜美。故江浙菜中以鱼虾为原料的名肴很多，如被清乾隆皇帝誉为"天下第一菜"的松鼠鳜鱼；饮誉数百年的西湖醋鱼，为人赞美一千余载的松江鲈鱼脍等；其他如杭州用龙井茶配伍的龙井虾仁，苏州用莼菜配伍的莼菜塘鱼片，也都脍炙人口。

江浙菜偏甜、偏淡，也有不少使用糖醋味或香糟味的菜肴，其烹饪法与淮扬菜接近，但其色、形大多较为质朴，取其自然，不刻意追求。这一点与富丽堂皇的淮扬菜有很大区别。

五、川菜

一提到川菜，人们马上就会想到麻辣、鱼香、怪味，其实这种风味的形成不过是近百年的事，而且最初也只在下层社会流行。两百多年前，四川名士李调元为其父李化楠刊刻所著之《醒园录》，其中收录了肴馔一百余种，不仅没有用辣椒调味的菜肴，就是使用蜀椒、食茱萸等辛香调料的菜肴也不多见，调味十分温和，与现行菜肴大异其趣。直至今日，一些高级川菜如芙蓉鱼翅、一品熊掌、烧白、虫草鸭子、鸡蒙葵草、蒜泥白肉、开水白菜等，仍保持了传统川菜的风格，尽管它们不是风靡全国乃至海外的川菜代表菜肴。流行的川菜，则以辛、辣、麻、怪、咸为特色。它味浓、味美、味重、味多，有百菜百味之美誉，且十分下饭。

四川古称天府之国，除海味外，几乎无所不产，家畜、家禽、淡水鱼虾、家蔬野味都很丰富。川人自古好滋味，创造出众多口味丰富、醇美并富于特色的调味品，如中坝的酱油、保宁的食醋、潼川的豆豉、涪陵的榨菜、重庆的辣酱、郫县的豆瓣、宜宾的芽菜等。厨师用这些调料，以普通的鱼肉禽菜烹制出许多朴实无华、经济实惠却极有特色的菜肴，不仅为广大川人所习惯，而且受到其他地区人们的欢迎。回锅肉、鱼香肉丝、豆瓣鲫鱼、宫保鸡丁、麻婆豆腐、水煮肉、肉末豇豆、蒜泥白肉、毛肚火锅等，均物美价廉，又很下饭。因此川菜可以说是最大众化的菜系。

川菜多用复合味，如咸鲜、糖醋、麻辣、酸辣、椒盐、酱香、五香、鱼香等，可列数十种之多。其烹饪技艺擅长小煎、小炒、干煸、干烧。"小炒"的特点是，烹饪食物不过油、不换锅、急火短炒、一锅成菜，如炒肝尖、炒腰花都只需一分钟左右，成菜嫩而不生。"干煸"主要用来加工纤维较长的食物，如牛肉、萝卜、苦瓜、四季豆等。川式肴馔中的小吃，也占很重要的地位，如棒棒鸡、怪味鸡、夫妻肺片、灯影牛肉、小笼蒸肉、担担面等。

六、粤菜

广东古为百越之地,与中原长期隔绝。近三四百年又首先与西洋通商。因此,它的食物原料、烹调技法、调料运用都有异于其他地区之处。因此粤菜的特点是"怪"。

广东地处岭南,背山临海,其居民除古越人外,秦汉时又移居了一大批中原居民。因此,广东饮食文化中保留了不少古越人与秦汉间的食俗。如《淮南子·精神篇》说"越人得髯蛇以为上肴"。南宋周去非在《岭外代答》中说,两广人"遇蛇必捕,不问短长"。可见此类饮食习俗由来已久。

粤菜的烹饪技艺,在继承其他地区技法基础上又吸收了西餐的菜肴烹制法,融会成为自己独特的风格。如盐焗、酒焗、锅烤、软炒等均如是。"盐焗"是用烧热的盐粒焐烤食物原料(如鸡);"酒焗"是用酒气对食物原料加热;"锅烤"指上烤下烧,双重加热的烹饪法;"软炒"则是指加工流体或半流体的食物原料时急火快炒的烹饪法。这些烹制法的代表菜肴为盐焗鸡、玫瑰酒焗双鸽、锅烤蛋、软炒牛奶等。

品茗之道

◎ 宗群

　　"茗"即茶。我国是世界上最早发现和生产茶叶的国家之一。从苏东坡"名（茶名）从姬旦始，渐播桐君录"（《寄周安孺茶》）的诗句里，便可知中国茶的历史可上溯至公元前11世纪的西周。晋代常璩的《华阳国志》记载周武王伐纣时，南方的八个小国都来助战，其中参战的巴蜀人，就曾把四川的茶作为贡品献给周武王。我国历史上第一个全面总结种茶品茗之道的"茶圣"——唐代的陆羽——在他的《茶经》（世界上第一部茶书）中说，"茶之为饮，发乎神农氏，闻于鲁周公"，所谓"神农尝百草，日遇七十二毒，得茶而解之"的传说，也表明我国茶的发现和利用十分古老。许多国家关于茶叶一词的发音，也都是我国"茶"字的音译，如俄语——чай，英语——Tea，德语——Tee，日语——Cha，法语——Thé。虽然这些译音是福建、巴蜀音律的变态，但茶的原义不容置疑，说明这些国家的茶叶最初都是从中国引进的。

　　要了解中国的饮茶文化，不能不提及《茶经》。《茶经》写成于公元8世纪中后期，但在《茶经》之前，已有不少古籍文献提到了茶；除《华阳国志》外，还有西汉初期司马相如的《凡将篇》，其中列了一个包括桔梗、贝母、芍药等的药单子，就有荈诧（即北方话的"川茶"）。西汉的扬雄和王褒也论及过茶；东汉末的大医学家华佗，在

《食论》里曾说:"苦茶久食,益意思。"

　　《茶经》全书不过6200多字,分上、中、下篇,共10节,分别论述了茶之源、茶之具、茶之造、茶之器、茶之煮、茶之饮、茶之事(饮茶名人及事例)、茶之出(产地)、茶之略(使用茶具和茶器的灵活性)等方面的内容。它对于茶文化的精辟探究和全面总结,不仅在中国很重要,且产生了世界影响。《茶经》的诞生,表明饮茶在唐代已很普遍。据《封氏闻见记》载,唐玄宗开元年间,从山东、河北到长安,"城市多开店铺,煎茶卖之……其茶自江淮而来,舟车相继,所在山积"。唐人饮茶已流传边疆,据史籍载,凡新疆、西藏王公贵族都贮备内地名茶,有秦州、舒州、顾渚、蕲门、昌明、渑湖等茶区名茶。不仅云贵四川,而且江南两湖、河南、福建、两广、陕西等省也已茶区遍布。白居易《琵琶引并序》中"商人重利轻别离,前月浮梁买茶去",便反映了唐代的茶商和茶贸市场的情况。到了唐德宗时,茶便作

台北故宫博物院藏唐代《宫乐图(会茗图)》

为生活必需品和漆、竹、木一样被列为征税的对象。

　　唐代，茶园处处，栽植益进，焙制益巧，烹饮愈精，茶市繁荣。到了宋代，茶成为对外贸易的高级商品。明清两代，社会饮茶愈盛。日常生活中，凡饮食、交际都不可须臾离开茶。城乡市镇，到处都有茶社茶楼，类似老舍写的名剧《茶馆》那样。尤其在四川、两湖、江浙、福建、两广等省，茶馆遍布市街。嗜茶君子晨夕必至。茶馆成为饮食、应酬、娱乐场所，乃至谈事业、议合同的地方。一些著名茶馆还成为中国茶文化的精粹集中之地，如旧时成都锦春楼茶馆，堂倌周麻子的冲茶功夫被称为锦城一绝：他右手握着锃亮的紫铜壶，左手捏着一摞银色锡垫和白瓷碗，左手一扬，一串茶垫脱手飞出，几旋几转，一人面前一个。茶托刚刚放稳，每个上面又放好茶碗，动作神速利落，碗里各人点好的茶绝不会错；周麻子在一米之外拎起茶壶点在碗里，茶水盈盈却无半点溅出。接着他又抢前一步，小拇指把茶盖一挑，盖

台北故宫博物院藏元代赵原《陆羽烹茶图》

得严实，滴水不漏，其高超的技艺，令人叹为观止。

饮茶不仅是百姓平常之事，更有许多精神雅趣，尤其在士大夫中，吟诗作赋与聚会品茗结合起来，产生出许多飘溢茶香的名篇佳作。唐代大诗人元稹有一首别具一格的《一字至七字诗》，颇能道出茶的妙意："茶，香叶，嫩芽。慕诗客，爱僧家。碾雕白玉，罗织红纱。铫煎黄蕊色，碗转曲尘花。夜后邀陪明月，晨前独对朝霞。洗尽古今人不倦，将知醉后岂堪夸。"至于饮茶后的体验与感受，我们也能在不少诗篇中读到。如唐人卢仝的《七碗茶歌》："白花浮光凝碗面。一碗喉吻润，二碗破孤闷，三碗搜枯肠，惟有文字五千卷。四碗发轻汗，平生不平事，尽向毛孔散。五碗肌骨清，六碗通仙灵，七碗吃不得也，唯觉两腋习习清风生。蓬莱山，在何处，玉川子，乘此清风欲归去……"唐代名僧释皎然将茶的功用分为三个层次："一饮涤昏寐，情思爽朗满天地。再饮清我神，忽如飞雨洒轻尘。三饮便得道，何须苦心破烦恼。"茶的高深功用似乎神秘莫测，但它的一般功用却是常人皆知的，我们有时可见茶壶盖上写有"也、可、以、清、心"五个字，这是一种回文体，只要顺时针方向读，都可表达饮茶的益处。

唐代诗人刘贞亮把饮茶的好处概括为"十德"："以茶散郁气，以茶驱睡气，以茶养生气，以茶除病气，以茶利礼仁，以茶表敬意，以茶尝滋味，以茶养身体，以茶可行道，以茶可雅志。"宋代吴淑的《茶赋》说："夫其涤烦疗渴，换骨轻身，茶荈之利，其功若神。"颂茶与爱茶，作为茶文化的一部分而融入中国传统文化中。唐宋以来，茶诗、茶赋、茶歌、茶画多不胜举，仅陆放翁一人就有茶诗三百多首。这些诗、词、歌、赋充满了诗人对茶的赞美、品茶的乐趣和美的感受。茶圣陆羽将毕生精力都奉献给茶叶事业，不羡慕官和财，只热爱茶叶。他在《六羡歌》中写道："不羡黄金罍，不羡白玉杯，不羡朝入省，不羡暮登台，千羡万羡西江水，曾向竟陵城下来。"他羡慕的只是有一杯好水来品茶，可见其爱茶之心。清帝乾隆喜爱饮茶，晚年更嗜茶如命。他八十五岁高龄时拟让位给嘉庆，当时一些老臣对此举表示惋惜，有一个宫医当面提出"国不可一日无君"的意见。乾隆却手抚银须，哈哈大笑，说道"君不可一日无茶啊"。明太祖一次晚宴后，来到国子监视察，厨人献上香茶一盏，愈喝愈觉香甜，乘兴赏给这位厨人一套冠带，这时院子里有位贡生不服气，故意高声吟道："十载寒窗下，何如一盏茶。"众人皆敬。朱元璋却笑和一句："他才不如你，你命不如他。"贡生只好认命。

茶所以具有神奇的功能，在于茶叶所含的特殊成分。现代科学研究证明，茶叶含有三百多种有效成分，有利于保健养生疗病。比如其中的矿物质氮、磷、钾、铁、氟、锰、铝、硒等，就是人体所需的部分元素；茶多酚类，则对人体具有多种药理功能；其中含量丰富的蛋白质和二十多种氨基酸本身，就是营养物质；此外还有芳香物质、咖啡碱、糖类化合物、维生素等等，均能产生不同的药用和增强人体新陈代谢功能。

饮茶之所以能给人带来无穷的乐趣，还在于它那十分考究的器具和煮茶、沏茶的工序。各方面追求上乘之优，能使饮茶增色不少。当然品茗理应首先选择名茶。而其中备受钟爱的有西湖龙井、洞庭碧螺春、黄山毛峰、庐山云雾、君山银针、顾渚紫笋、婺源茗眉、太平猴魁、六安瓜片等。饮茶还应讲究水。《茶经》认为煮茶的水以山水为最好，其次是江河的水，井最差。而山水中，又以钟乳石上滴下来的水或石池里流动缓慢的水为绝佳。陆羽还曾对他所经之水，评定优劣名次二十种：庐山康王谷水帘水第一；无锡县惠山寺石泉水第二；蕲州兰溪石下水第三；峡州扇子山下虾蟆口水第四；苏州虎丘寺石泉水第五；庐山招贤寺下方桥潭水第六；扬子江南零水第七；洪州西山西东瀑布泉第八；唐州柏岩县淮水源第九；庐州龙池山岭水第十……宋徽宗的《大观茶论》认为，"水以清轻甘洁为美，轻甘乃水之自然，独为难得"。江河之水也有很好的，"扬子江心水，蒙山顶上茶"，就很受人称颂。

有了优质的茶叶和水之后，还必须讲究烧水沏茶的火候，同样的水如果烧煮火候不同，沏出茶水来就会不同。如《茶经》认为，当水煮到出现鱼眼大气泡，微微有声是第一沸；边缘连珠般水泡向上冒涌时是第二沸，二沸是向水里投茶最好的时候；水面波浪翻滚时是第三沸，三沸之后，水味就不好了。水煮老了固然不好，如果烧嫩了也不好，"不开"或"落开"都不利于泡茶。《煮泉小品》称嫩水叫"婴汤"，老水叫"万寿汤"，并说："汤嫩则茶味不出，过沸则水老而茶乏。"这种烧水掌握火候的功夫叫作"候汤"。宋朝人蔡襄在《茶录》一书中说："候汤最难，未熟则沫浮，过熟则茶沉，前世谓之蟹眼者，过熟汤也，沉瓶中煮之不可辨，故曰候汤最难。"在今天，人们一般主张水烧开后，稍加冷却，待水温80℃时再冲泡茶叶，此时就能达到最佳效果。

高水平的饮茶，还讲究烧水的器皿和燃料。煮茶、沏茶只有好水还不够，如果烧水的器皿和燃料有问题，同样不能取得好的效果。苏廙的"十六汤品"说得详尽，他把以金银为汤器煎出的茶水叫"富贵汤"，这种水具虽好，贫民是无法享受的；而琢石为器煎出的水叫"秀碧汤"，因为这种汤有秀气；用铜铁铅锡水器煎出的水恶气缠口，叫"缠口汤"，已不足取了。他还认为"沃茶之汤，非炭不可"，叫"一百汤"；如果用熏薪有杂味的燃料煎水那就犯律犯法叫"法律汤"；用粪火烧水泡茶，恶性未尽叫"宵人汤"；用竹条树梢烧水也不好，叫"贼汤"；如果燃柴浓烟蔽室，有损茶味，叫"魔汤"。

最后，茶入口中，还需茶具。上品之茶，还需上品之具相配，做到"泡茶不走味、贮茶不变色、盛茶不易馊"。在各种材料的茶具中，恐怕唯有陶瓷的历史最久、品质最优。中国是陶瓷的故乡。数千年的制陶史，产生出无与伦比的精品，其中用作茶具便是主要的功用之一；而宜兴的紫砂陶茶具和景德镇的景瓷茶具又可谓两绝，它们除了在充当茶具时具有优越的物理功能外，还因造型优美、做工精细、装饰精巧而具有较高的审美价值。除了景瓷、宜陶之外，别的茶具也独有风韵，比如玻璃茶具，因其光洁透明，在冲泡名茶时，可见杯中轻雾缥缈、云气腾升，色彩变幻，浅深纷呈，茶芽朵朵，或旗枪交错，或上下浮沉，观之令人心旷神怡，陶然自得。

我国幅员广大，各地的饮茶习俗不尽相同，这更增添了品茗的乐趣和魅力。

福建以饮茶考究、茶叶品种繁多而享誉国内外。在闽南，人们把最好的茶，如铁观音、毛蟹、黄旦等用来敬客。而且尤为讲究泡茶的方式：在冲泡时手举得离茶壶一尺多高，斟茶时手又放得很低，几乎接近杯底，当地人称之为"高冲低斟"。这样泡出来的茶不仅汤色好，香气散发得快，而且味道甘醇，回味深长。斟茶时还不能斟得太满，只能斟到七分满，怕烫伤客人的手，所以有七分茶、八分酒的规矩。

至于福建的汀州、漳州、泉州及广东潮州的功夫茶，冲饮技艺之讲究更为奇特。功夫茶用乌龙茶，茶具十分精美：用长方形瓷盘，盘径七寸，深寸许，内盛一壶四杯，壶以铜制，或用宜兴紫砂壶，壶大小如掌，杯大小如胡桃。饮用方法十分精妙。当客人驾临，以茶待客时，先用凉水漂出茶具的尘滓，涤净茶具，投茶叶于壶中，约占容量的三分之一，立即注满沸水加盖，然后取沸水徐徐浇淋壶上，至水将要满出瓷盘时，取毛巾覆于壶上，良久方始取下毛巾，将茶注入杯中奉给客人；客人须衔杯细品细啜，以玩其味，若饮稍急，主人则会认为客人不懂得品茗之道而不快。一般茶要经三泡，上品茶要四五泡，功夫茶的饮法沿袭至今不变。

与功夫茶细品成鲜明对照的，便是山东的豪饮。山东是我国北方饮茶习惯较深的一个省份，在鲁北平原一带，不但男人喜欢饮茶，妇人也饮茶成癖，一日三遍茶，喝足了再干活。有的家庭婆媳两把壶，否则喝不过瘾。当地有句谚语，"情愿舍牛头，不舍二货头"，意思是茶沏两遍，味道已浓，不能扔掉。

成都和广州以坐茶馆、茶楼饮茶闻名遐迩。成都茶馆经久不衰，上茶楼摆龙门阵是一大乐事。广州饮茶者多数喜欢到茶楼茶肆饮茶。广州的餐厅酒家，饭前饭后都有茶水供应，一般上茶三种任客自选。

在我国一些少数民族居住的边远地区，也有千姿百态的饮茶习俗。仅以云南为例，就有拉祜族的"烤茶"、佤族的"烧茶"、布朗族的"青竹茶"、傣族的"竹筒茶"、白族的"雷响茶"、纳西族的"龙虎茶"等等，不胜枚举。

十　疆域与地理

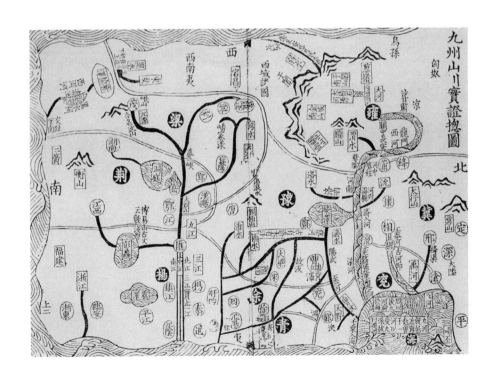

◎
聂鸿音

汉字文化圈

    "文化圈"最初是德国民族学家使用的术语，原文为Kulturkreis，意思是"文化区域"或"文化范围"。我们现在则通常采用日本学术界的译法，称之为"文化圈"。文化圈理论的倡导者们认为，人类的早期文化应该有几个不同的发源点，这几个发源点的文化特征逐渐向其他的人类群体传播，最终形成了很大的地理单位。

    然而，经过千百年的文化交融之后，现存文化圈的界限是相当复杂的，学术界一直没能找到一个最有效的分划原则。在建立种种分划原则的尝试中，一些科学家越来越倾向于利用文字来划分文化圈的界限。他们认为，既然文字是文化最重要的载体，那么，历史上使用过同类文字的民族和地区，其文化必然有相同的来源，至少也有明显的借鉴现象。依照"文字文化圈"的理论，人们可以把世界文化分成五个大"圈"，即拉丁字母文化圈、印度字母文化圈、阿拉伯字母文化圈、西里尔字母文化圈和汉字文化圈。

    不管文化圈的边缘地带是怎样的情况，它的中心区域却永远是特点鲜明的。从有文字记载的中上古历史来看，汉字文化圈的发源地应当在今天的陕西和河南两省。陕西是周、秦、汉、唐诸王朝的政治文化中心，而河南不但是宋朝的都城所在地，而且是最古老的汉字——甲骨文的故乡。

汉字第一次大规模地输入外民族地区是公元2—3世纪的事。当时有一批朝鲜和日本的官员和学者从中国带回了不少用汉字写的书，这很快就导致了汉字和汉语在上层政治和知识界的广泛应用。可是，这两个民族的母语都不是汉语，人们要使用汉字，必须先学会汉语才行。看到这种情况严重地影响了文字在全民族的普及，有人便试着借用汉字来记录本民族的语言。经过了约五百年的尝试之后，在朝鲜正式产生了"吏读"，在日本则产生了"万叶假名"。用吏读来记录朝鲜语的方式不大科学，所以在15世纪以后这种写法就被新创制的朝鲜字母取代了。到了1948年，朝鲜文中的"当用汉字"也在北朝鲜消失了。相比之下，汉字在日本的势力要大得多，日文虽然在万叶假名的基础上演化出了相当完善的平假名和片假名，但它们一直是和当用汉字并用的。

在一大批汉字东渡扶桑的同时，又有一大批汉字承载着中原文化向南方传播。由于南方各少数民族的语言类型和汉语比较接近，所以人们除了直接使用汉语、汉字来进行交际外，也逐渐借用以至创制汉字来记录本民族的语言。据目前所知，除了傣族和彝族已经有了本民族的文字以外，广东、广西、云南、贵州诸省的少数民族在某种程度上都有用汉字来记录本族语言的情况。当然，这种记录法很不完善，所以在这些民族中至今还没有哪一个能有一套完整的汉字式文字系统，人们一般只叫它们"壮字""布依字""傈僳字""苗字""瑶字""哈尼字"等，而并不称之为"文"。文字系统的不完善和印刷术的落后造成了文献的贫乏。虽然据专家估计，有些少数民族文字应该在9世纪前后就产生了（如壮字、白字），但今天我们能亲眼见到的文字资料都是明代以后的，而且为数寥寥无几。唯一值得注意的是，这股潮流在14世纪导致了越南"字喃"的出现。"字喃"虽然不登大雅之堂，但在民间得到了广泛的应用。在1845年越南正式废除汉字前的六百多年间，越南人民用这种奇特的文字给后代留下了大量的文化遗产。

汉字第二次大规模地输入外民族地区是在公元10世纪左右。在此之前，一批中原典籍虽曾沿着丝绸之路向西北传播，但那里的少数民族大都已经有了自己的文字（如回鹘文），所以就不再接受汉字了。而在10世纪以后，汉字却成功地导致了历史上著名的三种北方古文字——契丹文、西夏文和女真文的诞生。

契丹文实际上有两种，通常叫作"契丹大字"和"契丹小字"。"大字"是辽太祖耶律阿保机授意大臣突吕不和鲁不古创制的，时间大概是在公元920年。这种文字大都是增减文字的笔画而成，读出来却是契丹的语音。由于契丹语在类型上与汉语差距较大，这种表意的文字使用起来很不方便。所以在"大字"创制后不久，耶律迭剌便在回鹘文启发下对之进行了改革，另设计了一套带有表音性质的"小字"。此后，大小两套文字并行于辽代，为我们留下了一批珍贵的文物，其中较著名的有辽兴宗、道宗及皇后哀册，《北大王墓志》《郎君行记》《肖袍鲁墓志》《耶律仁先墓志》等。作为官方提倡的文字，契丹文的命运基本上和辽王朝共始终。进入元代以后，这两种文字便逐渐失传，最终成了中国文字学研究领域内最大的悬案，没有人能够顺利地解读了。

西夏文又叫"河西字"，是西夏开国君主嵬名元昊命大臣野利仁荣创制的。在所有汉字系统的外民族文字中，西夏文可算是最发达的一种。它不但能准确无误地记录西夏语的每一个词，而且在形体上也颇有特色——它仅仅借用了汉字的横、竖、撇、捺等基本笔画，却没有照搬任何现成的汉字形体，所以有人说西夏文"远看都是汉字，近看却一个也不认识"。大约西夏人对此也感到非常自豪，于是在11到13世纪之间，他们用这种文字翻译了大量的佛教和儒学典籍，其中包括全部《大藏经》和《论语》《孟子》《孝经》《尔雅》等。西夏文字虽然在明代以后不再有人使用，但用西夏文译写的典籍有不少完好地保存到了今天。

据《金史》记载，女真文也像契丹文那样分为两种，一种是完颜希尹于1119年创制的"女真大字"，另一种是金熙宗于1138年设计的"女真小字"。这两套文字都是在汉字影响下产生的，其中有些是照搬的汉字，也有些字仅在现成的汉字上加上一两笔，提示人们应该读女真语音。女真字创制之后曾在女真人的势力范围内广为推行，人们还用它翻译了一批经书，但是随着明代以后女真文的逐渐失传，这些经书也已亡佚殆尽。保存至今的女真文资料只有极不清晰的几通碑刻，著名的有大金得胜陀颂碑、奴儿干永宁寺碑、庆源碑、北青碑等。

契丹、西夏、女真三种文字都是由帝王授意创制，并借助行政力量推广的，因而显得比较完善和正规，这就是它们与发源于民间的南方少数民族文字的根本区别。

事先没有文字的民族借用汉字来记录自己的语言，最初往往是把汉字连同汉语都原封不动地照搬过来，这无疑是最原始也最省力的方法。例如契丹文里有"皇帝""太后""日""月"等词语，其字形、读音和意义无一不与汉字相符。但是，这样充其量也只能记录汉语，远远谈不到完整而有效地记录成段的非汉民族的语言。于是，外族人便在使用汉字时做了一点变通。变通的方法有两种。一种是只借用汉字的形体和意义，却读以本民族的语音，如壮字"虎"的词义仍为"老虎"，却读为壮语的kuk。壮字"风"读rumz，"潭"读vaengz，"吃酒"读gwnlaenj，也是同样的道理。另一种变通的方法是只借用汉字的形体和读音，却表示本民族的语义，如壮字"马栏"的读音仍为majranz，意思却是"回家"，壮字"斗"（daeuj）的意思是"来"，"东皮"（doenghbaez）的意思是"从前"，等等。把这两种变通的使用法综合起来记录一门全新的语言，可以认为是比较有效的。日本当用汉字的"训读"和"音读"便是绝好的例证。

除了使用法的变通以外，汉字在外民族地区往往还发生形体的变异，这显然是外民族为了强调文字的民族特点而有意制造的区别。然而有趣的是，这些改变形体的手段一般都和汉族人的原始造字法则相对应。例如：

1. 增笔。如契丹文"大"作"夹"，女真文"太"作"天"，苗字"一"作"才"、"二"作"扛"，等等。相当于汉字"大"增笔为"太"。

2. 减笔。如契丹文"马"作"馬"，壮字"门"作"甲"，字喃"拖"

作"叵"，等等。相当于汉字的"半门为户""半月为夕"。

3. 变笔。如瑶字"是"作"昰"、"降"作"陹"，水书"乙"作"Ƹ"，等等。相当于汉字的"母"变笔为"毋"。

4. 倒文。如水书"五"作"亙"，"六"作"⼮"。相当于汉字"倒首为县"。

5. 新造会意字。如壮字"稈"（早饭），字喃"迭"（丢掉），布依字"躲"（胖），等等。相当于汉字的"止戈为武"。

6. 新造形声字。如壮字"鸭"作为"鴄"，读为bit，字喃"红"作"蠢"，读为do，等等。

据初步估计，使用汉字或汉字系统文字的人口约为12亿，分布在北至乌苏里江、东至日本、南至新加坡、西至横断山的广大地区。此外，在西方还有一些由海外华人聚成的"文字岛"，如"唐人街"之类。上述地区的居民虽然分属不同的国家和民族，但身上无不显示出古代汉民族传统文化的鲜明烙印。

汉字文化圈的范围在很大程度上反映了中华文明传播的范围。不过，人们又不能把文字和文化无条件地等同起来。事实上，文化的大规模传播只会扩大原有文字的通行范围和导致新文字的产生，却不一定会带来原有文字系统的改革。从另一方面讲，文字的改革也不一定就能反映文化素质的转变。同属一个文化圈的几个国家、地区或民族使用同类的文字，只能说明它们在采用文字的初期具有明显的文化借鉴关系，却不能说明它们在此后的文化发展道路是相同的。所以，对文字沿革的追踪只能使人了解过去，却不能使人了解现在和将来。

◎徐梓

名山与大川

　　"山不在高，有仙则名。"中国的名山无论是三山、五岳，还是三十洞天、七十二福地，其名声都并不来自它的自然特性，而来自其人文意义。

　　说到中国的名山，先得说五岳，即东岳泰山、西岳华山、南岳衡山、北岳恒山和中岳嵩山。传统的意见根据《尚书·舜典》有虞舜巡狩四岳的记载，认为舜时就有了四岳之称；又根据《周礼·春官·大宗伯》有天子"以血祭祭社稷五祀五岳"，以及《礼记·王制》有"天子祭天下名山大川，五岳视三公，四渎视诸侯"的制度，认定周时就有了五岳之名。其实，《舜典》《周礼》《礼记》并不就是舜时和周代的文献，有很多后人追记的成分，或者干脆说是后人所作，因而据此立说并不可信。实际上，四岳之名是春秋时才有的，五岳之称更是到秦汉之际才出现。秦汉民间传说还认为：五岳是开天辟地的盘古氏身体的五个部分，盘古氏头为东岳、腹为中岳、左臂为南岳、右臂为北岳、足为西岳。秦汉之际所以变四岳为五岳，可能与这时五行说的盛行有关。

　　五岳所指历来也不一致。《尔雅·释山》开篇叙列了"河南华、河西岳、河东岱、河北恒、江南衡"五岳，其中没有中岳。司马迁举列泰、华、衡、恒、嵩为五岳。此后又有所变化，汉宣帝始定五岳四渎礼时，就以霍山（又名天柱山）为南岳，而以河北曲阳西北的恒山为北岳；隋文帝恢复了以衡山为南岳，但汉唐宋明，祭祀恒山都在曲阳，一直到清顺治十八年，才根据礼臣的建议，改祀北岳于浑源。

五岳名号的成立及其所指，是封建帝王巡视疆土、封禅祭天、显示功业的产物。本来，对山岳崇拜致祭，是原始宗教中的一种普遍现象，只是在国家出现之后，对五岳的崇拜，才深重地烙下了政治的印记。首先，对五岳的祭祀成为历代帝王及其使臣的专利，为此有一套专门的制度，任何他人染指，都会被看作是一种僭越礼权的行为。其次，祭祀五岳特别是封禅泰山，打着受命于天、尊天重民的旗帜，以功成业立、江山永固为标榜，证明其统治的合法性，维护统治的长久。最后，在"凡天下名山五千三百七十"之中选择五岳，并且分属东西南北中，显然是想以此把帝王的权威具体根植在全国各地。这样，五岳便成了非同一般的山。唐代封五岳为王；宋代更加封为帝，其中东岳为天齐仁圣帝，号淑明，南岳为司天昭圣帝，号景明，西岳为金天顺圣帝，号肃明，北岳为安天元圣帝，号清明，中岳为中天崇圣帝。道教还为五岳划定了职守：南岳主世界分野之地，兼管鳞甲水族；西岳主金银铜五金之属、陶冶坑冶，兼管羽毛飞鸟；北岳主江淮河济，兼管蛇虺昆虫、虎豹走兽；而东岳则主人类命运。

被称为"五岳独尊、名山之祖"的东岳泰山，海拔不过1532米，在五岳中，仅居第三，而在全国的高山巨峰中，只列第十六。但"海内名山首岱宗"，起决定作用的，还在于它的人文意义。

泰山的声名与封禅是密不可分的。所谓"封"是指在泰山上筑土为坛以祭天。所谓"禅"是指在泰山下的小山上扫除以祭地。"自古受命帝王，曷尝不封禅？"历代帝王，可以派使臣去祭祀其他四岳，但如果封禅泰山，就必须亲自前往。相传在早于伏羲氏和神农氏的无怀氏时代，泰山的封禅活动就开始了，到姬周时已有72家之多。从秦始皇开始，封禅的旷世大典史不绝书，汉武帝在位时竟到泰山去了8次，乾隆皇帝更是先后11次前往致祭，唐太宗虽然未能前往，但对此事一直耿耿在心，廷臣为此有过三次大的争议。虽然封禅泰山并不意味着所谓的政治太平，但也可以大略看作是中国历史治乱兴衰的见证。

佛教东来之后，大都依山建寺，也大大提高了一些山岳的知名度，其中最著名的便是所谓的四大名山，即山西的五台山、四川的峨眉山、安徽的九华山和浙江的普陀山，它们分别是中国佛教所传文殊、普贤、地藏、观音四大菩萨说法显灵的道场。佛教四大名山形成于明代。唐末佛教徒集中朝拜的地方有四处，上述四大名山中只有五台山在列。南宋宁宗时定禅院等级，从而有了"五山十刹"之名，其中五山都在浙江，即杭州径山的兴圣万福寺、灵隐山的灵隐寺、南屏山的净慈寺和宁波天童山的景德寺、阿育王山的广利寺。明代不同于南宋的偏安一隅，加上当时佛教界缺乏尊宿大德，僧徒及香客各自选择朝礼的中心，从而逐渐形成了四大佛教名山，并有了"金五台、银普陀、铜峨眉、铁九华"的说法。

四大佛教名山生动而又翔实地记录了中国佛教的发展变化，好似一部活的无字书，所以历来就有"游山如读史"之说。早在东汉永平年间，即佛教刚传入中国时，四大名山中"得名独胜"的五台山就有了寺庙建筑。北齐时，这里香火非常旺盛，佛寺多达两百余所，后在北周时一度遭到毁坏，但很快又在隋时得到恢复。到了唐代，五台山被公认为是象征智慧和力量的文殊菩萨的圣域，国内外佛教徒竞相朝拜。山上高僧云集，佛寺宏伟，僧尼有万人之众，武则天时代还曾封当时清凉寺的住持为"昌平县开国公，食邑一千户，主掌京国僧尼事"。元代更是征发军兵在山上大建佛寺，胆巴大喇嘛受忽必烈之命，驻锡寿宁寺，五台山从此出现了喇嘛教。明、清统治者为"绥柔蒙古"，"特兴黄教"，使五台山的喇嘛教有了很大的发展。

"天下名山僧占多"，但道士占的也不少。与佛教的四大名山相对应，道教也有自己的四大名山。这就是四川灌县的青城山、江西贵溪的龙虎山和清江的阁皂山、江苏句容的茅山。实际上，湖北的武当山和山东的崂山也因道教而著名，声名甚至在四大名山之上。

魏晋以后，人们对山岳的态度逐渐由以崇拜为主转变为以游览观赏为主，其自然特征于是受到重视。有"奇秀甲天下"之誉的庐山，以奇松、怪石、云海、温泉四绝闻名的黄山，被称为"东北诸山之冠"的千山等等，都因此而名世。但在漫长的历史过程中，随着它们获得越来越多的人文意义，其自然特征便越来越退居次要地位了。首先，佛道势力向这些地方渗透，在山上建寺修观，起台垒塔，进一步装点了自然风光。其次，像"性本爱丘山"的陶渊明、"一生好入名山游"的李白一类的文人，写诗撰文，讴歌赞颂，"诗以山丽，山以诗传"，更增加了这些山岳的知名度。其次，历代帝王和名儒，在巡狩和游览过程中，刻石立碑，留下了大量墨迹，其中各体俱全，历代兼备，使得一座名山完全可以看作一个艺术博物馆。最后，富于想象力和怀着美好愿望的人们，还为一处处景点演绎出一个个美丽动人的传说，一些山岳因此更显得神奇。

总之，中国的名山，既是历代帝王封禅祭祀、进行政治活动之地，又是佛、道二教的繁盛之域，还是文人骚客们的往来之区，拥有丰富多彩的文物古迹，记录着我们民族文化发展变化的历史。

世界四大文明古国都有自己的母亲河，黄河之于中国，正是一条具有这样意义的河流。这条发源于巴颜喀拉山北麓冰雪世界、流经全国9省区、全长5464公里的河流，是中国第二大河。但它被称为"四渎之宗、百水之首"，并不是因为它的长度，而是由于它更深层的文化意义。中华民族，最早就是生息在黄河两岸，从其中游地区向四周发展的。我们民族称自己的始祖为黄帝，也总让人想到他与这条河有某种联系。当历史行将迈进文明门槛的时候，大禹也正是在治理黄河的过程中建立了自己的权威，从而能改变禅让的传统，传位给自己的儿子启，建立了最早的国家。黄河不仅孕育了中华民族，而且赋予了这个民族以气质和性格。小农经济、专制政治、纲常名教这些中国社会的典型特征及国民安贫乐命、中庸现实的性格，都是在对黄河的依恋与同黄河的斗争中形成的。

然而，孕育中国文明的黄河，在历史上受到的是越来越多的诅咒和忧患。黄河历来以善淤、善决、善徙著名，自古就被称为"孽龙"。从公元前602年有文字记载的第一次黄河泛滥到1938年的2540年间，黄河决口1600多次，主要改道26次，其中大型改道6次。黄河这种三年两决口、百年一改道的坏脾气，引起中原大地地理面貌的重大改观。洪水和泥沙一次又一次地吞没农田和城镇，留下了大片的碱地沙荒。黄河水南犯侵夺，使得黄淮平原上众多的河流由利变害，湖泊淤浅渐为平陆，良田沉沦而为泽国。直到现在，每年从黄土高原冲刷下来的16亿吨泥沙，继续抬高着下游的河床，地上河越悬越高，好似一柄达摩克利斯之剑高悬在我们头顶。

如此大的一个民族，同一条如此凶暴的河流，在如此长的时间内，进行如此悲壮的搏斗，在世界上绝无仅有。鲧治水未获成功，死而不朽，也要把降伏河水的禹生下来，这多少有些神话的成分。但大禹治水栉风沐雨，三过家门而不入，却真实可信。当汉武帝亲临瓠子决口时，曾“令群臣从官自将军以下，皆负薪寘决河”。康熙皇帝巡视黄河时，亦步行十余里，“泥泞没膝”。举凡王景、贾鲁、潘季驯等，中国几乎所有的水利家都为治黄费过心力。在历代治理黄河的过程中，人们想尽了办法，从汉代的治河三策，到元代的疏、浚、塞，以及明代的以堤束水、以水攻沙，高度地发挥了我们民族的智慧。“黄河清”被看作是治世和圣王出现的先兆，实质上是我们民族的理想。

黄河的深重灾难，冲淡了它的经济价值。随着南方的崛起，长江的地位越来越重要。长江又名扬子江，古时称江，与河、淮、济并为四渎，汉魏六朝后，改称大江或长江。长江源远流长，水量丰沛。对于它的源地，历史上长期沿用《禹贡》“岷山导江”的说法，直到明代徐霞客写《江源考》，才纠正了这种错误的说法。但真正的源头在哪里，徐霞客也没有说清楚。20世纪70年代的两次江源调查，始查清了长江的源头在唐古拉山的主峰各拉丹冬雪山的西南侧，其正源为沱沱河。

长江从沱沱河出发，接纳当曲河之后，被称为通天河，玉树以下到宜宾一段，古称丽水，也就是著名的金沙江。金沙江在宜宾与岷江汇合后，始称长江。在沿途，它又接纳了嘉陵江、乌江、沅江、湘江、汉水、赣江等大支流，贯通了洞庭湖、鄱阳湖等水系，奔向大海。长江流经我国10个省、市、自治区，全长6300公里，是我国第一大河，世界第三长河。它每年入海的总径流量近1万亿立方米，是黄河的20倍。自古以来，长江干支流长达8万公里的"黄金水道"，一直是我国南方横贯东西、纵连南北的交通大动脉。

说到中国的河流，不能不提到大运河。今天所见的大运河，北起北京，南抵杭州，故称京杭大运河。它自北向南，分为通惠河、北运河、南运河、鲁运河、中运河、里运河、江南运河七段，全长1794公里，比苏伊士运河长10倍，比巴拿马运河长20倍，是世界上人工挖掘出的最长的河流。

大运河的开凿，可以说是始于春秋、终于清朝，和中国古代社会相始终。公元前486年，新崛起的吴国为取道北上、争霸中原，开凿了大运河最早的一段——邗沟。隋朝在前代运河的基础上，有计划地加以疏浚、改进和扩展，使之相互沟通，形成了由永济渠、通济渠、山阳渎和江南河组成的、全长2700多公里的新的运河系统。元代则开通了济州河、会通河和通惠河，形成了现有运河的规模。此外，汉魏六朝、唐宋明清各代为了开导水源、保持水量、改造地形、克服洪水泥沙之害，以保证运河的畅通，也都有程度不同的开凿。

运河的开凿，除了军事上的需要之外，更主要的是为了解决漕粮的运输问题。历史上的运河，总是介于政治中心和经济最富庶的地区之间。从唐末、五代至宋，都城一迁至洛阳，再迁至开封，就是为了就运河之便。隋唐北宋的都城在中原地区，所以这时的运河就像一把折扇，以中原为中心，向东南和东北辐射开去。元明清定都北京之后，中原经济既不发达，又失去了政治的优势，大运河便干脆撇开了它，一线贯通南北。因此，如果我们把大运河说成是中央集权政府的经济命脉，是一点儿也不过分的。